世界史のなかの近代日本

小風秀雅
Kokaze Hidemasa

山川出版社

まえがき

外から日本をみる

本書は、幕末・明治期にあたる十九世紀後半から二十世紀初期に、日本が欧米や東アジアとどのように関わってきたのか、という問題をさまざまな視点から考えようとするものです。

一八五三(嘉永六)年のペリー来航以来、日本と世界との関係は激しく変化しました。幕末の不平等条約締結により欧米への「鎖国《さこく》」は解かれ、明治維新後は、琉球や朝鮮などの周辺地域をめぐって、中国を頂点とする華夷《かい》秩序との対立が鮮明になりました。

とくに、欧米列強の外圧は急速に強化され、東アジアへの交通網が整備されると、欧米との経済的・社会的関係は、一段と深まりました。日本は押し寄せる欧米にどう対抗するのか、近世までの東アジアを相手とする関係とはまったく異なる、国際社会への新たな対応が求められるようになりました。近世とは異なり、自国のことを自分だけで決められなくなった時代、といえるかもしれません。

この時期の日本は、すべての歴史事象が国際社会と密接に関係しており、国際化と無縁な事象は存在しなかった、ともいえるでしょう。国際化とは、日本の近代史全体を貫く最も重要な要素であり、日本の近代史を考える上で、最も中心となる概念です。

国際化を考える時に大事なことは、当り前ですが、国際関係には相手がある、ということです。

一例をあげましょう。第2講でふれますが、日本史では、近代の始まりは「開国」「開港」のきっかけとなったペリーの来航とされています。日本からみれば「ペリー来航」ですが、アメリカにすれば「ペリーの派遣」であり、開国の主導権を握っていたアメリカにとっても大きな決断でした。「開国」「開港」は、日本側からみたコインの一面なので、もう一面のアメリカの事情も知る必要があるのです。その上でもう一度めくり返すと、図柄は同じでも、輝きはまったく変わっていることでしょう。日本の視点ばかりでなく、相手の視点も加えた、双方向的な視点を意識することが重要なのです。

国際化と近代化

十九世紀半ばという時期は、世界の一体化が急速に進んだ時期でした。外交や経済のほか、芸術や文化などの分野にも大きな影響を与え、世界全体が大きく変化し始めたのです。その関係は決して、主動者と被動者という一方的なものではありません。たとえば開港後、未知の国であった日本の美術がヨーロッパに衝撃を与え、新たな美が生まれたことは、よく知られています。西洋の衝撃ならぬ Japanese Impact です。

世界史は、一国史や地域史の寄せ集めではありません。相互に関係し影響しあう連鎖の集合体なのです。世界の一体化が進んだ近代という時代は、そうした見方が最も必要な時代だといえるでしょう。グローバルに捉えることで、日本が世界の一部であり、世界の動向の中で時代が進んでいくという、相対的、総合的な視点、比較史的な見方が可能になるのです。

本書の構成

ひとくちに幕末・明治といっても、いくつかの転機が存在しました。

ペリー来航以後の激動する開国・開港の一八五〇年代、欧米が日本に関心を寄せ始めた一八六〇年代、日本が世界に対等を求めた一八七〇〜八〇年代、憲法発布・条約改正が実現して欧米世界が「文明国」として認めた一八九〇年代、日清《にっしん》・日露《にちろ》戦争後の日本の列強化と世界秩序の変化がみられた一九〇〇年代など、異なった国際社会との関係を見出すことができます。

本書はそうした転機の意味を理解するため、全体を5章に分けて、それぞれの章にテーマを設け、概説書ではあまりふれられないが重要な問題、さらに深く理解する上で重要な話題を取り上げました。基礎的事象についてはあまりふれていないので、『詳説日本史』『詳説世界史』などの高校教科書や種々の概説書とあわせて読むことで、より深く世界と日本の関係を理解できるでしょう。

世界のグローバル化と並行して進んだ日本の国際化を見直すことで、近代日本の原点を再確認していただければ、幸いです。

世界史のなかの近代日本　目次

〔凡　例〕

1．年月日の表記は、一八七三(明治六)年の改暦以前は、日本国内の事象については和暦(西暦)の順で表記し、外国および外国人関係の事象については西暦のみで表記しました。

2．引用史料は読みやすくするため、常用漢字を使用し、カタカナは平仮名に変え、濁点を付し、適宜送り仮名や句読点、傍線を付しました。引用史料の出典は本文中または史料末尾に文献名・章番号・日付を記し、研究書・論文の場合は、著者名を記しました。

世界史のなかの近代日本

I　世界がみた日本

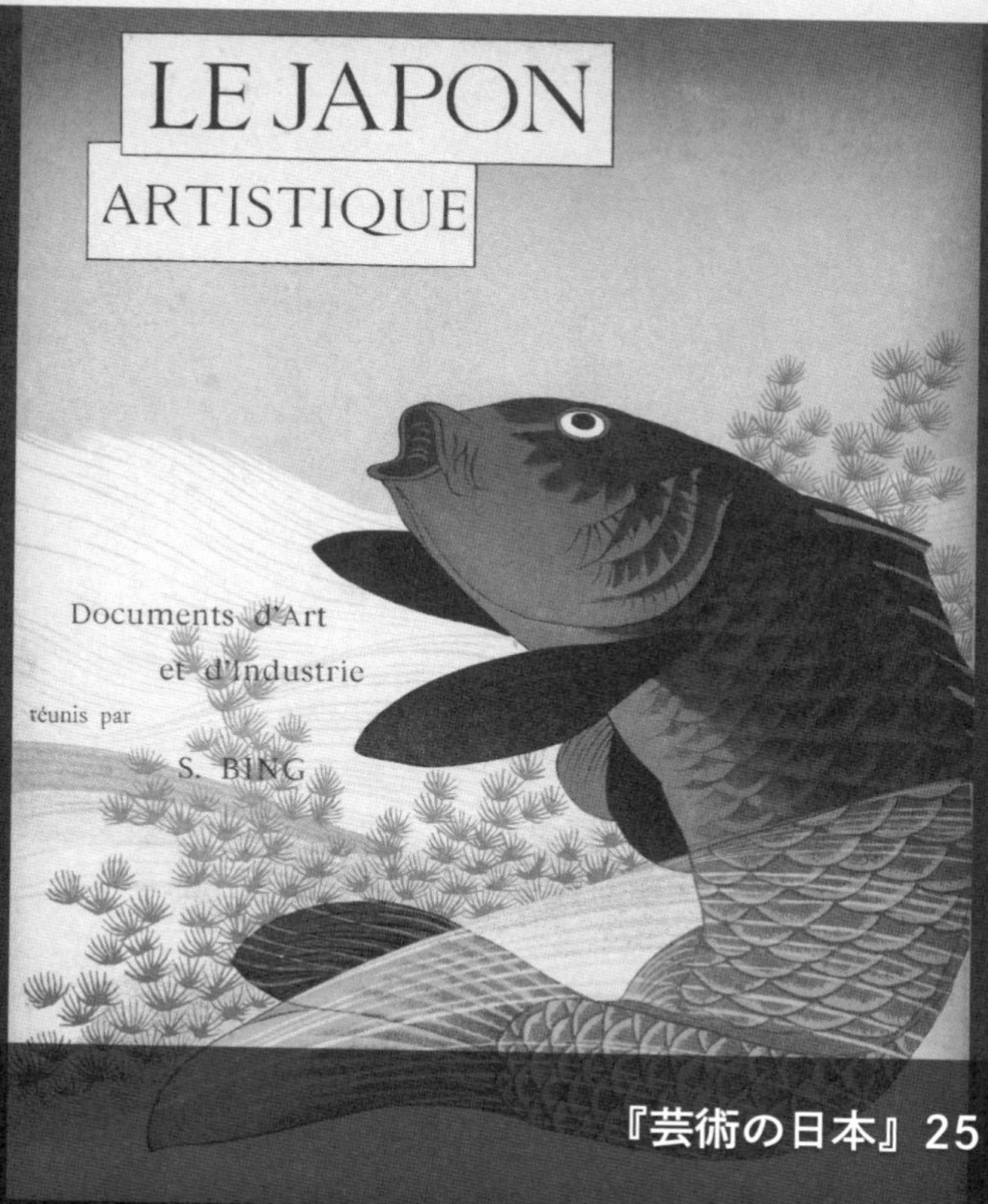

『芸術の日本』25 号，表紙
（1890 年）

『芸術の日本』*Le Japon artistique*は，パリの美術商サミュエル・ビングによって1888年からフランス・ドイツ・イギリスで３年間(計36冊)発行された美術雑誌です。

本誌には，図版のほか，多くの論文が掲載され，絵画・工芸・建築をはじめ，服飾・舞台芸術・文学・音楽・詩歌など幅広い日本文化を紹介し，ルイ・ゴンスの研究書『日本美術』と並んで，ジャポニスムの推進役を果たしました。

ビングの店で浮世絵と出会ったゴッホは本誌を愛読し，掲載された葛飾北斎《かつしかほくさい》などの浮世絵から多くを吸収しています。

浮世絵に動物はよく描かれ，鯉《こい》は，ジャポニスムのガラス工芸品などでもよく取り上げられています。

第１章　世界への登場

E. ダンカン画
「ネメシス（アヘン戦争図）」（1843 年）

この絵は，アヘン戦争中の1841年１月７日，アンソン湾（穿《せん》鼻《び》洋）でイギリス東インド会社の新造の鉄製蒸気船のネメシス号（右奥の帆機併用船，700トン）が清《しん》の軍船を砲撃した瞬間を描いたとされる絵画です。

ネメシスは実戦で用いられた鉄製蒸気船としては初期の例で，汽力で内陸水路に容易に侵入し，曳航した帆船軍艦とともに陸上砲台を沈黙させ，勝利をもたらしました。

実験的な要素が強かったのですが，この活躍で，木造帆船が主流だったイギリス海軍でも鉄製汽船の有用性が認められ，鉄製蒸気軍艦への転換が始まり，ペリーの黒船艦隊へとつながっていくのです。

この戦闘は軍艦による海戦が主ではないことを考えると，どこか下関砲撃事件を連想させます。

第1講

豊かなアジアと求めるヨーロッパ――紅茶とアヘン

講義のねらい

近代日本史の話に入る前に、本講では、日本や中国などの東アジアが、西洋世界とどのような関係にあったのか、を確認しておきたいと思います。

左のグラフ(図1)は、十六世紀から二十世紀の五世紀にわたる期間に、世界で富裕な地域と考えられていた西ヨーロッパ、長江《ちょうこう》下流域の江南《こうなん》地域を中心とした中国、そして大坂を中核とする国内経済圏を作りあげた日本、の三地域の経済成長をグラフで示したものです。あくまで概念的なものですが、おもしろい特徴が読みとれます。

十九世紀以降、経済成長に格差が生じていることが目につきますが、ここで注目してほしいのは、十八世紀までは、日本と西欧の富裕度や経済の成長には、それほど大きな差がない点です。この点について、明治初期に欧米を歴訪した岩倉使節団《いわくらしせつだん》の報告書である『米欧回覧実記《べいおうかいらんじっき》』は、こう記しています。

欧州今日の富庶をみるは、一千八百年以後のことにて、著しく此景象を生ぜしは、僅《わずか》に四十年にすぎさるなり、(第二巻)

西欧の急速な経済発展は十九世紀のこととし、それ以前には日本と大きな差がなかったと示唆しているのです。

しかし富の蓄積の方法という点では、西ヨーロッパと日本・中国とでは大きな違いがありました。日本や中国が十七世紀以降はヨーロッパとの貿易を制限し、自給自足を基本とする経済を発展させたのに対して、ヨーロッパは、世界中から富を集めて豊かになっていったのです。

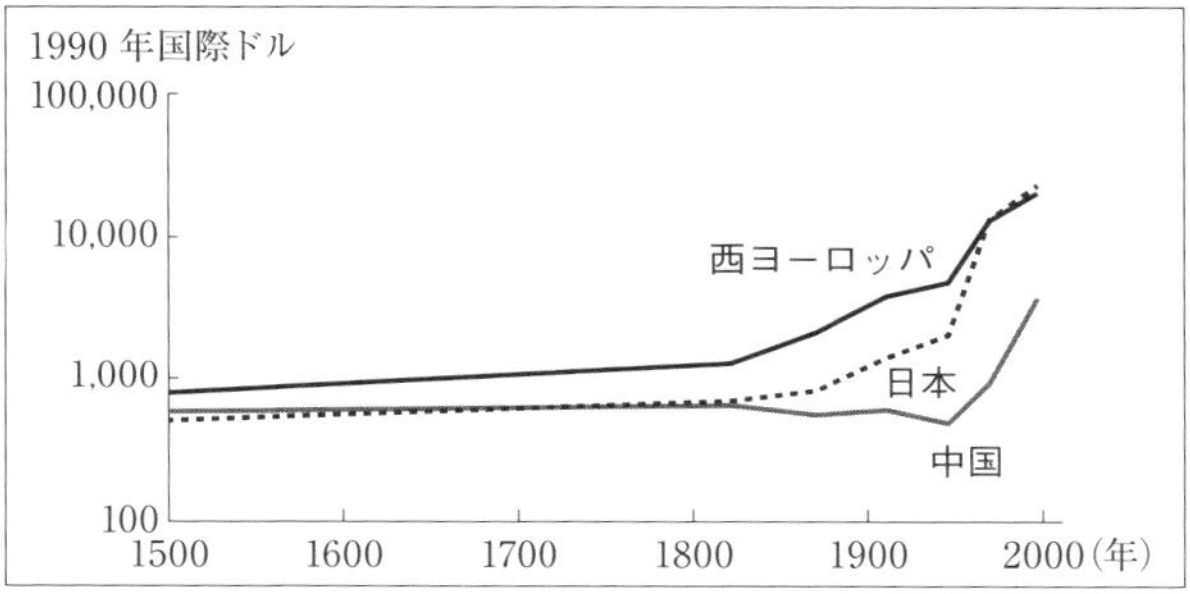

図１　世界の富裕地域の経済成長・１人当り GDP（1500〜2001年）
（斎藤修『比較経済発展論』より作成。原典は，A. Maddison, *The World Economy: Historical Statistics*, Paris: OECD Development Center, 2003.）

グラフの出発点である一五〇〇年は、大航海時代といわれるヨーロッパの世界進出の世紀の始まりでした。大航海時代は、新世界の「発見」だけでなく、香辛料に象徴される世界中の富や物産を集めて、ヨーロッパが豊かになる時代でもありました。

ヨーロッパの世界進出は急速に進み、十六世紀の中頃には、東回りで世界の果てである極東の日本に辿《たど》り着いています。ヨーロッパの触手は世界に及んだのでした。

アジアとヨーロッパはどのような関係を結んでいたのか、両者の経済発展の違いをふまえて考えたいと思います。

1　ヨーロッパとアジアの違い

大航海時代がヨーロッパにもたらした世界の富

十六世紀までのヨーロッパは、三圃《さんぽ》式農業によって生産力が向上したとはいえ、豊かとはいえない地域でした。たとえば、主食の穀物であった小麦の収穫倍率(種一粒から何粒収穫できるか)は、米の一〇分の一程度でした。米は種一粒で二〇〇粒の生産力がありましたが、小麦の生産力は種一粒で収穫が二〇粒程度にすぎませんでした。しかも土地は森林におおわれ、土壌も栄養分が少なく、地味が豊かなアジアとは、農業生産力で大きな差があり、たびたび飢饉《ききん》に襲われていました。こうしたヨーロッパにアンデス山地原産のジャガイモが移入されると、やせた土地でも栽培が可能であったため普及していきました。

これだけではありません。アメリカという西の新大陸から極東の日本にまで広がった世界との交易は、消費革命と呼ばれるほどの経済の変革をヨーロッパにもたらしました。インドから輸入される綿織物(キャラコなど)の普及による衣料革命、インドの香辛料(胡椒《こしょう》、生姜《しょうが》、肉桂《にっけい》、サフラン、丁子《ちょうじ》など)、新大陸のトウモロコシやトマトのほか、砂糖(インド)、コーヒー(中東)、カカオ(新大陸)、茶(中国)などの流入により食生活が多様化した生活革命など、消費生活のグローバル化が進んでいったのです。

やがて、綿花《めんか》や砂糖などは、新大陸のプランテーションから供給されるようになり、アメリカ南部から輸入される綿花は、イギリスの綿工業発展の基礎となります。その労働力源となったのがアフリカで、大西洋の三角貿易(ヨーロッパ＝アフリカ＝新大陸)が形成されるのです(図2)。

こうした発展の基礎となったのが、新大陸(メキシコ、ペルーなど)で産出される大量の銀でした。銀は、交易や植民地経営を支えただけでなく、ヨーロッパで価格革命と呼ばれる経済の変革を生み出しました。

日本でも戦国期から江戸初期にかけては、全国で金銀銅の鉱山が盛んに開発されました。とくに石見《いわみ》

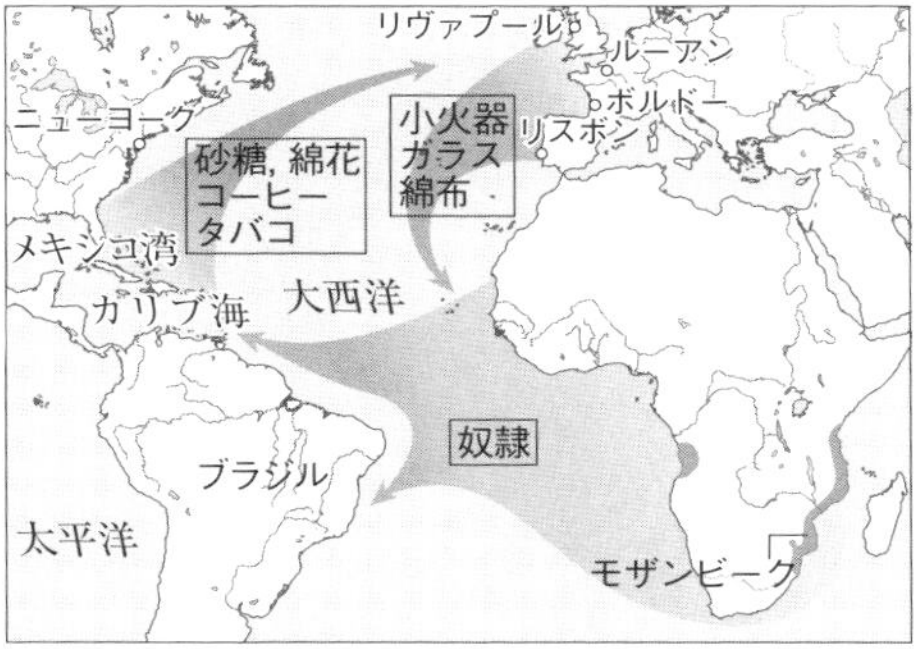

図2　大西洋の三角貿易

図3　石見銀山(大久保間歩)

銀山(図3)は、十六世紀から十七世紀にかけて世界の産銀量の三分の一を占めたといわれています。それらの金銀は、日本の経済発展を支えただけでなく、大量に国外に流出して、世界経済の発展に影響をあたえました。この時期、日本で産出された銀の四分の三、金の四分の一が海外に流出した、といわれています。

豊かなアジア

ヨーロッパ経済の世界的拡大に対して、中国や日本では、国際交易は、品目・数量などは管理され、ヨーロッパとの貿易も中国は広州《こうしゅう》、日本は長崎に限定されました。十七世紀以降は、生活に必要な消費物資はほぼ自給されるようになり、西ヨーロッパと大差ない経済発展をとげていたのです。

十八世紀にイギリスで紅茶が普及し、中国に茶の輸出拡大と自由貿易を求めたときに、時の清《しん》の乾《けん》隆《りゅう》帝は、「ほしいものはない」といって、拒否したといわれています。

実際、イギリスの代表的な輸出品であった綿製品は中国ではあまり好まれませんでした。その理由については「中国では綿布は厚手を使用し、薄手のランカシャー製は上層部にしか受容されないが、そこでも薄い綿布より絹が好まれる」と消費文化の違いから説明されています。

日本でも、幕末《ばくまつ》の開港で欧米との貿易が始まっても、艦船・武器などの重工業製品は別として、イギリス製の綿布は期待するほどは増加しませんでした。これは、服飾文化の違いが原因ともいえるでしょうが、綿製品に限らず、全体に、一八六〇年代には東アジア向けの貿易は期待ほどは拡大しなかったのです。

日本が自給自足できる国であることについて、幕末に来日した植物学者でプラント・ハンターのロバート・フォーチュンは、著書『江戸と北京』のなかで次のように記しています。

おそらく世界中で、日本以外に自給自足できる国は他にないであろう。日本は自国内に生活必需品や贅沢品のすべてを供給できるだけのものを十分に持っている。日本の田畑で、熱帯と温帯の産物が同じように生産されたものが、農家の納屋《なや》に貯蔵されている。どこの山脈からも石炭、鉛、鉄、鋼が発掘され、貴金属もまれではない。茶、絹、綿、木蠟《もくろう》、油脂《ゆし》類が国内いたる所に豊富に産出され、朝鮮人参や他の薬草類が、塩魚や海草などと一緒に中国へ多量に輸出されている。

日本は多くの利点を持つ貿易の場所として、特にわれわれの製品市場としては買いかぶられていた。とはいえ、多量の絹と茶をわれわれに供給できることは間違いなく、われわれの幸福や楽しみに欠くことのできないそれらの品々を、今は中国に依存しないでもよくなった。

日本は自給自足が可能で、ヨーロッパの品々を必要としないので、輸出市場としては期待できないが、ヨーロッパが求める茶と生糸の供給元として間違いなく重要である、というのです。

十九世紀に本格的な国際関係を結ぶ以前の東アジアとヨーロッパとの関係は、進んだヨーロッパと遅れた東アジア、というより、豊かなアジアと富を求めるヨーロッパ、といったほうが適切なのではないでしょうか。

2　なぜアヘン戦争は起きたのか

茶の輸入

「求めるヨーロッパ」の極端な例として、中国茶をめぐるアヘン戦争についてみながら、アジアとヨーロッパの関係について、考えてみましょう。

アヘン戦争が起きたのは一八四〇〜四二年ですが、ヨーロッパに茶が持ち込まれたのは、十七世紀でした。

茶は、当時、中国と日本でしか生産されない貴重な飲み物でした。オランダは、一六〇九年に、オランダ東インド会社の船舶が平戸《ひらど》に入港し、翌年はじめて茶(緑茶)をヨーロッパに輸出し、十七世紀にはオランダが茶貿易を独占しました。茶の取引は銀で行われました。当時、日本は世界最大級の銀産出国でした。オランダはこの日本の銀をもとにアジアの貿易を握っていたのですが、日本が銀輸出を制限したためオランダの衰退が始まり、十八世紀にはイギリスがかわって中国茶の貿易を握るのです。

喫茶の流行

一六五七年にポルトガルとオランダの商人が、はじめて紅茶をイギリスに輸入しました。イギリスで喫茶が始まったのは、オックスフォードに誕生したコーヒー・ハウスという喫茶店《きっさてん》のようなものであったとされています。当初は非常に高価で、一ポンド(四五四グラム)当り六〜一〇ポンド(現在の六〜一〇万円か)であったといわれています。

その後、イギリス東インド会社が直接中国から輸入を始めました。コーヒー・ハウスでは、時新しい飲料として、コーヒーのほか、紅茶やチョコレートなどの高価な輸入飲料が提供されていましたが、茶だけが流行しました。一六八三年には、ロンドンに三〇〇〇軒のコーヒー・ハウスがあったといわれます。

茶は、薬(ビタミンCの補給)、酒や肉の中毒や病気の予防として飲まれました。また、ヨーロッパでは飲用に適する水が少なく、ワインやビールのアルコール飲料が発達したといわれていますが、アルコールのかわりに飲まれたという側面もありました。

砂糖を入れるようになるのもこの頃でした。紅茶と砂糖をあわせて飲むことで、ぜいたくの極みとして「二重の効果」が期待できたのでしょう。十七世紀末には上流階級の家庭の飲み物としてステータス・シンボルとなり、茶道具とくに磁器《じき》への憧れも過熱しました。

イギリスは、一七一七年に中国と茶の直接貿易を開始し、一七二〇〜三〇年代に本格化、一七六〇年には、東インド会社の輸入の四〇%を占めて首位になりました。茶の種類も、十八世紀初めは緑茶が主流でしたが、十八世紀中頃には紅茶になりました。

十八世紀後半には中級茶の価格が低下して、需要は急上昇し、紅茶が国民的飲料として定着しました。ぜいたく品から日常生活必需品へと変化したのです。

3　アヘン戦争

アジアの三角貿易

これまでみてきたように、十八世紀中頃から、イギリスでは、紅茶の習慣が国民に広まり、茶を大量に清から輸入するようになっていましたが、貿易収支はイギリスの大幅な輸入超過でした。

その赤字分は貿易銀で決済されたため、大量の銀が清に流入することになり、清で経済拡大が起きる半面、イギリスは銀不足に陥りました。そこで、イギリスはインドで栽培したアヘンの密輸出で補塡《ほてん》するという三角貿易を考え出したのです(**図4**)。

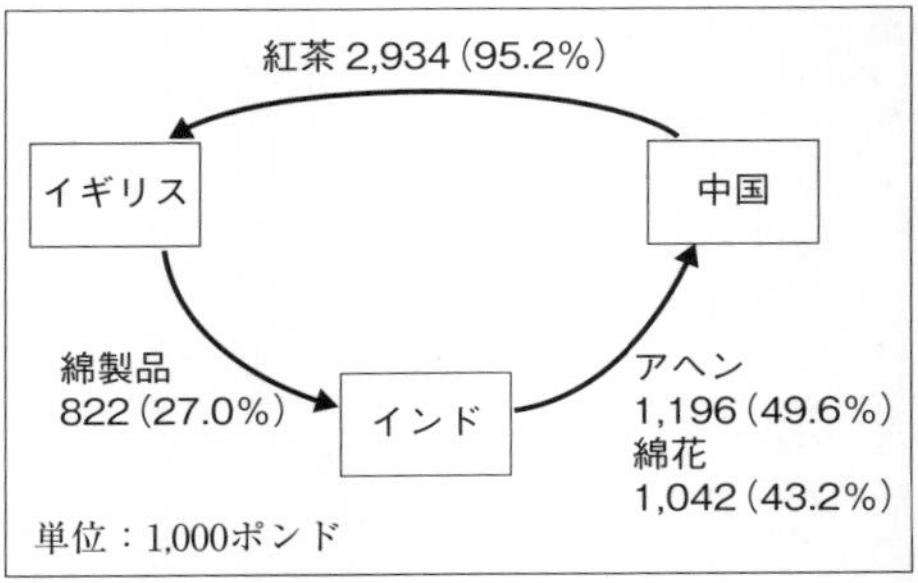

図4　アジアの三角貿易(1825年)(加藤祐三『イギリスとアジア』より作成)
注：(　)内は2国間の輸出総額に占める表記商品の比率

しかし、もともと清は一七五七年以来ヨーロッパ諸国との交易は広東港でのみ行い、公商《こうしょう》という北京《ペキン》政府の特許を得た商人にしかヨーロッパとの交易を認めておらず、イギリスは自由に茶を輸入することはできませんでした。

一七九三年、ジョージ三世は、広東の公商の独占廃止と貿易拡大を求める交渉のため、外交官マカートニーを北京に派遣しました。しかし、清の乾隆帝《けんりゅうてい》は、中国側は、西洋の物産を必要としない、として拒絶したため、赤字対策としてアヘン密輸入が開始されたのです。

イギリス東インド会社はベンガル産アヘンの専売権を利用して、組織的に中国にアヘンを密輸出しました。清は、一七九六(嘉慶《かけい》元)年に、アヘンの輸入禁止を命じますが、効果はなく、密輸入は拡大していきました。

アヘンの代金は銀で決済したことから、アヘンの輸入増により貿易収支が逆転し、一八二〇年代には清から銀の流出が始まります。一八三〇年代末には、清の国家歳入の八割にあたる銀が流出したため、銀保有量が激減して、清の経済は停滞していきました。

アヘン戦争

イギリスがやったことは、紅茶輸入のためにアヘンという麻薬を中国にもちこむことであり、当時も批判の対象になっています。とはいえ、アヘン窟《くつ》は、世界の多くの国際港湾に存在しました。もちろんロンドンにもありました。悪癖は世界中に広まっていたのです。

しかし、けっして貿易品・嗜好品として認められるものではありません。清は一八三八年に林則徐《りんそくじょ》を欽差《きんさ》大臣(特命全権大臣)に任命して広東に派遣、アヘン密輸の取締りにあたらせました。林則徐は厳しい密輸取締りを行い、一八三九(道光《どうこう》十九)年には、アヘンを没収、六月六日には没収したアヘンをまとめて処分しました。処分したアヘンの総量は一四〇〇トンを超えたのです。

ところが、イギリスはこれに対抗して、東洋艦隊を派遣し、一八四〇年八月に清と開戦、手薄な華北《かほく》を北上して北京に迫ったため、戦意を喪失した清は南京《ナンキン》条約を締結し、公商貿易の廃止(自由貿易の実施)、香港《ホンコン》の割譲、賠償金を認めたほか、アヘン輸入を黙認することとしました。ついで、一八五八年の第二次アヘン戦争(アロー戦争)による天津《テンシン》条約では、「洋薬」として正式に輸入を許可したのです。これは一九三〇年頃まで続きます。戦争の後遺症は一世紀近く続いたのです。

講義のまとめ

アヘン戦争の背後には、少なくとも三つの国際的要素が存在しています。

①豊かなアジアの物産、②物産を求めるヨーロッパ、③ヨーロッパの東洋文化への憧れ

今回は主に①と②について考えました。確認しておきたいのは、東アジアが近代世界へと否応なく組み込まれるきっかけとなったアヘン戦争は、イギリスが産業革命後の工業製品を売り込むために起こした戦争ではなく、東アジアでしか産出されない茶を入手するために、アヘンを中国に売りつけたことによって起こった戦争だったこと、です。

清の乾隆帝がいった「中国側は、西洋の物産を必要としない」という言葉は、単なる交渉上の言説ではなく、東アジアの本音であったと思われます。

中国との貿易さらには東アジアの豊かな物産を望んでいたのは、イギリスだけではありません。アヘン戦争の結果、イギリスは一八四二年八月二十九日、清と南京条約を調印して中国進出への足がかりを

確保し、一八四四年にはアメリカ合衆国が望厦《ぼうか》条約、フランスが黄埔《こうほ》条約を中国と結びました。

欧米と東アジアとの関係は、これ以後大きく変化していくのです。そして、アメリカが中国に拠点を確保したことにより、「鎖国《さこく》」日本の開国《かいこく》が世界史に浮上してきたのです。

【史料・参考文献】

久米邦武編『米欧回覧実記』二、岩波文庫、一九七八年

ロバート・フォーチュン(三宅馨訳)『江戸と北京――英国園芸学者の極東紀行』廣川書店、一九六九年、『幕末日本探訪記』講談社学術文庫、一九九七年

角山栄『茶の世界史』中公新書、一九八〇年

加藤祐三『イギリスとアジア』岩波新書、一九八〇年

関口尚志・石井寛治編『世界市場と幕末開港』東京大学出版会、一九八二年

ダニエル・ヘッドリク(原田勝正・多田博一・老川慶喜訳)『帝国の手先』日本経済評論社、一九八九年

浜下武志『近代中国の国際的契機』東京大学出版会、一九九〇年

横井勝彦『アジアの海の大英帝国』同文館出版、一九八八年、講談社学術文庫、二〇〇四年

羽田正『東インド会社とアジアの海』講談社、二〇〇七年

斎藤修『比較経済発展論』岩波書店、二〇〇八年

吉澤誠一郎「ネメシス号の世界史」大阪大学文学部西洋史学研究室『パブリック・ヒストリー』一〇、二〇一三年

ケネス・ポメランツ(川北稔訳)『大分岐――中国、ヨーロッパ、そして近代世界経済の形成』名古屋大学出版会、二〇一五年

第2講

日本を開国せよ——アメリカの対日開国戦略

講義のねらい

本講では、ペリー来航について、その目的やねらいについて考えます。日本史では、開国はもっぱら受け身の視点から説明されますが、外交は二つの国の交渉で行われるので、アメリカ側の意図を知る必要があります。外交はつねに自国と他国との二国間関係なので、双方の立場・主張を理解することが大事です。

アメリカは一八五四(安政《あんせい》元)年に日米和親《わしん》条約、五八(同五)年に日米修好通商《しゅうこうつうしょう》条約という二つの条約を続けて結びますが、すぐ通商条約を結ぶのに、なぜ通商が規定されていない和親条約が必要だったのでしょうか。

幕府は、和親条約を鎖国の放棄とは考えていなかった、ともいわれますが、欧米は、不十分ながら欧米の国際体系への「一元化」の起点、と認識していました。では、解釈が異なる条約がなぜ結ばれたのでしょうか。そこには、アメリカのしたたかな戦略がありました。

和親条約は、世界史的にも非常に重要な出来事だったのです。

1　太平洋横断航路の開設

和親条約について主導権を握っていたのはアメリカでした。ペリー派遣の目的については、これまで①アメリカ捕鯨業の利益、②燃料食料の補給、③対中貿易ルートの確保、④通商の開始、など相互に重なりあう複数の要因があげられてきました。このなかで重要だったのは、中国との貿易ルートの開拓、すなわち太平洋横断航路の確保でしたが、いまだに捕鯨業の利益が指摘され続ける理由は、太平洋横断汽船航路の開設と日本の開国の意味が、世界史のなかで明確に説明されていないためだと思われます。

東回りから西回りへ

なぜアメリカは中国航路を開くのに、日本の開国が必要だったのでしょうか。それは、太平洋を横断する航路の特質にありました。単に横断するだけではなかったのです。

大航海時代以来一八五〇年代にいたるまで、西洋から中国に航海するには、地中海から中東地域を陸上横断するか、あるいはアフリカ大陸の喜望峰《きぼうほう》を迂回してインド洋に出て、東南アジアを経由するという東回り(東漸)のルートしかなく、太平洋を横断する航路はありませんでした。この点について歴史家の服部之総《はっとりしそう》は、日本の開国以前は世界の東の果ては中国で、その先の太平洋は「帆船にとっても超ゆべからざる地表の大クレヴァスだった」と表現しています。これを比喩的に表現すれば、世界の交通網はヨーロッパを中心にして東の中国と西のアメリカに翼を広げた、弥次郎兵衛型の「偏平」な形をしており、アメリカは西の果てから東の果てにやって来るしかなかったのです。

この東回りルートの主導権を握っていたのは、イギリスでした。アフリカ、インド、東南アジアとルート沿いに拠点を建設していったイギリスは、一八四〇～四二年のアヘン戦争に勝利して南京《ナンキン》条約を結んで香港《ホンコン》を獲得し、四五年には上海《シャンハイ》に租界《そかい》を設置し、極東に達したのです。アメリカも一八四四年に中国と望厦《ぼうか》条約を締結して東アジア進出の根拠地をえましたが、中国に達するにはこの東回りルートを利用するしかなく、イギリスの後塵を拝していたのです。

こうした地理的な不利を一挙に解決するには、極東の中国と極西のカリフォルニアを直接結びつける太平洋横断航路の開拓が必要でした。それが、一八四六～四八年のアメリカ・メキシコ戦争で西海岸のカリフォルニアを獲得したことで、可能となったのです。

大圏航路の提案

アメリカ・メキシコ戦争が終結した直後の一八四八年五月、下院議員のトーマス・キングは、アメリカ西海岸から上海・広東《カントン》にいたる太平洋横断航路の開設を提案しました。

新条約での対中関係の改善と太平洋岸への領土拡大により……中国との交通を迅速に行うことができるようになった。しかしこれを達成するには、大陸全体に電信線を延ばし、サンフランシスコやモントレーから上海や広東への汽船定期航路を確立しなければならない。（小風二〇一二）

ここで注目すべき点は、「迅速」な汽船航路の開設が主張されていることです。アメリカ東海岸からカリブ海・パナマ地峡・サンフランシスコを経由して太平洋を最短距離で横断すると、約二カ月で中国に達します。それまでの東回りの四カ月の半分でした。地理的に遅れをとっていたアメリカにとって、逆転優位をもたらすのでした。

この提案は政府に注目され、ポーク大統領は同年十二月の年末教書で、カリフォルニアがアジア・太平洋との豊かな貿易を掌握するにちがいない、と述べています。

2　日本開国の必然性

正確かつ迅速な航路経営には、当時の新鋭技術であった遠洋汽船の定期航海が必須でした。では汽船航路を開設する時に、なぜ日本の開国が必要だったのでしょうか。

結論からいえば、太平洋横断航路の開設において日本の開国が必要不可欠である理由には、汽船航路特有の条件が二点ありました。第一は、鎖国《さこく》日本が航路上に位置するという点、第二は汽船の運航に不可欠な石炭の存在です。

大圏航路実現の条件1――航路の安全

太平洋横断航路はなぜ日本沿岸を通過するのか、といえば、汽船ルートには、距離の優位をいかせる

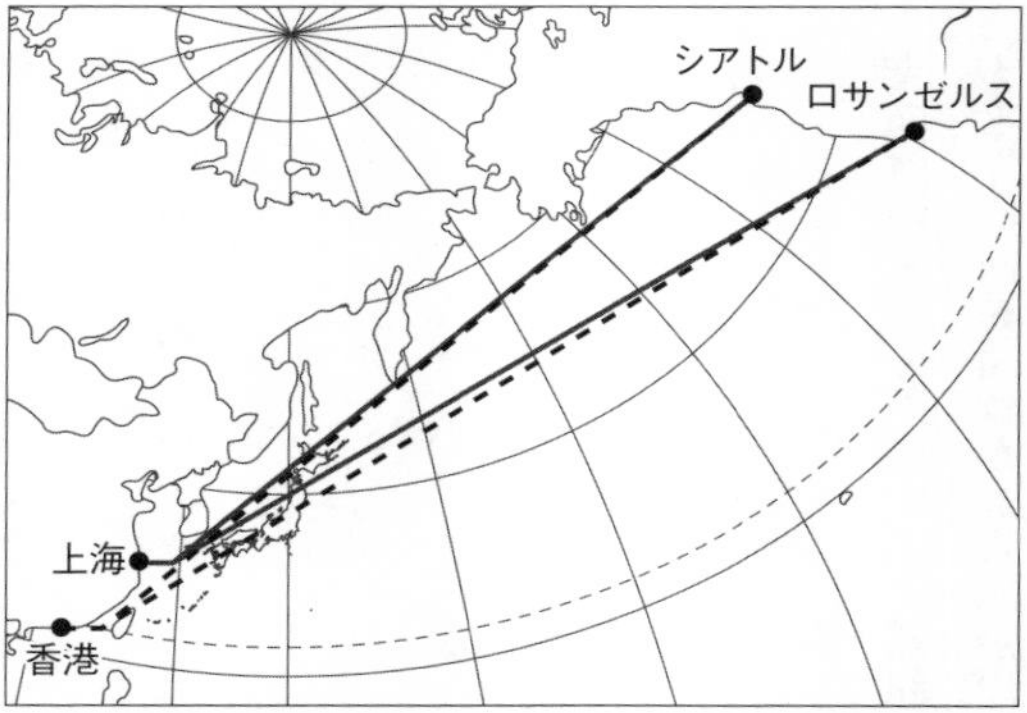

図1　大圏航路(赤倉康寛・竹村慎治「北東アジア―北米コンテナ航路の日本近海における通航海域の把握・分析」『運輸政策研究』14-1, 2011 Springより)

最短ルートの大圏航路が必要だったのです。大圏航路は、海洋学の父と呼ばれるアメリカ海軍のマシュー・モーリーが、「太平洋に関しては平面の地図は捨て去るべきで、球体の方が望ましい」として、地球上の最短ルートとして提案していました。サンフランシスコ―上海間の直航航路では、アラスカ沖から日本沿岸を通過する大圏航路は約一万キロで、ハワイ経由の大圏航路にくらべて二〇〇〇キロほど短く、サンフランシスコ―横浜間の直航航路は八三〇〇キロで、ハワイ経由より一七〇〇キロほど短かったのです。

帆船にとっては風と海流が問題ですが、大圏航路は東の卓越風によって荒れるので、貿易風帯のハワイ経由が距離は長かったとはいえ有利でした。しかし、自然条件の影響の少ない汽船にとっては航路の距離が問題でした。

では、大圏航路はどこを通過するのでしょうか。距離と方位が正確に表示される正距方位図法(東京を中心とする)でみると、アメリカ西海岸のロサンゼルスやシアトルなどと、中国の上海・香港を最短距離で結ぶルートは、すべて日本列島の真上を通っています(**図1**)。アメリカ西海岸のどの港からも大圏航路は日本の沿岸を通るのです。

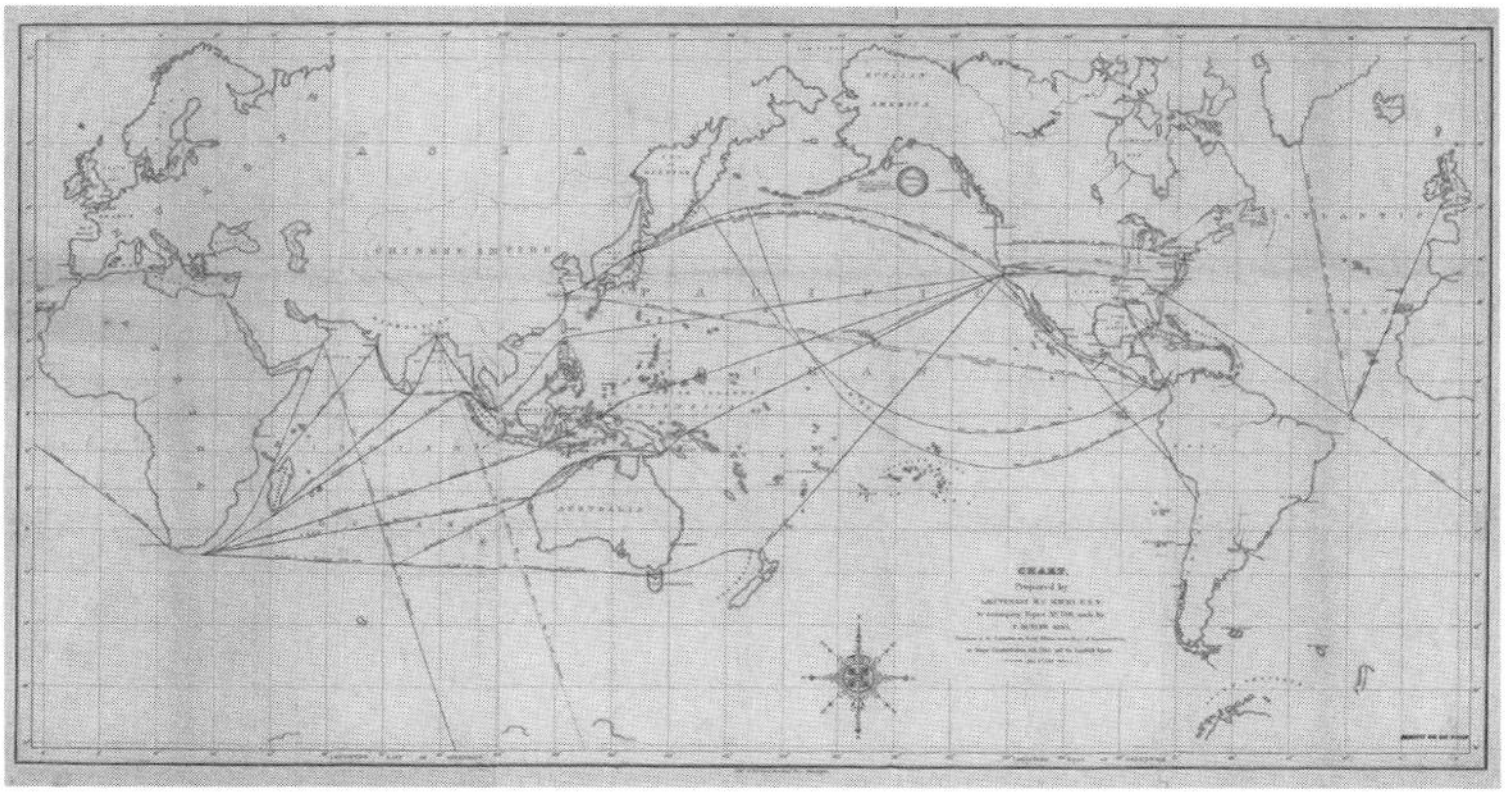

図2　キングの示した太平洋横断の大圏航路

キングは、大圏航路として津軽海峡・日本海・対馬海峡を通過して上海にいたるルートを、地図にみられるように、あえて弧で示しています(図2)。

大圏航路は日本の沿岸を通過せざるをえません。しかしその日本が鎖国していたため、欧米の船舶が日本沿岸を安全に航行し、難破時に寄港することは困難でした。アメリカにとって対中汽船定期航路開設というアジア戦略のうえで、日本近海の危険性を排除することが絶対的前提条件でした。日本との通商が目的ではなかったのです。

大圏航路実現の条件2——石炭の確保

第二点の石炭について、みてみましょう。

当時の汽船にはいまだ太平洋を蒸気機関だけで横断するだけの性能はなく、途中で燃料や食料を補給する基地の確保が必要でした。とくに遠洋航路用汽船の燃料炭は、火力が強く燃焼効率が高く、また大量に入手できることが必要でしたが、東アジアで良質炭の供給が可能な唯一の地域が日本でした。日本炭の安定供給が実現すれば、復航用の燃料の入手に心配がなく、航路網は一層安定し拡充させられます。日本の石炭に欧米列強が強い関心をよせていたのも、当然のことでした。

とくに寄港地の少ない太平洋横断航路では、石炭を安定的に確保することが重要でした。国務長官ダニエル・ウェブスターは、一八五一年にこう説明しています。

外洋を航海する汽船の鎖の最後のリンクが形成される時が近づいている。……大統領の見解は、進取の気性に富む我が国の商人が世界のすべての国を結びつける巨大な鎖の最後のリンクを提供できるように、カリフォルニアから中国への汽船航路を早期に開設する措置を直ちに講ずるべきである、というものである。この事業を促進するためには、日本の皇帝から、汽船が必要とする石炭を購入する許可を得ることが望まれる。（小風二〇二二）

太平洋を横断する新航路は、「世界のすべての国々を結ぶ巨大な鎖の最後のリンク」であり、それを実現するには、日本の皇帝（将軍）から汽船用の石炭を入手しなければならない、といっています。アメリカの本音は、太平洋汽船航路を経営するうえで重要な日本産の石炭の獲得にあったのです。

3　日本への使節派遣

オーリックの派遣

アメリカが太平洋戦略を本格的に準備しはじめたのは、一八五〇年七月に、ミラード・フィルモアが大統領に就任してからです。

フィルモアは、一八五一年五月二十九日、東インド艦隊司令長官ジョン・オーリックを遣日《けんにち》特使に任命し、条約締結の交渉を命じて、江戸の将軍宛の親書を授与しました。そこには、以下の順序で要求が記されています。

一、日米両国の友好と通商

二、日本国沿岸において遭難した場合の船員および財産の救助保護の期待

三、太平洋横断の汽船用石炭の購入と、日本国海岸に貯炭所を設置し供給すること

ではどれがもっとも重要な点であったのでしょうか。

国務長官ウェブスターは六月十日、オーリックに派遣の目的を三点あげています。

一、対中貿易に従事するアメリカ汽船に石炭購入を許すこと

二、日本沿岸で難破したアメリカ船の船員や財産を保護すること

三、日本の港で積荷を販売または物々交換する権利を認めること

注目すべきは、ウェブスターの訓令は、フィルモアの親書とは内容と順序が異なり、貯炭所の設置のみならず石炭購入という具体的な要求が第一に掲げられ、難破時の人道的処遇が第二になっていること、です。第三点は通商要求としては弱く、平時における寄港の権利を求めたものでしょう。

外交儀礼の要素が強い大統領親書で友好が最初に述べられるのが当然とすれば、使節への指令という政府内文書であるウェブスターの訓令こそ、アメリカの本音でしょう。つまり、日本が応ずる可能性の

低い通商要求は後景に退き、太平洋横断航路に不可欠な石炭の入手と航路の安全の確保という具体的要求へとしぼられたのです。

ペリーの派遣——フィルモアの開国戦略

オーリックは一八五一年六月に出発しましたが、乗艦のサスケハナの艦長と対立したため、遠征途上の広東で解任され、かわりに五二年三月二十四日、ペリーが東インド艦隊司令長官に就任し、遣日特使を兼任しました。十一月十三日、フィルモアは改めてペリーに託す親書を作成しました。

では、ペリーにあたえられた使命はどのようなものだったのでしょうか。十一月五日にアメリカ国務長官代理コンラッド(ウェブスターの死去で就任)が「太平洋を航行するアメリカ市民を保護する義務はもはや延期できない」として「大統領にかわり」ペリーに示した条件は、以下の三点でした。

一、日本諸島で難破もしくは港に避難したアメリカ人船員および財産の保護について、なんらかの恒久的な協定を結ぶこと

二、食料・薪水・燃料などの補給、船舶の修理のために日本の一つないし複数の港に寄港する許可をえること。本島に石炭貯蔵所を設ける許可がえられない場合、近海の無人島の一つに設ける許可をえることが強く望まれる

三、アメリカ船が積荷の売却や物々交換を目的として、寄港する許可をえること

重要な要求は、日本近海の航海の安全、寄港地の確保と石炭の供給、の二点ですが、ウェブスターの

訓令と比較すると、一と二の順序が逆転し、難破船などの人道的処遇が最初に来ています。

要求順序の入れ替えの背後には、周到な戦略の練りなおしがありました。日本がこれまで拒絶を続けていた通商は、日本があたえる「恩恵」ですが、人道的処遇は、いわば世界共通の当然の「権利」、日本の「義務」なのです。

現代の私たちは、一八二五(文政《ぶんせい》八)年に出された異国船打払令《いこくせんうちはらいれい》にかわって、四二(天保《てんぽう》十三)年に薪《しん》水給与《すいきゅうよ》令が出されたことを知っています。しかしこの情報は、幕府《ばくふ》から世界への通告を依頼されたオランダが広報しなかったため、アメリカに情報が伝わったのは一八五一年四月末でした。日本の排外政策が変更されたことが確認されて、日本近海の航路の安全を確実にする可能性がみえてきたのです。日本側に人道的処遇を受け入れる余地があるならば、「恩恵」である石炭の供給でなく「義務」である人道的処遇を第一にもってくれば交渉の成功可能性がより高い、と判断したのでしょう。これならアメリカは、航路を開くという所期の目的を達することができます。ウェブスターの訓令がアメリカの本音を率直に語ったのに対して、コンラッドは周到に順序を入れかえることにより、交渉を成功に導こうとしたのです。

こうした戦略的意図をもって派遣されたペリーの行動は、当時の列強の注視の的でした。予定の四月上旬からはるかに遅れた十一月二十四日、ペリーは蒸気軍艦ミシシッピに乗艦して東海岸のノーフォーク軍港を出航しましたが、ロシアはプチャーチンの派遣を決定し、ペリーの出発に一カ月以上も先んじて、一八五二年十月十九日にクロンシュタットを出航し、ペリーが浦賀《うらが》に到着した四五日後の五三年八月二十二日(嘉永《かえい》六年七月十八日)に長崎に来航したのです。まさに先陣争いでした。

4　日米交渉

ペリー来航

ペリーは、一八五三年七月八日(嘉永六年六月三日)午後五時に浦賀沖に投錨しました。『日本遠征記』(上)によれば、ペリーは第一回目の来航の際、大統領の親書とともに自身の書簡を幕府に提出し、大統領は……合衆国の人民の何人かが、陛下の国土内に、自発的に赴くか、又は海難によって漂着するとき、あたかも貴国の最悪の敵であるかのような待遇を受けていることを知り、驚きかつ悲しんでいると伝えるよう本書状の署名者(ペリーのこと・引用者注)に命ぜられております。……アメリカ船モリソン号、ラゴダ号及びローレンス号の諸件です。

と、事例をあげて、日本の非人道的処遇を問題にしています。

日本は一八三七(天保八)年のモリソン号事件では異国船打払令に従って砲撃しましたが、後者の二件については、天保の薪水給与令に基づいて対処していました。しかしモリソン号事件はいまだ記憶に新しく、ラゴダ号船員の入牢処分は「理不尽な投獄」と理解されており、日本の処遇への抗議は、広く欧米世界に認められるものでした。列強の注目の的であったペリーは、交渉の正当性を示したのです。

本格的な日米交渉

ペリーは、開国をうながす大統領フィルモアの親書、提督の信任状、自身の覚書などを手渡し、艦隊は七月十七日(六月十二日)に日本を離れました。二回目の来航は一年後の予定でしたが、離日直後にプチャーチンが長崎に来航したことから、ロシアに先んじられることを危惧したペリーは、半年後の一八五四年二月十三日(嘉永七年一月十六日)、大艦隊を率いてふたたび浦賀に来航したのです。

軍事的圧力は格段に高くなりましたが、交渉は円滑に進められました。

前年に渡されたフィルモアの親書には、通商、人道的処遇、薪水の供給、航路の安全確保、石炭の供給と寄港地の獲得が求められていました。「意外にも」、幕府は、三月八日(二月十日)に行われた第一回会談で、通商を除く条件、すなわち人道的処遇(難破船・漂流民の保護、薪水食料の給与)、石炭の給与、寄港地の設定など、アメリカ側が重視していた項目を、会談の冒頭で受け入れる意向を示したのです。

アメリカの要求は、幕府が反対しにくいように練られていましたが、幕府はアメリカのねらいどおりの反応を示しました。期せずして両者の意向は一致したのです。交渉中のペリーの要求に対して、幕府が妥協した回答をしたわけではありません。

その後、幕府の宥和的な姿勢に気をよくしたペリーが追加で持ち出した通商をめぐって応酬はありましたが、結局ペリーは通商は断念しました。寄港地の場所と数においても、ペリーが当初は松前《まつまえ》、琉球《りゅうきゅう》を含む七、八カ所、つぎに中国並みの五カ所を求めたのに対し、幕府はフィルモアの親書では「南方ニ於て一湊」とある、と突っぱね、二十四日の第三回会談で、下田《しもだ》と箱館《はこだて》の二港の開港を提示しましたが、これは国務省の指令の範囲内であり、ペリーも認めざるをえませんでした。結局交渉は、ほぼ幕府の返答の範囲内でまとまったのです。

日米和親条約は三月三十一日(三月三日)に締結されました。通商を引き出せなかったという批判に対して、ペリーは次のように述べています。

過去の歴史において、文明国と正式の条約を結んだことはまったくなかった……国民に対し、……まさにこの程度の譲歩を引出したことでも、わが交渉当事者にとっては大成功を収めたことになるのである。(『日本遠征記』下)

また、イギリスの外交官アーネスト・サトウは、『一外交官の見た明治維新』で、次のように評価しています。

提督は初回の試みとしては申し分のない条約を、比較的容易に締結することができた。これには多分ペリー提督自身も我ながら意外の感をいだき、会心の笑みを浮かべたことであろう。

会心ではなくとも、笑みは、幕府側も浮かべたかもしれません。

条約書はサンフランシスコ経由でワシントンに送られ、八月一日に上院が承認、同十七日にピアース大統領が批准書に署名し、翌年二月二十一日(安政二年一月五日)に批准書が交換され、国際法上の条約となったのです。

講義のまとめ

ペリー来航の目的は、捕鯨業の利益や漂流民の保護などは建て前ないしは交渉の材料であり、アメリカの本音は、太平洋横断航路開設のために不可欠であった航路の安全と石炭の確保にあったのです。ペリーは大艦隊を率いて来航し強硬な交渉姿勢を示しましたが、具体的な要求は限定されていたのです。

また日本側も、アヘン戦争を機に海防政策を異国船打払令から天保の薪水給与令に変えており、人道的処遇の要求を受け入れる余地はすでに存在していました。両者の意向は期せずしてほぼ一致していました。ペリー艦隊は、通商を獲得できなくとも、所期の目的を達成したのです。

フィルモアは、一八五二年十二月の教書において、日本開国という成果はすべての海運国が享受する、と述べています。日米和親条約は、「交通革命」という世界的な変化を加速させ、世界の一体化を促進した世界史的な出来事だったのです。

一方、日本側ではアメリカが本格的な通商を迫らなかったことにより、幕府内に開国派が形成される時間的余裕が生まれ、来たるべき通商条約交渉に対処する準備が可能になりました。幕府の祖法である「鎖国」は、崩れ始めたのです。

【史料・参考文献】

アーネスト・サトウ(坂田精一訳)『一外交官の見た明治維新』上、岩波文庫、一九六〇年
オフィス宮崎編訳『ペリー提督日本遠征記』全二冊、万来舎、二〇〇九年
石井孝『日本開国史』吉川弘文館、一九七二年(復刊二〇一〇年)
服部之総『黒船前後・志士と経済』岩波文庫、一九八一年
加藤祐三『黒船前後の世界』岩波書店、一九八五年
横井勝彦『アジアの海の大英帝国』同文舘出版、一九八八年
小林啓治『国際秩序の形成と近代日本』吉川弘文館、二〇〇二年
三谷博『ペリー来航』吉川弘文館、二〇〇三年
加藤祐三『幕末外交と開国』ちくま新書、二〇〇四年
荒野泰典『「鎖国」を見直す』岩波現代文庫、二〇一九年
小風秀雅「十九世紀における交通革命と日本の開国・開港」『交通史研究』七八、二〇一二年
小風秀雅「交通革命と明治維新」『交通史研究』九五、二〇一九年
小風秀雅「アメリカの対日開国戦略と日米和親条約」『立正史学』一三一、二〇二二年

第3講 不平等条約とはなにか——「柔軟」な関係

講義のねらい

本講では、一八五八(安政《あんせい》五)年に欧米の五カ国と締結した修好通商《しゅうこうつうしょう》条約(安政の五カ国条約)について考えます(図1)。

一八五〇年代から六〇年代にかけて、中国や日本は、欧米列強《れっきょう》の勢力拡大の焦点でした。列強(Great Powers)とは、強力な海軍力と豊富な商船隊によって世界に進出しうる国、という意味で、海を制する国家でした。当時、列強の名に値する国は、イギリス・フランス・アメリカ・ロシアなど、天《テン》津《シン》条約と安政の五カ国条約の締結国でした。極東は、勢力を東に拡大するイギリス・フランス、太平洋を西に進出するアメリカ、南下するロシアなど列強が競合する場だったのです。

一八五八年にはイギリスがインドの直接統治を開始、五九年にはフランスがサイゴンを占領、六〇年には、ロシアがウラジヴォストークを建設しています。安政の五カ国条約は、第二次アヘン戦争(アロー戦争)の敗戦条約として締結された天津条約と同じ年に結ばれたのは、偶然ではなかったのです。

ハリスは、一八五七(安政四)年十二月十二日の幕府《ばくふ》との交渉の際、次のように発言しています。

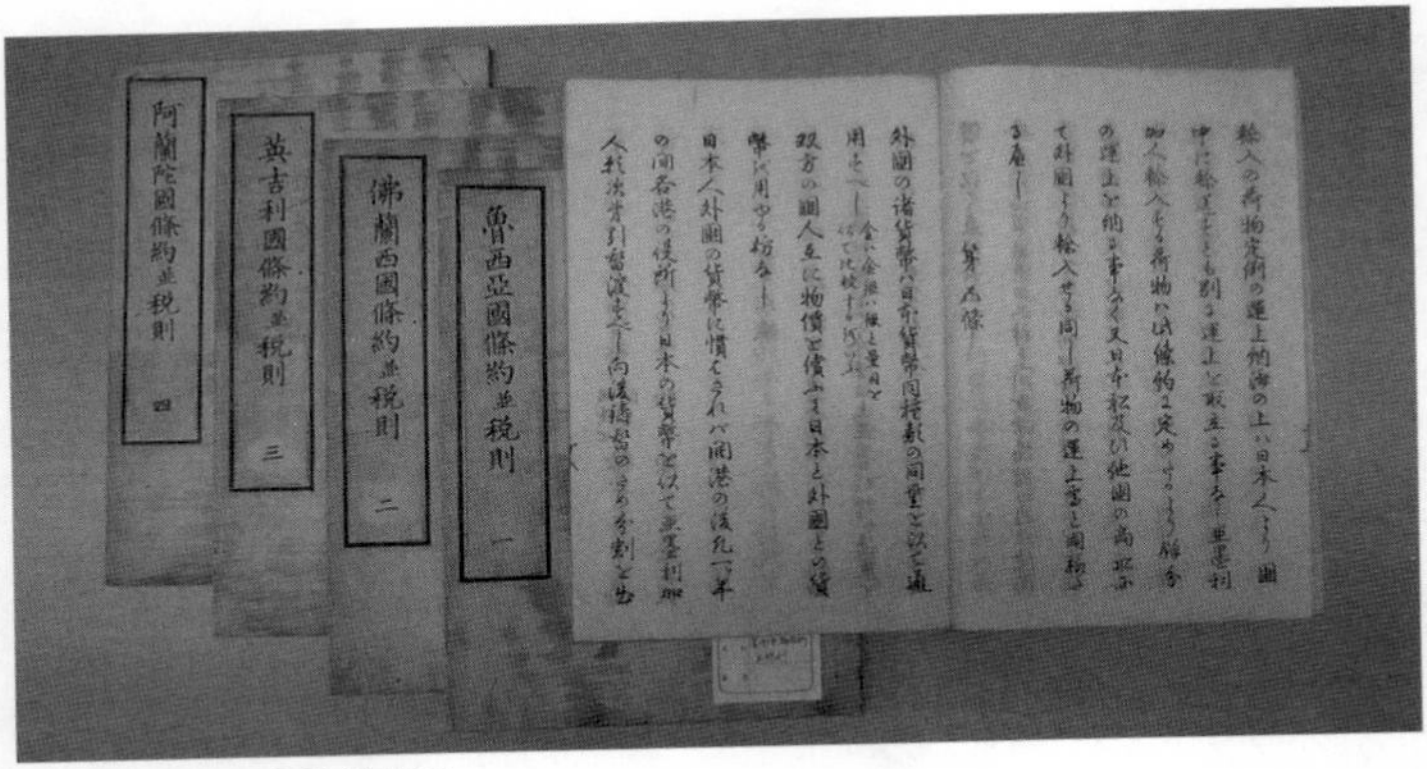

図1　「五ヶ国条約並税則」

> 諸外国は競って強力な艦隊を日本に派遣し、開国《かいこく》を要求するだろう。日本は屈伏するか、然らざれば戦争の惨苦をなめなければならない。戦争がおきないにしても、日本は絶えず外国の大艦隊の来航に脅かされるに違いない。……一隻の軍艦も伴わずに単身江戸に乗り込んできた私と交渉することは日本の名誉を救うものである……私は一切の威嚇を用いない。(『日本滞在記』下)

ハリスは、交渉で締結される条約と、敗戦の結果締結される条約には大きな差があり、アメリカと最初に交渉で締結することが有利である、と主張しています。列強の軍事力を目の当りにしていた日本は、アメリカとの交渉条約を選択したのでした。ロシア、オランダなどが幕府と通商交渉を進めるなかで、ただ独り来日して通商条約を日本と締結したハリスの功績は、アメリカでも高く評価されました。

通商条約は、不平等条約とされ、植民地《しょくみんち》化の意図もあった、といわれてきました。しかしここでも、日本側からだけ考えるのではなく、欧米側の意図を知ることが必要です。「不平等」

条約を結んだ欧米側の意図はどのようなものだったのでしょうか。また条約には、どのような機能があったのでしょうか。

1 通商条約の締結と不平等条項

通商条約

まず通商条約のポイントを押さえておきましょう。

一八五八年七月二十九日(安政五年六月十九日)に調印された安政の五カ国条約で、横浜、箱館《はこだて》、長崎の三港が開かれました。それまでの長崎貿易が、貿易品の種類、価格や取引量が幕府によって決められていたのに対して、国家による管理のない自由貿易でした。自由貿易とは、世界経済のルールとして国家の介入を排除し、自由な商業活動を保障して、世界経済の発展をもたらそうとする思想です。そして、自由貿易を円滑に進めるために考えられたのが不平等条約だったのです。

不平等条項とされるのは、以下の三点です。なぜ不平等なのか、説明しましょう。

〔領事裁判権〕 外国人が日本人に対しておかした犯罪について、本国の領事《りょうじ》の裁判を受ける制度です。アジアの法体系はヨーロッパとは異なるので、ヨーロッパ法では保障される人権や、財産権などが保護されない危険性があります。そこで、自国民の人権や財産権が侵害される恐れのある場合、法体系が異なることから生ずる不利益や衝突を回避し、共存共栄をはかる緩衝装置だったのです。文明の衝突を回避する臨時的な措置といえるでしょう。現地法の適用がおよばない治外法権《ちがいほうけん》とは異なります。

しかしこの権利は、外国人の犯罪も国内法で裁くとする近代国際法に照らせば主権侵害なので、ハリスは、この規定が「何らの異議もなく同意された」ことに「快心とともに、実は大いに驚いた」と記しています。

これを幕府が受け入れたのは、外国人の犯罪はその母国が裁く「近世における外国人に関わる案件の伝統的な処理方法とほとんど違わない」と理解していた、とする説が有力です。

〔協定関税〕 関税率を自国の判断で設定することができず、協定によって取り決める制度であり、自由貿易をアジア側に強制する制度です。国際法では、国家が関税を決めることができる「関税自主権」は国家主権の一つである、と規定していますが、その認識が幕府には欠けていました。関税自主権については、一八七一(明治四)年に大久保利通《おおくぼとしみち》と井上馨《いのうえかおる》が、「権利全く其政府の特裁に属し、決して国際公法に関するものと等しく各国へ協議決定すべき筋に無之は万国普通の例規」(『大久保利通文書』第四)と、条約で決めることではない、と主張しましたが、改正までには結局四〇年かかりました。

〔片務的最恵国待遇〕 最恵国待遇《さいけいこく》とは、欧米諸国が結んだ条約の内容に差がある場合、他の国より不利にならないよう、つねに最高の待遇をあたえることを約束し、各国が同じ条件で貿易することを保障する条項です。欧米列国が平等な条件での共存共栄をはかるものでした。しかしそれが片務《へんむ》的であるため、日本(アジア)が一方的に欧米側にあたえることになり、条約上の不平等性が一方的に欧米側に有利に強化されていくのです。

明らかに対等ではありません。しかし、この規定が非常に不利なことに日本側が気づいたのは、実に一八七二(明治五)年の岩倉使節団《いわくらしせつだん》の日米交渉の時でした。

以上、ヨーロッパからみた不平等条約とは、アジアという異文明世界と接触した時に起きる軋轢《あつれき》を回避するために結ばれる条約であり、①領事裁判権で自国民の生命・財産の安全を確保し、②協定関税によって関税率をコントロールし、③片務的最恵国待遇でどの国も同じ条件下で自由貿易を実現する、というものでした。

これらの条項は、日本側は幕末《ばくまつ》期には国際法に関する認識不足から不平等とは考えていなかったのですが、実は欧米側も、自分たちに有利な条約を日本に押しつけた、とは必ずしも考えていなかったのです。

では、「不平等」条約は、なぜ必要で、どのような役割を果たしていたというのでしょうか。①領事裁判権、②軍事力の役割、③植民地化の危機、の三つの視点から考えてみましょう。

2　欧米にとっての不平等条約1――文明の共存をめざした領事裁判権

異文明国家との「柔軟」な政策

領事裁判権は、ヨーロッパが非キリスト教圏の国家と共存するためのシステムでした。

ウォーラステインの「近代世界システム」論では、次のように説明されています。

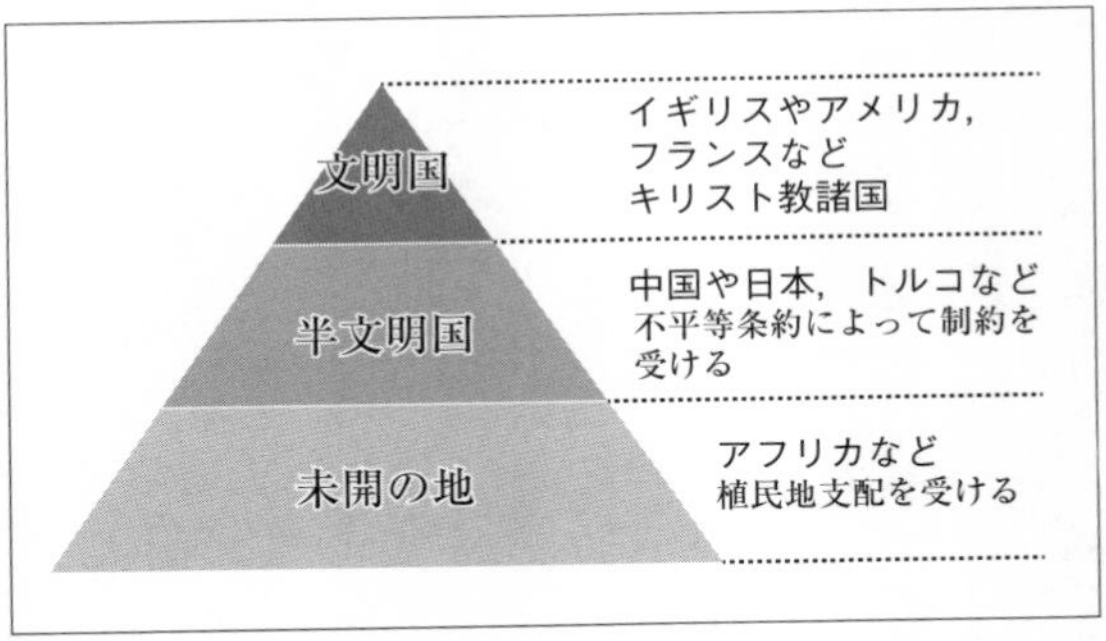

図2　条約体制の構造

十九世紀中葉は「イギリスの対外膨張の決定的な段階」であり、世界経済の「外部」にあった中国が、三角貿易によって世界経済に取り込まれ始めた。しかし中国は、「ヨーロッパの工業製品を輸入することに抵抗しており、なお政治的にも十分強力」であったため、イギリスは「より柔軟な政策」をとるほうが都合がよかった。

強力な抵抗が予想される中国(や日本)を世界経済に取り込み、自由貿易で利益をあげるには、衝突を避ける「柔軟な政策」すなわち不平等条約が好都合だった、というのです。

半文明の主権国家

図2に示されたように、国際法では、当時の世界の諸地域は三つの類型に分けられます。文明国同士は対等条約を結び、文明国ではないが主権国家である半文明国(半開の国)とは、不平等条約を結びますが、主権国家としては対等なのです。ちなみに、残りの未開の地は「無主の地」とされ、一定のルールのもとで植民地化が認められます。

条約の締結は、相手国が、国家主権の相互尊重(内政不干渉)、国家間の平等(対等)、国際法・条約の遵守、という原則を守る主権国家であることが前提ですから、中国や日本は主権国家として認められ、条約体制に組み込まれたのです。

日本が主権国家として欧米列国と対等であることは、外国公使謁見《えっけん》でも示されました。明治天皇は、一八六八年五月二十二日(慶応《けいおう》四年閏《うるう》四月一日)にイギリス公使パークスを謁見し、ヴィクトリア女王の国書を受け取りましたが、それには「兄弟ニ等シキ　大聖日本天皇ヲ祝シテ厚ク両国ノ交誼親睦ヲ修ン事ヲ欲シ」とあります。

主権の対等と条約の不平等、というねじれた関係を象徴したのが領事裁判権でした。ハリスは、この条項は一時的なものと考えていました。山本茂『条約改正史』によれば、ハリスは条約交渉において、こう述べています。

此《こ》の条約の完全の約に非《あらざ》ることは余自ら之を知ると雖《いえど》も、始(ママ)めて外国貿易を開くの国に向つては勢ひ此の如《ごと》くならざるを得ず。エキストラテリトリアリチー(治外法権)の約の如き独り貴国に利あらざるのみならず、自国に取りても最も不便なるべし。改正の時に於て之を廃するは実に余が素願なり。

アメリカにとっても不都合な条項であり、条約改正時には廃止されることを願う、としています。しかしこの条項が、その後の条約改正交渉における最大の障害となるのです。

3　欧米にとっての不平等条約2——軍事力の役割

植民地化の危機をめぐる論点

この時期の東アジアに植民地化の危機があったのかどうか、という問題については、研究者のあいだで論争が繰り広げられてきました。大別すると、三つの説に分けられます。

第一は、四国艦隊下関《しものせき》砲撃事件や薩英《さつえい》戦争などは、日本に危機をもたらしたもので、「諸列強の本格的な軍事侵略が行われる可能性が十分にあった」。

第二は、駐屯軍の設置経緯をふまえて、「イギリスの軍事力は居留地防衛以上にでるものではなく」、軍事力は限定的で、植民地化の危機はなかった。

第三は、この両説をともに批判し、「列強から見て最大限に利用できる『軍事的プレゼンス』として、外国軍隊がそこにいれば、それで十分だった」とし、「とくにイギリスには永続・長期的な日本植民地化の方針は存在しなかった」。

オールコックの主張

危機の有無の検討には、軍事力は何のために利用され、列強は何を引き出そうとしたか、という外交的意図を明らかにする必要があります。

この問題を考えるために、初代駐日総領事（のち特命全権公使に昇格）のラザフォード・オールコックが『大君《たいくん》の都《みやこ》』で示した見解をみてみましょう。ここには、イギリスの東アジア進出の論理が、明確に示されています。

> われわれのつねに増大する欲求や生産能力に応じるためにわれわれはたえずつぎつぎに新しい市場をさがしもとめる。そして、この市場は主として極東にあるように思われる。われわれの第一歩は、条約によってかれらの提供する市場に近づくことである。相手の方では交渉に入る意図をあまりもってはいないのだから、われわれは唯一の効果的な手段をたずさえる。それは圧力である。そして、必要な貿易の便宜やいっさいの権利を与えるという趣旨の文書をえる。のこるはわずかにあと一歩である。それは条約を実施し、実効ある条約にしなければならぬということだ。背景に強圧という手段があってしかるべきだ。そして、他の手段をもってしても条約の規定を忠実に履行させることができないなら、強圧的な手段に訴える意志があり、そうすることもできるということも知らさなければならない。（第三七章）

オールコックは、イギリスの目的は、極東の市場を開放させ自由貿易による利益をえることであり、自由貿易を維持するためには、必要なかぎりで強圧的な手段をとり、条約を守らせる必要がある、といっています。

傍線部の「強圧という手段」とは軍事力のことですが、自由貿易を維持するために条約を守らせる手段である、と明言しています。条約を守る義務を果たさせるために行使されるのであり、征服の手段ではなかったのです。

下関砲撃事件

しかし、オールコックはこの著を書いた翌年の一八六四(元治《げんじ》元)年に、四国艦隊下関砲撃事件(図3)を主導しています。彼はこの行動をどう説明したのでしょうか。

この事件は、一八六三(文久《ぶんきゅう》三)年以来、長州藩《ちょうしゅうはん》が攘夷《じょうい》を決行して外国船を砲撃して関門《かんもん》海峡を封鎖していることをとめるために、ロシアを除く四列強(英・仏・米・蘭)が協調して実施した軍事行動でした。

図3　四国艦隊に占領された前田砲台

オールコックは、四月十四日には「条約をよりよく遵守させるため強制政策がとられないことがよい」として「脅迫的静観」が最善としていましたが、情勢の緊迫化を受けて、五月六日、本国のラッセル外相に「条約の義務に対する尊重を強いるのに必要と思われるような手段をもって、条約の履行を迫る」か、自由貿易を断念するしかない、として「必要な手段」をとることを提案しています。本国の返事を待たず七月二十二日、四カ国は海峡の封鎖を解かなければ武力を行使する、と幕府に通告し、八月十七日に連合艦隊は横浜を出航、九月五日に開戦したのです。

戦闘は直ぐにおさまりましたが、この行動は、イギリス本国の「日本政府ないし大名《だいみょう》を相手に海軍が軍事行動を起こすのは、単にイギリス臣民《しんみん》の生命財産を保護するための防衛手段たる場合に限る」という制止に反したものでした。この指令は事件終了後に届きましたが、違反したオールコックの行動が問題となりました。『パークス伝』によれば、十一月十九日付の報告において、彼はこう弁明しています。

我々のなしたことは、横浜からの外国人追放、およびそれに伴う戦争を避けるために必要であった。動機、目的、および行使せられた手段に関する限り、私の全ての弁明と正当化はその点にある。その結果は明白である。大災害は回避され、戦争の危険は……しばらく遠のくことになった。

『大君の都』で論じた論理を、堂々と主張したのです。イギリス政府はこれを認め、その判断と行動の正しさを賞賛しています。

ここで注目したいのは、この軍事行動が列強の協調で行われている点です。翌一八六五(慶応元)年の兵庫沖への連合艦隊派遣も、四カ国の共同行動でした。条約の履行の要求は、列強の共通利益であり、その維持のためには協調してあたったのです。植民地化が、市場の独占をねらうものであるならば、この共同行動から第一の主張である植民地化への志向を読みとることは困難でしょう。

欧米では、この時期の砲艦外交は、商品経済的利益を獲得するための政策である、としています。列強の軍事力は、日本に条約を維持させ、自由貿易を維持させるための軍事力であり、それ以上でもそれ以下でもなかったのです。

以上の点からみれば、四国艦隊下関砲撃事件などは第二の主張(居留地防衛)を超えた行動であり、第三の主張が妥当だと思われます。

4　欧米にとっての不平等条約3——植民地化の牽制

植民地化のルール

第三は、意外かもしれませんが、条約が東アジアの植民地化への防波堤になっていた、という点です。

実は、植民地化するためには、次のような条件を満たす必要がありました。①そこに主権を有する国家が存在せず（無主《むしゅ》の地《ち》といいます）、②最初にそこを併合すると主張し（先占《せんせん》の権《けん》といいます）、③その国がその土地を実質的に支配しており、④各国が認めた場合に、そこを植民地化することができる、というルールです。

そのルールからいえば、欧米列強と条約を締結したことは、内容が不平等であるにせよ、日本や中国を半文明国として国家主権を認めたことになるので、近代国際法のルールでは、主権国家として認められた国を勝手に植民地とすることはむずかしかったのです。

オールコックの条約論

この点を、『大君の都』によって確認しましょう。オールコックは、日本との条約を維持する必要性について、次のように述べています。

われわれ〔イギリス〕の条約の目的が貿易であることはいうまでもない。西洋諸国とくにわれわれは、東洋に大きな権益をもっており、日本はその東洋の前哨地である。われわれには維持すべき威信と帝国があり、さらに巨大な通商を営んでいる。日本がこの通商の額を増大するために貢献できる程度は、大して考慮するにあたいしないであろう。対日貿易などはなくてもよいであろう。（第三三章）

貿易の利益は大きくないので、日本との貿易はなくてもよい、と述べています。この記述を根拠に、イギリスは日本を市場として評価していなかった、とする日本市場軽視論が唱えられましたが、そのあとの部分を強調するレトリックとして読んだほうがよいでしょう。大事なのは、次の部分です。

日本との貿易はさておくとしても、東洋におけるわれわれの威信というものはすこしも経費を要せずして艦隊や軍隊の代わりをつとめるひとつの力である。われわれはこの地方において、ロシア、すなわち、満州《まんしゅう》の沿岸地帯に急速にふえつつあるその経営地と対抗している。ロシアの通商が伸長し繁栄してもわれわれとしてはなんら恐れる必要はない。しかし軍艦とか軍港というような軍事力の優勢は、それほど強い防衛力をもっていない通商にとっては危険の源となる。

われわれがたとえ名目的にせよ、条約による権利を日本にもっている間は、われわれの同意なしに征服したり併合したりすることは困難であろう。ロシアはこのアジアの東端で一定の進出政策を推進しているが、他のヨーロッパ諸国が後退すれば、遠からず日本がロシア帝国の一部になることはほぼ確実である。（第三三章）

「東洋におけるわれわれの威信」とは条約を意味しており、「経費を要せずして艦隊や軍隊の代わりをつとめるひとつの力」といっています。オールコックは、条約による権利を日本にもっているあいだは征服や併合は困難で、日本との条約は、ロシアの南下と日本の併呑を防止する外交上の役割を果たしている、それは軍事力に匹敵する、と主張しているのです。

ロシアの南下の脅威には事実の裏付けがありました。一八六一(文久元)年にロシア軍艦が半年にわたって対馬《つしま》を占領した対馬事件で、現実化していたのです。オールコックは軍艦二隻を回航して干渉し、ロシアを撤退させています。

講義のまとめ

不平等条約には、貿易の利益を最大限引きだすために、複数の国際的システムが含まれていました。欧米とアジアとの共存(領事裁判権)と欧米相互の共存(協定関税と片務的最恵国待遇)という二つの共存と、どこか一国が条約を超えて併合や植民地化に走ることを他の国が防止する一つの牽制です。つまり不平等条約は、欧米諸国の行動も規制していたのです。このあとにやって来る帝国主義の時期に、不平等ながらも独立を保持した東アジアは、特殊な地域として位置づけられるでしょう。

しかし明治維新《いしん》以後、国際法のうえでは日本が文明国として位置づけられていないことを理解するにおよんで、条約の不平等性を痛感しました。国際的情勢に対する認識が深まるとともに、不平等性が明確になり、条約改正が国家目標となるのです。

【史料・参考文献】

タウンゼンド・ハリス(坂田精一訳)『日本滞在記』中・下、岩波文庫、一九五三・一九五四年
ラザフォード・オールコック(山口光朔訳)『大君の都』全三冊、岩波文庫、一九六二年
F・V・ディキンズ(高梨健吉訳)『パークス伝』平凡社東洋文庫、一九八四年
山本茂『条約改正史』高山書院、一九四三年
井上清『条約改正』岩波新書、一九五五年
石井孝『増訂・明治維新の国際的環境』吉川弘文館、一九六六年
毛利健三『自由貿易帝国主義』東京大学出版会、一九七八年
加藤祐三『黒船前後の世界』岩波書店、一九八五年
杉山伸也「東アジアにおける〈外圧〉の構造」『歴史学研究』五六〇、一九八六年
横浜対外関係史研究会・横浜開港資料館編『横浜英仏駐屯軍と外国人居留地』東京堂出版、一九九九年
加藤祐三『幕末外交と開国』ちくま新書、二〇〇四年
保谷徹『幕末日本と対外戦争の危機』吉川弘文館、二〇一〇年
ジョン・ブリーン『儀礼と権力――天皇の明治維新』平凡社、二〇一一年
小林隆夫『19世紀イギリス外交と東アジア』彩流社、二〇一二年
イマニュエル・ウォーラステイン(川北稔訳)『近代世界システム』Ⅳ、名古屋大学出版会、二〇一三年
小風秀雅「19世紀世界システムのサブシステムとしての不平等条約体制」『東アジア近代史研究』一三、二〇一〇年
小風秀雅「不平等条約体制の再検討――成立から強化へ」『立正大学人文科学研究所年報』五七、二〇二〇年

第4講　文明の交点——開港場横浜の光と陰

講義のねらい

本講では、幕末《ばくまつ》に開港した三カ所の開港場のうち、最大の貿易港であった横浜を取り上げ、幕末の開港場に設けられた遊歩区域について、経済史的ではなく、政治史的、文化史的に考えたいと思います。遊歩区域とは、外国との摩擦を避けるために、居留地の周囲に設けられた外国人の行動区域でした。これは中国にはない日本独特の制度でした。外国人の行動を開港場の周辺に制限して、国内での自由な移動や商取引を禁止することが主眼でしたが、攘夷《じょうい》派などの襲撃から外国人を保護する、という点ではあまり機能しなかったようです。攘夷への対抗から、イギリスとフランスは横浜に軍隊を駐屯させました。

しかし、この遊歩区域は、欧米が日本の社会や文化にはじめて出会った場所、という意味でも、重要な意味をもっていました。開港場は閉ざされた貿易の空間でしたが、遊歩区域は、狭いながらも外国人に開かれた日本社会そのものでした。遊歩区域内での新種のユリの発見は、ヨーロッパの園芸界を驚嘆させました。開港は、文化交流のきっかけでもあったのです。

東西文明の出会いの場を、二つの視点からみてみます。

1 開港場横浜の発展

開港場の建設

アメリカを筆頭に、イギリス、ロシア、オランダ、フランスと結ばれた安政《あんせい》の五カ国条約により、五港が貿易港に指定されましたが、幕末に開港したのは、長崎、箱館《はこだて》、横浜の三港で、なかでも最大の貿易額を示した開港場が横浜でした。

日米修好通商《しゅうこうつうしょう》条約では神奈川開港が規定されましたが、幕府《ばくふ》が横浜を指定し、列強《れっきょう》も認めたことは有名な話です。水深が浅い神奈川に比べて横浜は港湾として優れていることや、広い未利用地があり、居留地建設に便利なこと、などが理由とされています。

横浜の都市形成は幕府の手によって行われました。周囲には掘割がめぐらされ、出入りは当初一カ所の吉田橋(**図1**の右上の橋)に限られ、関所《せきしょ》が設けられました。その後堀川《ほりかわ》が開削されると、三カ所の橋が設置され、そこにも関所が設けられたことから、居留地は「関内《かんない》」と呼ばれました。居留地の内部は、日本人街(右側)と外国人街(左側)に区分されていました(**図1**)。

一八五九年七月一日(安政六年六月二日)、横浜は開港しました。最初のイギリス船として横浜に入港したジャーディン・マセソン商会の船長のヘンリー・ホームズはこう記しています。

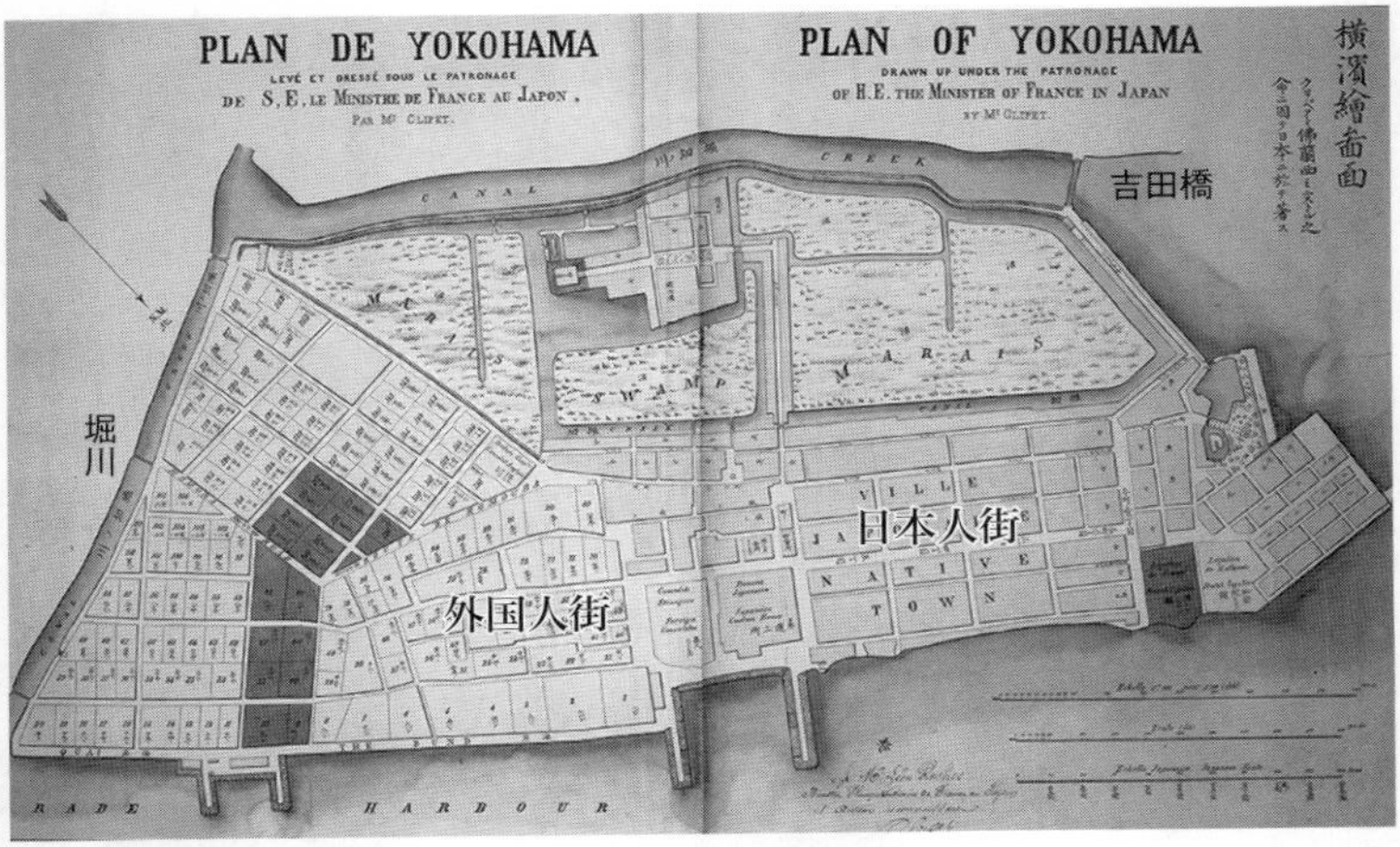

図1　『横浜絵図面』(フランス人M. クリペ作成，1865年)

横浜は喧騒をきわめていた。産物が街に続々ともちこまれ、あたらしい店が毎日開店し、すばらしい品物であふれ、それはついたばかりの外国人を驚かせ、賞賛させた。

開港場では税関・桟橋《さんばし》・荷揚場などの港湾施設だけでなく、住宅や倉庫・商館の建設が進められ、やがて石造の本建築の商館が立ちならび(**図2**)、「アメリカのゴールド・ラッシュの時代に似ている」といわれるような活気にあふれていたのです。ホームズも桟橋や税関に隣接する一等地である居留地一番の借地権を手に入れました。この土地はのちに、ジャーディン・マセソン商会に譲渡されて洋館が建設され、英一番館と呼ばれました。

居留地は、開港当初は関内に限られていましたが、貿易の発展とともに拡張され、一八六七(慶応《けいおう》三)年には、堀川を越えて、**図3**左手の高台の山手《やまて》地区で居住区域としての開発が始まりました(**図3**斜線部分)。

この結果、従来の山下《やました》居留地は商社が立ちならぶ商業

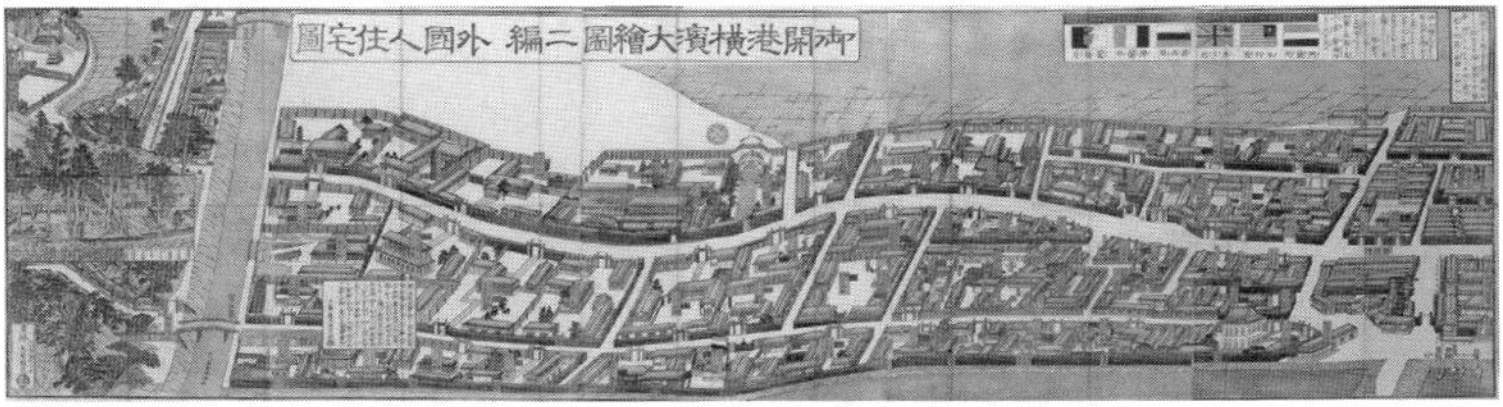

図 2　五雲亭貞秀画『御開港横浜大絵図二編　外国人住宅図』(1862年頃)

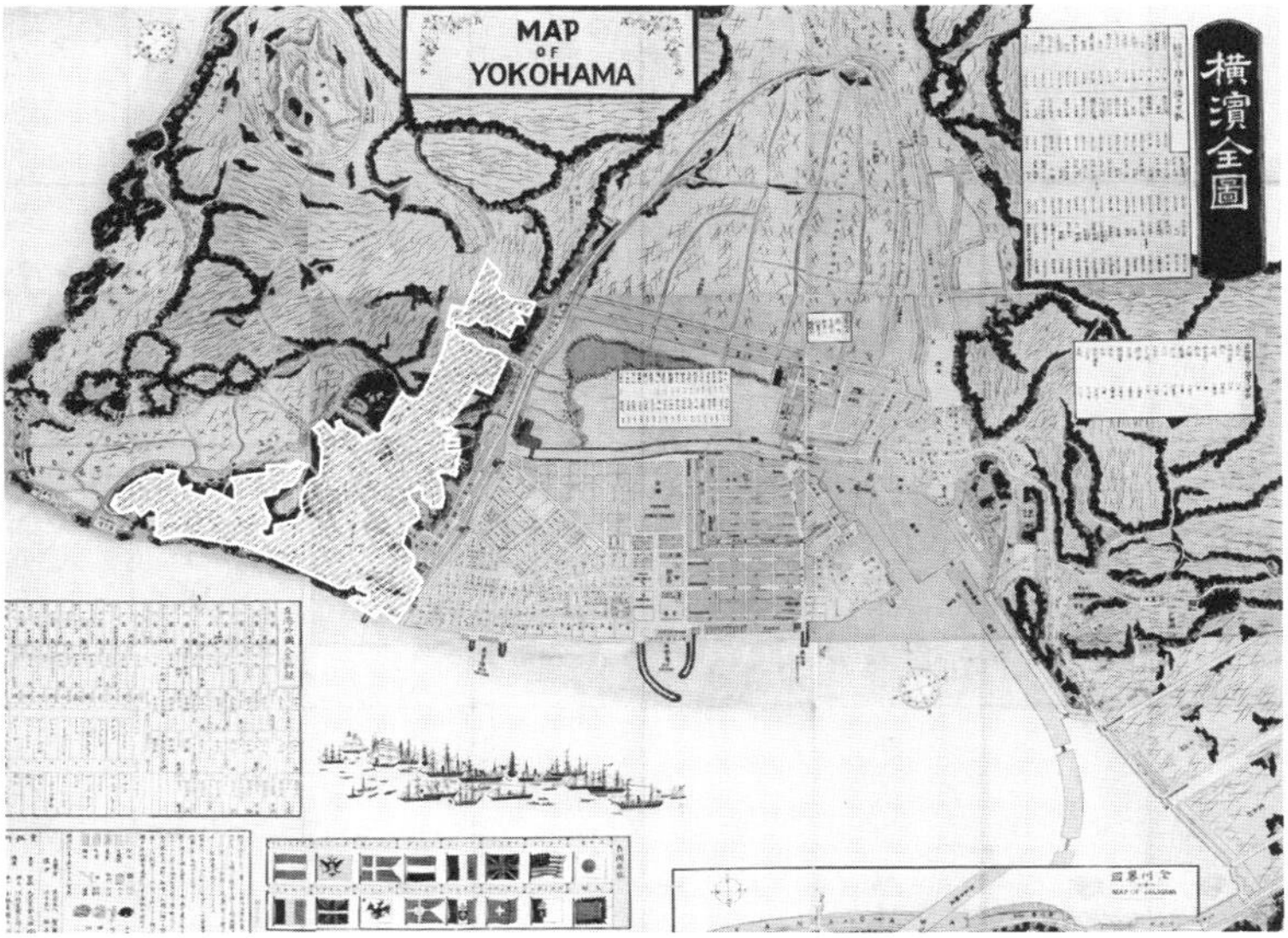

図 3　五葉舎万寿老人画『新鐫横浜全図 MAP OF YOKOHAMA』(1870年)

区域、山手居留地は洋館が立ちならぶ住宅地として発展するという機能分化が進んだのです。

最大の貿易港

幕末の開港によって、日本経済は敏感に反応しました。幕末に開港された三港のうち、横浜は日本最大の開港場でしたが、取引相手国のうえでも著しい特徴を有していました。

一八六五(慶応元)年の状況をみると、欧米では産出されない生糸《きいと》や蚕種《さんしゅ》(蚕《かいこ》の卵のこと。卵を産みつけさせた紙を蚕卵紙《さんらんし》という)、茶が輸出の大半を占める一方、輸入は毛織物、綿織物、綿糸《めんし》などのほか、武器、艦船などでした。輸入品は、綿織物、綿糸以外、日本では生産できない工業製品でした。つまり横浜は、欧米に向かって開かれた開港場であったのです。

貿易額のうえでも、日本最大の輸出品であった生糸をはじめ、三つの開港場のうち最大の貿易高を示し、その比率は八割に達しました。

一方、箱館は、海産物貿易を中心としており、その輸出先はほとんどが中国でした。また、長崎は、その地理的位置から、貿易の三割から五割が中国向けでしたが、特筆すべきは、石炭積出し港として重要な役割を果たしていました。この点は第6講で扱います。

第1講との関係で注目すべきは、日本の貿易の特徴は、東アジアの特産物であった生糸や茶という絶対的な輸出品が存在したことでしょう。貿易収支は明治以降は輸入超過に転じますが、三〇年後に産業革命を迎えるまでの必要な時間を稼いだのが、生糸と茶だった、といえるかもしれません。とくに生糸はその後も日本の最大の輸出品として、一九三〇年代までその地位を保ち続けていきます。

外国商人たち

開港当初に横浜に進出した外国人について、アーネスト・サトウは「少し酷な表現だが、イギリスの某外交官が当時の横浜在住の外国人社会を、『ヨーロッパの掃溜《はきだ》め』と称した」と記しています。しかし、こうした冒険的・投機的な商人が「多少見受けられた」ことも事実でしたが、開港当初に横浜に進出した外国商社の中心は、ジャーディン・マセソン商会をはじめとして中国貿易で十分に資本を蓄積した巨大商社だったのです。貿易金融機関や定期航路などが整備されていない状況では、自分の船舶を所有し、巨額の資金力を有する巨大商社が圧倒的な優位を誇ったのであり、幕府・諸藩とも積極的に接触して、イギリスの対日政策を支える役割を果たしていたのです。

中小の商社が本格的に進出しはじめたのは、一八六六年恐慌《きょうこう》以後のことで、恐慌で多くの巨大商社が打撃を受けた一方で、冒険的な中小商社が進出しました。

定期航路の開設

中小商人が進出した背景には、この時期、ヨーロッパ―東アジア間の定期航路が急速に拡大し、極東の日本に達したことがありました。その代表格がイギリスのP&O汽船とフランスの帝国郵船(一八七一年よりフランス郵船)です。P&O汽船は、日本の開港を機にいち早く一八五九(安政六)年九月に長崎―上海《シャンハイ》間に就航し、六四(元治《げんじ》元)年初頭には横浜―上海間に定期航路を開設しました。続いてフランスの帝国郵船も、マルセイユ―横浜間の定期航路を一八六五年九月に開設しました。そして、一八六七年一月にはアメリカの太平洋郵船がサンフランシスコ―横浜―香港《ホンコン》航路を開設し、太平洋を規則的に横断する汽船定期航路が実現したのです。

海運のみならず、各国の植民地《しょくみんち》銀行が支店を開設して貿易金融を開始し、経済インフラ機能が強化されていくことにより、資金力の弱い商社にも貿易取引に参加する機会を提供し、貿易・流通機能の集中点として東アジア自由貿易体制を支えていました。さらに、海底電信の敷設などによる情報網の整備は、変動するヨーロッパやアジアの商況を早くしかも的確に把握することを可能にして、貿易取引のリスクを大幅に減じていきました。こうした経済インフラの整備によって、自前の船舶を所有していない中小の商人にもアジア貿易への参入が可能になりました。

貿易港横浜の発展は、交通革命とともに進んでいったということができるでしょう。

2 行動が制限された外国人

一〇里以内遊歩区域の設定

しかし貿易には、制限がありました。欧米商人たちは、自由に日本の国内で取引を行うことができず、居留地のなかでしか認められませんでした。これを、居留地貿易といいます。自由貿易とはいいながら、

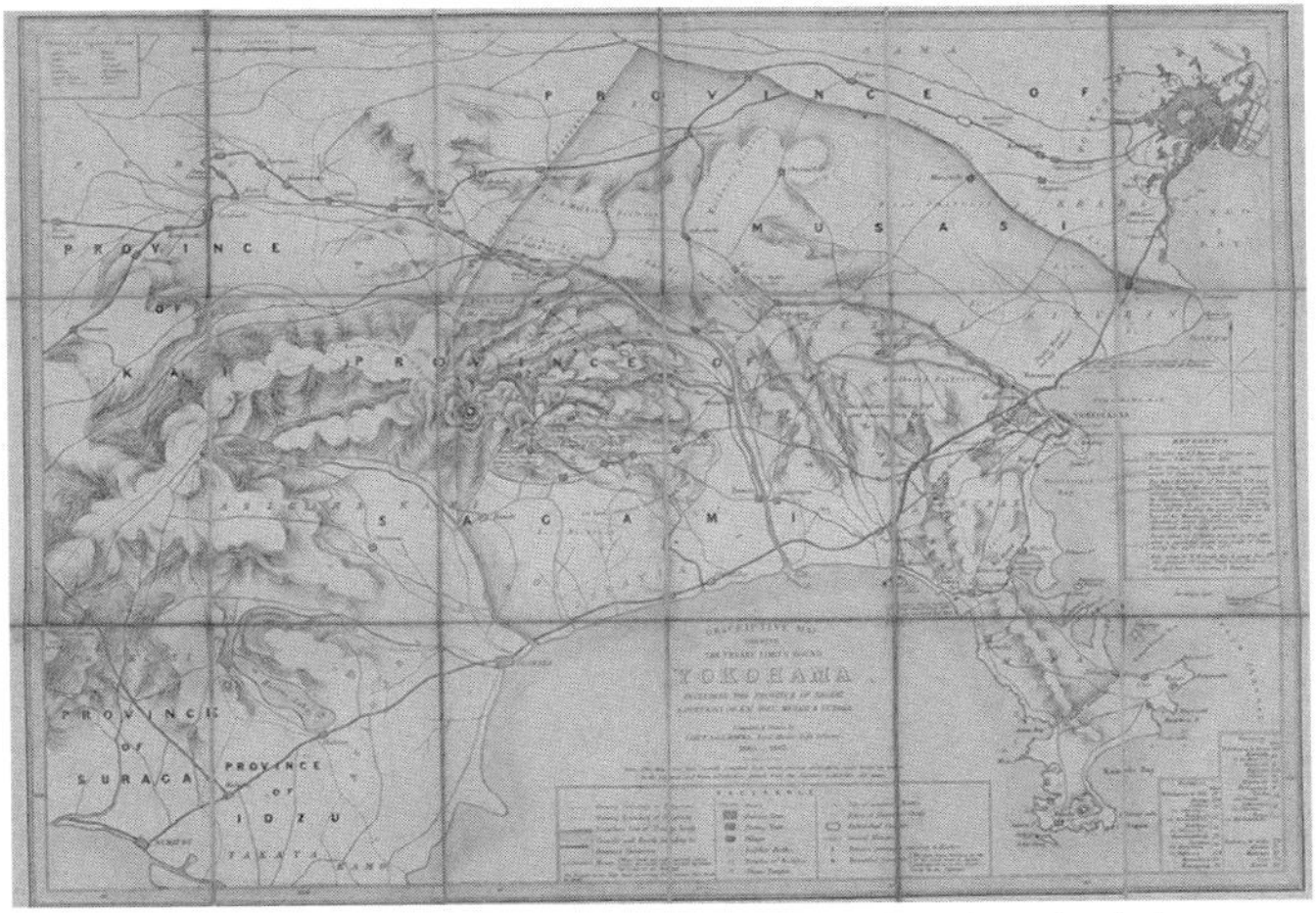

図4　アルバート・ホーズ『横浜周辺外国人遊歩区域図』(1867年頃か)

中国より制限された不自由な状況におかれていたのです。

さらに、安政の条約では、開港場の外国人が自由に行動できる範囲(遊歩区域)も限定されており、横浜・箱館・兵庫の各居留地の遊歩区域は、開港場の一〇里《り》四方のうちに限られていました(ただし兵庫は京都から一〇里以内は禁止、長崎は土地が狭いため周囲の天《てん》領《りょう》かぎり。新潟は未定)。中国にない制度が設けられたのは、日本人との接触を極力避けるためでした。ハリスとの交渉時に、幕府側が「如何《いか》なる場合でも外国との戦争は、国内の争乱ほど恐るべきものではない」と、内地旅行を認めると内乱が起こる、として激しく抵抗したため、ハリスは、受け入れざるをえなかったのです。

横浜の遊歩区域

横浜居留地の遊歩区域(図4)は、北の境の多摩川《たまがわ》方面では、江戸に入ることが禁止されていたため一〇里に達しませんでしたが、他の方角には一〇里に設定されました。これは、三浦《みうら》半島の先端部や箱根《はこね》地区を除いた神奈川県内にほぼ一致します。この区域のなかであれば、横浜の居留外国人は、自由に行動することができましたが、富士山はもとより箱根も含まれておらず、江戸にもいけませんでした。そこで人気の遊歩地だったのが、鎌倉《かまくら》と江《え》の島《しま》でした。

アーネスト・サトウは、この辺の事情について、『一外交官の見た明治維新』にこう記しています。

日曜日の行楽には、東海道《とうかいどう》を馬出遠乗りして川崎《かわさき》で弁当を食べ、夕方になって帰宅するのが喜ばれた。もっと遠出をして、金沢《かなざわ》、鎌倉、江の島などへ行くこともあった。しかし、条約の制限区域を越えて八王子《はちおうじ》や箱根などまで行く者は、大胆な、命知らずの人間だと言われた。横浜を去ること二十五マイル以上の旅行をする特権は、諸外国の外交代表だけに限られていたので、公使の許可証を持ってどこかの公使館員に成りすまさなければ江戸へ行くこともできなかった。周囲の事情でそれのできない人々は、そうした恩典を極端な嫉妬の目でながめていた。

攘夷の恐怖と英仏軍の駐屯

ただし、遊歩区域での行動は、権利として許されているのであって、命が保障されているわけではありません。そのため、攘夷による外国人襲撃の危険性がつきまとっていました。

一八六二年九月十四日(文久《ぶんきゅう》二年八月二十一日)には、生麦《なまむぎ》事件が勃発しました。さらに十月以降、たびたび攘夷派の浪士《ろうし》が居留地を襲撃するという風説が流布され、翌一八六三(文久三)年二月にイギリ

図５　横浜沖のイギリス海軍艦隊

ス艦隊（図５）が横浜に入港したことによって居留地襲撃の風説が再燃し、神奈川奉行《ぶぎょう》が住民に避難命令を出し、十八日には居留地内の日本人がすべて脱出したのです。

イギリスとフランスはこうした事態に対して幕府に強く抗議したため、幕府は、両国が、居留地防衛と居留民の生命と財産の保護のため、自衛に出ることを承認するにいたり、同年六月以後、両国は横浜の山手に軍隊の駐屯を開始したのです。

一八六四年には、英・仏・蘭・米の四カ国による下関《しものせき》砲撃事件が勃発して緊張状態はピークに達し、駐屯軍の規模は急速に拡大して、同年中に三二〇〇人を数えました。

しかし、一八六四年十一月二十一日（元治元年十月二十二日）には、鎌倉でイギリスの駐屯軍の将校が殺害される事件が起こっています。殺害されたのは、鎌倉・江の島見物に出たイギリス駐屯軍第二〇連隊所属の軍人二人で、長谷《はせ》の大仏《だいぶつ》を見学し、八幡宮の参道の道筋で、浪人と軽輩の武士に襲撃されたのです。この事件はサトウが「日本に滞在中のあらゆる経験のなかで最も劇的であった事件のひとつ」としています。

攘夷運動が急速に台頭するなか、遊歩区域での行楽は一時的に衰え、復活するのは、一八六五年頃のことでした。攘夷の緊張がゆるむにつれて、駐屯軍もしだいに減少していきました。

3　遊歩区域とプラント・ハンター

プラント・ハンターの来日

開港と同時に、商人以外にも多くの外国人が来日しました。初期の代表的な存在がプラント・ハンターと呼ばれる植物の収集家です。十九世紀は博物学の時代であるといわれ、地理学、生物学、医学などで、これまで未発見の種の発見や、人跡未踏の地の探検などが盛んに行われました。そのうち、未踏の地や海外で珍しい植物の収集にあたったコレクターをプラント・ハンターと呼びます。彼らは、貿易商以外の外国人のなかでも独特の活動を展開し、日本の美を世界に紹介したのです。

彼らは、開港直後の日本に足を踏み入れました。日本は、魅力的な植物の宝庫であり、新種発見の絶好のチャンスで、遊歩区域は絶好の採集地でした。

金沢のヤマユリ

イギリスの植物学者として著名なロバート・フォーチュンが来日したのは、一八六〇(万延元《まんえん》)年のことでした。フォーチュンは、中国の植物採取ですでに実績をあげていたベテランのプラント・ハンターで、目的は、日本の珍しい植物品種、とくに観賞用として価値の高い園芸品種を発見してヨーロッパに移植することでした。

二回目に来日した一八六一(文久元)年七月、フォーチュンは、郊外の金沢・鎌倉への観光を思い立ち、四人で出発しましたが、出発まもなく、彼は金沢でヤマユリの群生に遭遇したのです。

田畑の端には多くの小屋や農家があった。丘のうしろにつづく谷を過ぎると、道は次第に急な上りになった。丘の頂上に達すると、ヒマラヤの最も美しい場面を想わせるような絶景が展開した。なおも山の尾根伝いに進むと、左右の眼下に田畑や谷や植物の繁茂した丸い丘が見下ろせた。丘の斜面に見事なユリ(Lilium auratum)の花が咲き乱れていたので、その根を掘り取って私のコレクションに加えた。(『江戸と北京《ペキン》』)

その美しさを絶賛されるヤマユリの群生地が、開港場横浜の近くで発見されたことは、驚きでした。このヤマユリが、一八六二年にイギリスにもたらされると、大きな花と芳香で「驚嘆すべき美しさ」が大評判となり、ユリの王者と評されたのです。

フォーチュンは、植物採取だけでなく、日本の政治・社会・風景・文化などを客観的な視線で観察し、『江戸と北京』という見聞記にまとめています。プラント・ハンターは、優れた自然科学者であり、また同時に日本の魅力の紹介者だったのです。

輸出されるヤマユリ

ヤマユリの輸出に取り組んだのが、イギリスの園芸商社であるヴィーチ商会のプラント・ハンターとして一八六七(慶応三)年十一月に来日したドイツ人のカール・クレーマーでした。

彼は蘭《らん》のコレクターとして派遣されたのですが、一八七二年にはクレーマー商会の名でユリ、蘭、楓《かえで》などを扱い、日本特産の「ササユリ」に自分の名を冠して「リリウム・クラメリ」(Lilium Krameri)と名づけ、ヤマユリの美麗な新種として売りだしました。その人気は高く、クレーマーによれば、「ヤマユリは横浜近郊の林の至る処に自生しているが、ここ数年のうちに大量に船積みされたため、大きな球根はもっと遠方でなければ見つからず、輸送費がかか」る、と自生の球根が品不足になるほどでした。その後もユリは日本の代表的園芸品種として、大量に輸出されていきます。

講義のまとめ

横浜は、開港後最大の貿易港として説明されますが、経済に限らず、政治的、社会的、文化的な面で、外国とくに欧米社会にさまざまな刺激をあたえた場でもあったのです。

開港場の遊歩区域は、外国人に開かれた小さな窓にすぎず、また安全でもなかったとはいえ、そこからは、それまで未知の国、空想の世界であった日本の魅力を十分に味わうことができました。欧米世界はその魅力に驚嘆したのです。

幕末・維新《いしん》の開港場は、よく西洋に開かれた窓として近代化の窓口と評されますが、実は西洋に対して日本の魅力を発信する窓口でもあったのです。そして、西洋の驚嘆はやがて熱狂へと過熱していくのです。

【史料・参考文献】

アーネスト・サトウ（坂田精一訳）『一外交官の見た明治維新』上、岩波文庫、一九六〇年
バジル・ホール・チェンバレン（高梨健吉訳）『日本事物誌』平凡社東洋文庫、一九七五年
ヘンリー・ホームズ（杉山伸也、ヘレン・ボールハチェット訳）『ホームズ船長の冒険』有隣新書、一九九三年
ロバート・フォーチュン（三宅馨訳）『江戸と北京――英国園芸学者の極東紀行』廣川書店、一九六九年、『幕末日本探訪記』講談社学術文庫、一九九七年
ヴィットリオ・アルミニヨン（大久保昭男訳）『イタリア使節の幕末見聞記』講談社学術文庫、二〇〇〇年
『横浜市史』第二巻、横浜市、一九五九年
岡田章雄『幕末英人殺傷事件』筑摩書房、一九六四年
関口尚志・石井寛治編『世界市場と幕末開港』東京大学出版会、一九八二年
横浜居留地研究会編『横浜居留地の諸相』横浜開港資料館、一九八九年
横浜対外関係史研究会・横浜開港資料館編『横浜英仏駐屯軍と外国人居留地』東京堂出版、一九九九年
白幡洋三郎『プラントハンター』講談社学術文庫、二〇〇五年
保谷徹『幕末日本と対外戦争の危機』吉川弘文館、二〇一〇年

小風真理子「明治初期の園芸をめぐる異文化交流」『交通史研究』九二、二〇一八年
小風秀雅「外国人が見た富士山」『日本史の研究』二五六(『歴史と地理』七〇二)、二〇一七年
小風秀雅『幕末・明治、外国人のみた藤沢』藤沢市文書館、二〇二〇年

第２章　日本の発見

アルフォンス・ド・ヌヴィル＆レオン・ベネット
『80日間世界一周』の扉絵

ジュール・ヴェルヌの『80日間世界一周』は，1872年にトーマス・クック社の世界一周ツアー（西回り，1872年９月出発）のポスターから着想を得て，グローブ・トロッターの旅行記などを参考にしながら，高級紙『ル・タン』に連載を開始し，翌73年に単行本が出版されました。この絵はその扉絵で，小説に登場する乗り物が描かれています。タイトルは，フランス語で“*Le Tour du Monde en Quatre-vingts Jours*”とあります。

ヴェルヌは『海底二万哩《マイル》』などの空想冒険小説で有名でしたが，この作品では，実際の世界を舞台にし，未知の国への憧れをかきたてました。

第5講 オールコックが魅せられた日本──高度の物質文明

講義のねらい

今回は、日本と西洋との関係を文化や社会の面からみていきたいと思います。

一八五四(安政《あんせい》元)年に日米和親《わしん》条約を締結して日本は世界に向かって扉を開いた、といわれますが、本格的な開国《かいこく》は、五八(同五)年の日米修好通商《しゅうこうつうしょう》条約の締結でした。それから四〇年ほどあとですが、ハリソン大統領(二十三代、任期一八八九~九三)の国務長官ジョン・フォスターはこう評価しています。

ペリーの才能は、島帝国の扉のかんぬきを外して細目に開けたことだ。しかし世界通商のためにその扉をいっぱい開け放したのは、ハリスの手腕である。(『ハリス伝』)

それは自由貿易の開始だけでなく、鎖国《さこく》に閉ざされていた日本という存在が、神話《しんわ》的な空想上の存在でなく、現実に存在する国として具体的に西洋に認識されはじめた、ということでもありました。

日本文化や日本社会に直接ふれ、体験できる時代が来た時、西洋は想像をはるかに超えた衝撃を受けたのです。日本の衝撃は、異文化に対する単なる驚きにとどまらず、西洋世界にない独特な文化への憧《しょう》憬《けい》へと変化し、さらに熱狂へと発展して、半世紀のうちに、西洋世界の文化に大きな変革をもたらすまでになりました。幕末《ばくまつ》に日本が受けた西洋の衝撃に対して、Japanese Impact とでもいうべき文化的衝撃であったと比喩《ひゆ》できるでしょう。

日本文化のすばらしさに注目し、いち早く世界に紹介した人物のひとりが、初代イギリス公使のラザフォード・オールコックです。今回は、外交官ではなく、日本文化の紹介者としての彼の活躍をみていきたいと思います。

1　空想から実在へ

空想の日本

日本の開国・開港以前、ヨーロッパ世界は、どれほど日本に関する知識をもっていたのでしょうか。十八世紀までは、日本はまだ神話のなかの存在でした。十四世紀頃には、マルコ・ポーロの『東方見聞録《とうほうけんぶんろく》』で「黄金の国ジパング」と書かれましたが、これは伝聞記録で、実際にヨーロッパ人が日本を体験したのは、十六世紀のキリスト教の宣教師《せんきょうし》たちでしたが、わずか半世紀余りで撤退せざるをえませんでした。

依然として、東の果て日本はユートピアのような存在でした。一七二六年に刊行されたジョナサン・スウィフトの『ガリヴァー旅行記』では、ガリヴァーは空想の国であるリリパット(小人国)、ブロブディンナグ(巨人国)などを冒険し、第三篇ではラピュータ(空飛ぶ島)、ラグナグ(不死の人びとの国)を訪れたのち日本に辿《たど》り着いて、皇帝（徳川《とくがわ》将軍）に拝謁《はいえつ》して踏《ふ》み絵《え》を免除され、ナンガサク（長崎）からオランダ船でイギリスに帰国します。日本はスタジオジブリのアニメにも登場するラピュタなどの空想の国々と同じ、ユートピア的なイメージのなかでとらえられていたのです。

その翌年の一七二七（享保十二）年には、ドイツ人ケンペルの『日本誌』が出版されました。長崎のオランダ商館の医師として、一六九〇（元禄《げんろく》三）年から二年間日本に滞在した時の報告書の英訳です。ケンペルは「最初に日本を科学的に発見した人」といわれ、この書は、その後一世紀以上にわたって、日本に関する基本文献の地位を占め続けました。

近世には、ある程度日本が紹介されますが、大半はヨーロッパで唯一日本と関係をもっていたオランダの関係者たちの記録でした。ペリーが日本に派遣された時、参考にした文献は、ケンペルの『日本誌』のほか、ツンベルクの『日本紀行』（一七八八〜九三〈天明《てんめい》八〜寛政《かんせい》三〉年）、ティチングの『日本風俗図誌』（一八二〇〈文政《ぶんせい》三〉年）、そして長崎に来航したドイツ人フランツ・シーボルトの『日本』（全七巻、一八三二〈天保《てんぽう》三〉年刊行開始）程度でした。日本は、ほとんど未知の国だったのです。

それが開港以後、日本の情報が質量ともに急速に増加するにつれて、日本に対する関心は急速に高まりをみせました。科学文明では劣っていても芸術では優れている、美しい自然、清潔な街、礼節・自尊心・思いやり・誠実さが息づく社会など、西洋とは著しく異なる日本の文化や社会などに、強い関心をよせるようになったのです。

こうした対日関心の高まりをもたらした要因として、次の三つをあげることができます。

①プラント・ハンターによって紹介された珍しい植物の流行
②一八七〇年代に世界一周が実現し、グローブ・トロッター(世界漫遊家)によって書かれた旅行記などの出版
③一八五一年以降、欧米各地で開催された万国博覧会への出品

これから、これらの実態をみていきますが、実は、この三つのことを同時に行ったのが、初代駐日イギリス公使であったラザフォード・オールコック(図1)でした。彼は外交官になる前は医師であり、博物学を学んだ知識人でもありました。

2 『大君の都』にみる日本

オールコックと『大君の都』

オールコックはイギリスの外交官でしたが、開港後、日本文化や日本社会について本格的に研究し、西洋に紹介した最初期の人物でもあり、『大君《たいくん》の都《みやこ》』(*The Capital of the Tycoon*)(一八六三年)などの著作を残しています。

この書は、幕末の政治情勢や幕府《ばくふ》との外交関係が克明に記されていて、幕末史の研究ではもっとも基本的な文献の一つですが、それだけではなく、日本人の生活・産業・宗教・文化などを観察してその特徴を論じた記録としても貴重な文献となっています。開国・開港期の日本の実情を克明に記した著作と

図1　ラザフォード・オールコック

して、最初のものということができるでしょう。

この書の刊行により、彼がオックスフォード大学から博士の学位を授与されていることや、のちに王立地理学協会の会長に就任していることなどからも、この書が学術的にも高く評価されていたことがわかります。彼はそのほかにも、種々の研究書や論文を残しています。

日本の政治と経済

オールコックは、幕府を中心とする日本の政治体制をどうみていたのでしょうか。『大君の都』を翻訳した山口光朔《やまぐちこうさく》は、「訳者まえがき」でこう説明しています。

> 当時の日本は、東洋の他の国々にくらべればかなり進歩しているとはいえ、社会制度の面ではイギリスの十二世紀ごろの状態に似ているわけで、たえず西洋社会というものを引き合いにだしつつ日本の後進性を浮き彫りにし、いわゆる幕藩《ばくはん》体制を「東洋的なマキャヴェリズム」だときめつける。

オールコックは、日本は封建《ほうけん》時代にあり、西洋とは数百年遅れている、とみたようです。では、経済についてはどうだったでしょう。こちらは、一転して高く評価しています。

> かれらの文明は高度の物質文明であり、すべての産業技術は蒸気の力や機械の助けによらずに到達することができるかぎりの完成度を見せている。ほとんど無限にえられる安価な労働力と原料が、

蒸気の力や機械をおぎなう多くの利点を与えているように思われる。……かれらがこれまでに到達したものよりもより高度な、そしてよりすぐれた文明を受け入れる能力は、中国人をも含む他のいかなる東洋の国民の能力よりも、はるかに大きいものとわたしは考える。(第三五章)

産業革命以前の最高水準にある、と高く評価しています。近世社会のなかで進んでいた日本の経済的・技術的発展、独自の「近代化」を、的確に見抜いているのです。

具体的にみてみましょう。

農業については、横浜駐在のイギリス領事の報告を引用しています。

どこの展望のきく地点から国土を見渡してみても、不毛だという気配はどこにも見当たらない。反対に、豊富な植物と青草が一年中いつでもとぎれなく広がっているのが見られる。さらに、ある人びとには荒れ地と見えるところも、実際にはそうでないのである。(第一五章)

また彼は、富士登山に同行したプラント・ハンターのヴィーチが提出した農業に関する報告書を、『大君の都』の付録に採録しています。岩波文庫版には省略されているので、訳出しました。

日本のすべての農場には、特に印象的な特徴が一つあります。つまり、どこにでもある清潔さと秩序。それぞれの人は、自分の土地を完璧な状態に保ち、雑草の形をしたすべてのものを排除することに誇りを持っているようです。肥料の使用はよく理解され、高く評価されています。(付録E)

次に、職人についてみてみましょう(図2)。

すべての職人的技術においては、日本人は、ひじょうな優秀さに達している。磁器《じき》、青銅《せいどう》製品、漆《しっ》器《き》、冶金《やきん》一般や意匠と仕上げの点で精巧な技術を見せている製品にかけては、ヨーロッパの最高の製品に匹敵するのみならず、それぞれの分野においてわれわれが模倣したり、肩を並べることができないような品物を製造することができる、となんのためらいもなしにいえる。（第三五章）

一転して、ヨーロッパより優れている、と絶賛しています。

日本の文化と社会

さらに文化面についても、評価はとても高いものでした。たとえば美術では、

人物画や動物画では、わたしは墨でえがいた習作を多少所有しているが、まったく活き活きとしており、実写的であって、かくもあざやかに示されているたしかなタッチや軽快な筆の動きは、われわれの最大の画家たちでさえうらやむほどだ。

動物の描写にかけては、素材に何を使おうと、かれらはただたんにかたちだけを研究したのではなくて、それぞれの習慣と生活をも研究しているように思える。それもひじょうに正確でくわしく観察しているので、かれらは主題を十分に自分のものとし、二、三本の線と筆の一刷きで、自然を誤り無く模倣している。（第三五章）

図2　版木を彫る職人（*The Illustrated London News*, 1864年10月15日より）

と絶賛しているのです。

また、街が清潔であることにも言及しています。

田舎道《いなかみち》や江戸の市内の街路は……あちこちに乞食がいるということを除けば、きわめて清潔であって、汚物が積み重ねられて通行をさまたげるというようなことはない——これは私がかつて訪れたアジア各地やヨーロッパの多くの都市と、ふしぎではあるが気持ちのよい対照をなしている。（第五章）

日本は「ヨーロッパの多くの都市」よりも清潔である、という感想は、その後も多くの欧米人が指摘しており、清潔は日本社会の代名詞となります。

オールコックは、日本の自然にも強い関心を示しています。日本の植生の特徴については、いかにも植物好きのイギリス人らしい観察もしています。

これほど土地が肥え、観賞用の樹木がみごとに生育し、木の葉がゆたかで変化に富み、生垣・木陰の細道・庭園・寺院の無数の遊園地などの手入れがきちんと行き届いているところは、イギリス本国をのぞいてはどこにもない、とわたしは信じている。（第九章）

こうした日本社会の独自性についての評価は、枚挙にいとまがありません。山口が指摘するように、「在日わずか三年という短年月によくもこれほどまでに日本をよく観察したものだといわざるをえない」のです。

同書は、けっして外交官の単なる回顧録ではないのです。

3　日本の紹介

オールコック富士山に登る

図3　**富士登山**(『大君の都』中より)

オールコックは、富士登山に成功した最初の西洋人でもありました(図3)。一般の居留外国人は、遊歩区域内に行動を制限されていました。外交官の場合は、自由行動が認められていたため、富士登山が可能でしたが、彼ら外交官にとっては、富士山はながめるものではなく、登山の対象であり、意図的に富士山をめざし、利用したのです。

オールコックは、来日した翌年の一八六〇(万延《まんえん》元)年九月に、富士登山を決行しました。幕府は、時期的に遅いこと、富士巡礼は庶民階級のもので、身分にふさわしくない、と反対しました。しかしオールコックはこれを日本人との接触を制限する「精神的隔離」と見抜き、外交官が国内を旅行する権利を実行する最初の試みとして、幕府に認めさせたのです。一種の外交的な駆け引きで、そうでなければ行きたくなかった、と記していますが、ただ幕府に対抗するためだけではありません。日本の美を象徴する山の学術調査でもあったのです。

九月四日(旧暦七月十九日)、オールコックはイギリス人八人と幕府の随行者とともに横浜のイギリス領事館を出発し、東海道《とうかいどう》を吉原《よしわら》に向かいました。登山口は大宮《おおみや》・村山口《むらやまぐち》で、九月十一日(同七月二十七日)、登頂に成功しました。オールコックは山頂でイギリス国旗を掲げ、礼砲が撃たれるなか、富士山の雪で冷やしたシャンパンで乾杯が行われたといいます。富士山の高さを、一万四一七七フィート(四三二一メートル)と計測したのもこの時です。

三週間後江戸に帰ると、富士山の頂は雪に覆われていました。「閣老たちの予言は……もう少しのところで証明されるところであったのだ」。駆け引きはオールコックの勝ちでした。

オールコックはこの体験を「一八六〇年日本内地の旅行記録——富士登山と熱海《あたみ》の硫黄《いおう》温泉訪問」という論文にまとめ、『王立地理学協会雑誌』第三一巻(一八六一年)に発表しています。

オールコックとヴィーチ

オールコックの富士登山には、植物調査と採集のため、ジョン・グールド・ヴィーチが随行していました。ヴィーチはボタニスト(植物学者)とされていますが、実は当時世界有数のイギリスの園芸商ヴィーチ商会のプラント・ハンターでした。

ヴィーチは、一八六〇年七月に長崎に来航、八月に横浜に降り立ちました。彼にとって幸運だったのは、オールコックが富士登山と同時に行う調査のための人材をさがしていたことでした。オールコックは植物学に造詣が深く、友人のキュー・ガーデン(植物園)園長のフッカーの依頼もあり、ヴィーチが横浜にいることを知って、未知の山岳植物の調査のために、富士登山に参加させたのです。

ヴィーチを同行させるためにオールコックは彼を領事館付き植物学者に任じ、富士登山に参加させたのです。この時ヴィーチは、富士山の植生分布図を作成し、垂直分布、森林限界を図示するという成果をあげています。

その後もヴィーチは、植物の調査を進め、「日本の農業・樹木・植物に関するノート」をまとめました。この調査は、おもに江戸と神奈川で行われたと推測されますが、ノートのなかで、ヴィーチはこのように記しています。

日本人は偉大なアマチュア園芸家である。どんな大きさの家にも庭が設けられている。植物は全国各地から集められ、珍しいものは時として高値で取引される。……日本の植物の多くは、疑いなく我々の庭の価値を最大限に引きだしてくれるであろう。

オールコックはこのノートを『大君の都』の付録Eとして添付しました。同著は一八六三年に刊行されているので、ヴィーチの報告書は、ヨーロッパでの日本の植物に関する知識の普及に役に立ったと思われます。

ヴィーチの報告書で「日本からもたらされたもっとも希少で美しい植物のひとつ」と特筆されている花が、日本特産のヤマユリで、Lilium auratum(黄金色のユリ)という学名がつけられました(図4)。ヤマユリが、一八六二年にイギリスにもたらされると、大きな花と芳香でその「驚嘆すべき美しさ」が大評判となり、ユリの王者と評されて、たちまち「疑いもなく百合の中で最もポピュラー」といわれるようになりました。

図4　ヤマユリ(*Flore des Serres et des Jardins de l'Europe*, 1862–65より)

図5　1862年のロンドン万国博覧会(*The Illustrated London News*, 1862年９月20日より)

ロンドン万国博覧会への出品

同じ一八六二年、ロンドン万国博覧会が開催されました。世界各国からの出品がありましたが、日本は正式に参加しなかったのにもかかわらず、日本の工芸品が展示されていました(図5)。オールコックが自身で集めた品々を出品していたのです。

実はオールコックは、第二回ロンドン万国博覧会に出展するため、日本の美術工芸品を収集する訓令を受けていました。彼は『日本の美術と工芸』(一八七八年)のなかで、「外交官として、範例とすべき日本美術および美術工芸品を手にいれるよう指示を受けた」と述べています。一八五五年のパリ万国博覧会で、オランダが日本の家具、屏風《びょうぶ》、陶磁器、版画、書物を紹介しており、その高い芸術性と精緻な技術について好評だったことが、イギリス政府がオールコックに展示品の収集を命じた原因の一つだったのでしょう。

彼は出品物の収集を人にまかせず、漆器や刀剣といった工芸品だけでなく、蓑笠《みのがさ》や提灯《ちょうちん》、草履《ぞうり》などの日用品まで、六一四点の品物を送りました。とくに漆器については、「アジアでもヨーロッパでもこれに迫るものはいまだかつてなかった」とし、「高度な産業技術における日本人の進歩を例証し、その文明を立証するため」(第三五章)に収集し、出品したと書いています。

出品物は、漆器、わら細工、籠《かご》、陶磁器、冶金製品、和紙《わし》、革製品、織物、彫刻、絵画、挿絵《さしえ》、版画、教育用の作品と器具、玩具など、多岐にわたりました。幕府も出品に協力して、紙製品と日本の硬貨一組が提供されました。オールコックのコレクションとして有名なのが和紙です。オールコックが富士登山の帰途、熱海で収集した和紙はイギリスへ送られ、ロンドン万国博覧会に展示されました。

彼は、送った出品物に自信をもっていたようです。

わたしは、漆器や磁器や青銅製品の見本――それらの多くはひじょうに優良かつ珍貴なものである――を集めて、ヨーロッパの最上の細工品と綿密な比較テストにどこまで耐えうるかをしらべるために、大博覧会へおくった。その結果は、けっして日本人の名誉を傷つけることにはならなかった、と思う。(第一五章)

期待どおり、これらは、ヨーロッパの人びとに絶賛されました。オールコックは、この博覧会を通じて、日本の技術力の高さを絶賛し、

きわめて精巧な仕上げをほどこされた色の調和、そして対称をさけ、するどい対照をよろこぶ趣き――まさに他のすべての国とは反対である。中国人の芸術とも共通な点はたくさんあるが、日本人の方がはるかに繊細なタッチを見せている。(第三五章)

という専門家の評を、『大君の都』のなかで、紹介しています。

講義のまとめ

オールコックは、外交官として優れていただけでなく、研究者・観察者としても優れていたと評価できるでしょう。

オールコックは、日本社会は「高度の物質文明」であり、さらに優れた文明を受け入れる能力は、東洋のどの国よりも高い、と評価しています。その観察力は、日本の未来を見通していた、といえるでしょう。まさにJapanese Impactの紹介者でした。

そして、彼がロンドン万国博覧会に出品した品々が、やがてヨーロッパにジャポニスムを巻き起こすきっかけとなったのです。

【史料・参考文献】
ケンペル(今井正訳)『日本誌　改訂・増補』霞ヶ関出版、二〇〇一年
ラザフォード・オールコック(山口光朔訳)『大君の都』全三冊、岩波文庫、一九六二年
カール・クロウ(田坂長次郎訳)『ハリス伝　日本の扉を開いた男』平凡社東洋文庫、一九七九年
ラザフォード・オールコック(井谷善恵訳)『日本の美術と工芸』小学館スクウェア、二〇〇三年、原書は一八七八年刊
ラザフォード・オールコック(山本秀峰編訳)『富士登山と熱海の硫黄温泉訪問』露蘭堂、二〇一〇年

増田毅『幕末期の英国人Ｒ・オールコック覚書』神戸大学研究双書、有斐閣、一九八〇年
佐野真由子『オールコックの江戸』中公新書、二〇〇三年
白幡洋三郎『プラントハンター』講談社、一九九四年、講談社学術文庫、二〇〇五年
アリス・Ｍ・コーツ（遠山茂樹訳）『プラントハンター東洋を駆ける——日本と中国に植物を求めて』八坂書房、二〇〇七年
小風秀雅「外国人が見た富士山」『日本史の研究』二五六（『歴史と地理』七〇二）、二〇一七年

第6講

八〇日間世界一周の時代――交通革命のなかの東アジア

講義のねらい

本講では、日本の開国《かいこく》後、世界の交通網はどのように発展したのか、について考えます。一八五〇~七〇年代は、交通革命と呼ばれる世界的な交通手段の発展、交通網の急速な拡充が実現した時代でした。

あらたな交通ルートが完成した一八七〇年代には、世界の一体化は加速し、ヒト、モノ、情報は、素早く世界を移動することが可能になりました。地球は急速に小さくなり、八〇日間で世界一周が可能なグローバル世界が成立したのです。

日本の幕末《ばくまつ》・維新《いしん》期は、まさにこの交通革命の時期にあたっていたのです。日本だけが変わったのではなく、世界も同時に大きく変化していたのです。そのなかで、日本も重要な役割を果たしていました。

今回は、交通革命の発展のプロセスと、そのなかで日本や東アジアが占めた特異な交通上の地位についてみていきます。

1　交通革命とは何か

交通革命とは、一八五〇年代から七〇年代にかけて、汽船・鉄道・電信分野における急激な技術革新の進展によって世界の交通・通信ネットワークが一変し、世界の一体化が進んだことをさしています。一八四〇年代に汽船による大西洋横断定期航路が開始され、世界の五四(安政元《あんせい》)年の日米和親《わしん》条約によって太平洋横断航路の条件が整いました。ヨーロッパからアジアへの航路も、インド、東南アジア、東アジアへと東に延び、安政の五カ国条約の結果、日本に達したのです。

さらに一八六〇年代には、三つの転機があいつぎました。第一は一八六七年におけるアメリカ太平洋郵船の太平洋横断定期航路の開設、第二は六九年五月のアメリカ大陸横断鉄道の開通、さらに第三は、六九年十一月のスエズ運河の開通、です。

一八六七年に太平洋横断定期航路が開設され、これまでルートがなかった太平洋を横断してアメリカと往来することが可能になったことで、世界を一周する周回ルートが実現しました。このルートは、パナマ地峡《ちきょう》鉄道とスエズ地峡鉄道を使用するため、前者は遠回り、後者は航路が分断されるという不便がありましたが、一八六九年のアメリカ大陸横断鉄道とスエズ運河の開通により、そうした不便は解消され、周回ルートはより短くなりました。

これらの転機によって汽船の遠洋定期航路と鉄道とがグローバルに結びついて、一八七〇年代にヨーロッパ・北アメリカ・東アジアをつないで、世界を一周するあらたな世界交通のグローバル・ネットワークが実現し、世界の一体化が交通面から急激に進展したのです。
一八六〇年代を挟んで、五〇年代の世界と七〇年代の世界とでは、まったく異なる世界になったのです。この変化を、順にみてみましょう。

太平洋横断航路の開設

ペリーによって、太平洋横断航路の可能性が開かれてから一一年後の一八六五年、アメリカ郵政省は太平洋郵船(パシフィック・メール社)と東洋航路に関する契約を締結し、サンフランシスコ—香港《ホンコン》間(日本経由)の月一回の定期航海に、年額五〇万ドルを一〇年間支給することとしました。同社は一八六七年一月一日に第一船を就航させ、ジャパン号(四三五一トン、乗客一四五〇人)など四隻の大型外輪汽船を投入し、当初月一回、七一年からは月四回の定期航路を運航しました。『ニューヨーク・タイムス』はこう記しています。

わがアメリカがその地理的状況から大きな恩恵を受けたのは、日本の開国にあたって単に外交的役割を果たした点(わが国は十分な役割を果したが)よりは、日本と迅速で定期的な通信を開始するという大事業でリードできた点にある。パシフィック・メール社の先見性、機敏さ、精力的な目標は、帝国の開国に伴って起こるはずの大貿易でアメリカが大きく先発するのに役立った。このリードをわれわれは維持しなければならない。(一八六七年七月十六日)

商人にとって最大の利点は、情報入手の速さでした。それまでヨーロッパの情報は、セイロンのポアン・ド・ガレまで電信で送られてからシンガポールに郵送され、『海峡タイムス』に掲載されて、インド、東南アジア、中国、日本に送られたため、横浜《よこはま》でえられる情報はいつも三〇日ほど遅かったのです。しかし、太平洋航路を経由すると二〇日ほどでヨーロッパやアメリカの経済情報を入手できるようになり、横浜の貿易商人にとってきわめて有利な状況が生まれたのです。

大陸横断鉄道の開通

一八六九年には、北アメリカ最初の大陸横断鉄道が完成しました。大陸横断鉄道が開通する以前、アメリカの東海岸から西海岸に移動するには、帆船《はんせん》で南米大陸南端のホーン岬を迂回するか、中米のパナマ地峡を陸路横断するか、馬車でアメリカ大陸を横断するしかありませんでした。しかしホーン岬経由は約四~六カ月、パナマ地峡横断ルートは汽船を利用して一カ月かかりました。その後、一八五五年にパナマ地峡鉄道が開通して三週間に短縮されましたが、ヒト、モノの輸送には限界があったのです。

アメリカが考えたのが、鉄道の延伸でした。一八四五年に連邦議会に提案された大陸横断鉄道建設案では、こう主張されています。

アメリカから中国まで海路では一〇〇日から一五〇日かかるが、大陸横断鉄道を建設すれば数日で西海岸に達し、太平洋横断航路と併用すれば三〇日でアジアに到達でき、「鉄道は世界全体を変えるでしょう。……われわれアメリカ人が世界の中心に位置するようになります。」(『西へ！』)
カリフォルニア獲得後の一八五〇年代になると、関連法案が複数提出されるようになり、六二年にリンカン大統領により太平洋鉄道法が制定されました。連邦政府の支援のもと、ユニオン・パシフィック鉄道がオマハから西へ、セントラル・パシフィック鉄道がカリフォルニア州サクラメントから東へ、と競争で建設を進めました。セントラル・パシフィックのおもな労働者となったのは中国人移民《いみん》で、彼らは太平洋を横断して運ばれました。そして一八六九年五月、ユタ準州のプロモントリー・ポイントで両線が接続したのです(**図1**)。

図1　プロモントリー・ポイントでの大陸横断鉄道の開通式

その結果、それまでアメリカ東海岸から西海岸まではパナマ地峡鉄道経由で三週間かかっていましたが、サンフランシスコ―ニューヨーク間は七日(週一便の特急は六日)へと劇的に短縮されました。さらに太平洋横断航路と結ぶと約一カ月で中国に達することとなり、輸送速度の点で東回りをはるかに上回りました。

大陸横断鉄道の開通で、「二つの大洋をむすぶ」ルートが開通し、「アメリカがアジアとヨーロッパの間に立った」のです。

一変するヨーロッパ―アジア間航路

一方、東回り航路においても、きわめて重要な変化が生じていました。

「世界貿易に無限の貢献をする」と期待されたスエズ運河建設が、レセップスとサイード・パシャのあいだで合意に達したのは、一八五四年十一月のことでした。一八五八年、フランスとエジプトが出資してスエズ運河会社が設立され、五九年四月に着工、六九年十一月に開通したのです(**図2**)。

スエズ運河の開通により、横浜―ロンドン間は、喜望峰《きぼうほう》経由ルートの一万四五〇〇海里《カイリ》から一万一〇〇〇海里と二四％短縮されました。また、ロンドン―ボンベイ間で五一％、同―カルカッタ間で三二％、同―シンガポール間で二九％が、それぞれ短縮されました。航海日数も、ロンドン―横浜間はクリッパー(大型高速帆船)では、約四カ月が必要でしたが、六〇日に短縮されました。また、それまではスエズ地峡で貨物を二回積みかえる必要があり、その手間と貨物の損傷の危険がありましたが、直通航路の実現で、その難問は解消されたのです。

図2　開通当時のスエズ運河

スエズ運河開通による汽船の強みは、「意外にも」もっとも距離の短縮度の小さかった東アジア航路において最大限に発揮されました。汽船の弱点は帆船に比べて運賃が高いという点でしたが、中国貿易の主力品であった茶や絹製品など高価でしかも軽くかさばらない貨物では運賃の高さはあまり問題にならず、航海日数が短縮されたメリットが大きかったのです。

イギリスは、このスエズ運河の建設には反対していましたが、開通すると、運河を利用する船のうち八割がイギリス船でした。スエズ運河は「イギリス帝国のアジア・アフリカの本格的な支配強化のツール」となったのです。

さらに、紅海《こうかい》の自然的・地理的条件からこのルートを利用できたのは汽船だけであったため、スエズ経由ルートへの転換とともに帆船から汽船への転換が急速に進みました。

汽船の性能の向上とあいまって、アジア航路の海運運賃は下がり続け、一八七八年には七〇年の三分の一から四分の一の水準に落ち込み、喜望峰経由の帆船の運賃とほぼ同水準となりました。また生糸《きいと》、茶などの高級貨物運賃は下落を続け、五～七割も減少した結果、イギリス向け中国貨物の汽船の積取比率は、一八六九年の一四％から、七三年に七〇％、八〇年には九〇％に達したのです。

スエズ運河の開通によってもっとも大きな利益をえたのは、東アジアだったのです。

2　定期航路網の結合と東アジアの開港場

西回り航路と東回り航路の結合

ヨーロッパから東漸してきた汽船定期航路と、北米大陸西海岸から太平洋を横断する定期航路が極東

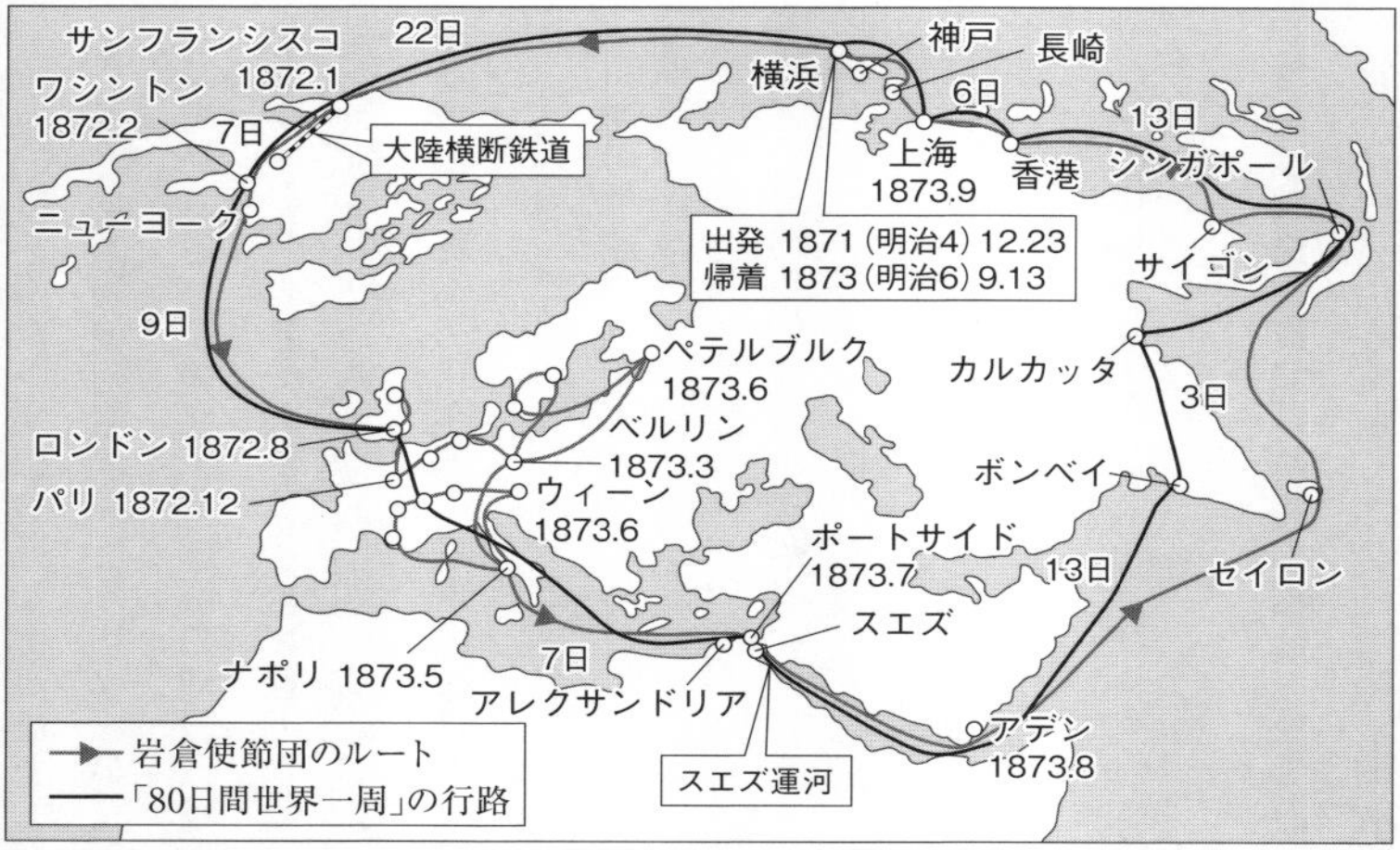

図3　世界一周ルート

で連絡し、ヨーロッパから地球をかかえるように東西に延びた二本の腕の指先が、東アジアで結びついたのです。世界の交通網は一変して、東アジアは欧米を中心とする世界交通網のなかに完全に組み込まれました（図3）。

ここで注目したいことは、二つのルートが結びついた東アジアは、特異な地理的優位性を獲得することとなった、ということです。

この二つのルートは次に述べるようにかなり性格を異にしていましたが、東アジアはどちらの航路においても終点のため、両者を使い分けることのできる地位を占めましたが、そのような条件を有する地域は東アジアと欧米以外には存在しませんでした。

西回りルートの特徴

西回りルートの最大の特徴は、太平洋、大西洋ともに最短に近いコースで横断することができ、寄港地もほとんどないため、ニューヨーク－東アジア間の距離は、ロンドン－東アジア間より三〇〇〇マイル短く、所要日数が短いことです。

西回りはサンフランシスコで接続便待ちの日数がかかる欠点がありましたが、一八七六(明治九)年の事例では、ロンドン－横浜間の所要日数は東回りではサザンプトン経由五四日、マルセイユ経由四五日、ブリンディシ経由四四日に対し、西回り(ロンドン－ニューヨーク－サンフランシスコ－横浜)では三三日でした。

この速さという利点は、ヒトや情報を運ぶうえで、高い効果を発揮しましたが、海路と陸路が連絡するため、貨物輸送においては積替えが必要となり、生糸・茶のような運賃負担力の高い貨物は別として、重量貨物やかさばる貨物にとっては不利でした。こうして西回りルートは、郵便物・旅客が中心でその他には絹・茶・正貨などの軽量で運賃負担力の高い貨物が中心となったのです。ちなみに海陸連絡による貨物の積替えという弱点は、一九一四年のパナマ運河の開通によって解消されました。

東回りルートの特徴

東回りルートは、スエズ運河によってヨーロッパ－アジア間の距離を一挙に短縮し、汽船の性能向上とあいまって所要日数は、一二〇日から五〇日に、さらに四五日にと大幅に短縮しました。

スエズ運河開通の最大のメリットは、汽船による直航ルートを実現したことでした。積荷の積替えが不要となったことは、重量貨物の輸送において大きな利点となっただけでなく、蚕種などのデリケートな貨物にとっても積換え時の事故を軽減しました。

ただし、所要日数では西回り航路に劣っていました。その理由は、東南アジアからインド洋を迂回するために航海距離が長いこと、途中で多くの寄港地を経由するため、貨物の積み卸しに時間を要すること、スエズ運河や寄港地の港湾規模に制限されて、あまり大型の汽船が運航できなかったこと、などでした。

ちなみに、所要時間がかかるという弱点は、一九一六年のシベリア鉄道の開通と国際連絡運輸の実現によって解消され、ヨーロッパ―東アジア間の地上最短ルートとなりました。

東アジアにおける経済ネットワーク

以上、東アジアの開港場は、西回り、東回りの両航路においてアジア側の基点としての位置を占め、定期航路網のなかで重要な役割を果たすにいたったのです。

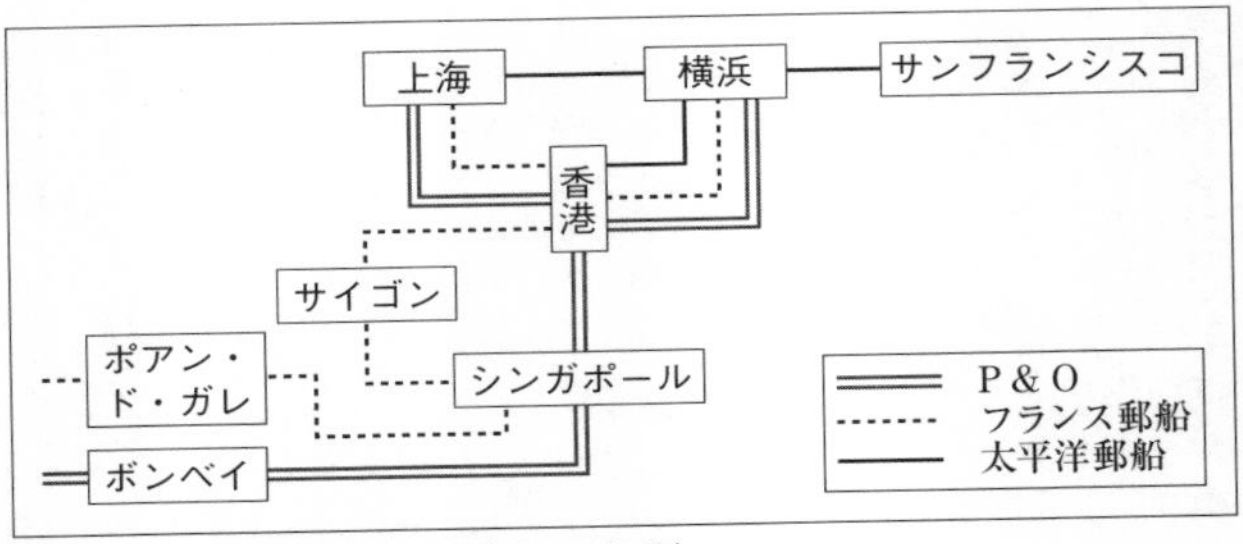

図4　欧米定期船会社の航路（1860年代）

西回りルートは、人間や郵便を輸送するのに適しています。一方、東回りは貨物を直航することができます。つまり、貨物輸送の時は東回りルートを使用し、旅行や郵便輸送の時は西回りルートを使用すればよいのです。アジアの香港、上海《シャンハイ》、横浜という三つの開港場は、どちらのルートを使っても終点であり、また始発点でした(図4)。

二つの交通ルートを形成したのは、欧米列強《れっきょう》でしたが、東アジアは労せずしてこの交通網を利用することができる漁夫の利をえたといえるでしょう。

3　汽船海運を支えた日本の石炭

戦略物資としての石炭

さらに重要なことは、この三港に汽船用燃料炭を供給し、国際海運ネットワークを支えたのが日本の石炭であり、輸出港の長崎港だったということです。

石炭は、幕末・維新期の貿易の輸出品としてはほとんど注目されませんが、欧米にとっては日本の開国以前から注目していた重要な戦略物資でした。シーボルトが『日本交通貿易史』で、「褐炭《かったん》・石炭は時経《た》たば重要なる貿易品となるべし」と記していることは当時もよく知られており、イギリスの歴史・地理学者マクファーレンは、ペリー派遣の直前に、その著書にこう記しています。

石炭は蒸気船にはなくてはならないものである。石炭こそが世界を一つに繋ぐエネルギーであり……商業の発展に大きな役割を果たすに違いない。まさに創造主が人類の幸福のために日本の地下に埋めておいてくれたようなものだ。この石炭がなければ、蒸気機関による世界のリンクが切れてしまうのだ。そういう観点からみれば、日本の石炭は他の貴金属よりも価値があるともいえる。

図5　高島炭鉱（上野彦馬撮影，明治初期）

イギリスは、アヘン戦争の時に蒸気軍艦用として長崎のオランダ船や中国船から石炭を購入したこともあって、日本の石炭に強い関心がありました。一八六〇(万延元《まんえん》)年にオールコックは、九州の石炭調査を申し入れ、幕府《ばくふ》に即座に拒絶されましたが、イギリスの世界戦略にとって石炭を筆頭に日本の資源の確保が重要である、と『大君《たいくん》の都《みやこ》』に記しています。

(ロシアが、朝鮮や日本を一部でも所有すれば、石炭をはじめとする無尽蔵な資源を手に入れ)、世界をめぐる大英帝国の連鎖を完成するに当たって、いまひとつだけ欠けている環である日本海域での併合とか征服とかいう問題に対して、差し迫った重大な関心をよせざるをえない。(第三三章)

開港から五年ほどのちには、イギリスの長崎領事は「日本の石炭は明らかに非常に重要で、長崎の輸出貿易における重要な特徴になりつつある」と報告しています。

輸出炭の主要産地は高島《たかしま》と三池《みいけ》でしたが、輸出の主力は高島炭でした(**図5**)。高島炭は炭質が均一で熱量が高く、世界最高のカーディフ炭にはおよばないものの、イングランド炭やウェールズ炭に匹敵し、オーストラリア炭や中国炭より良質でした。唐津《からつ》、三池などの日本炭のなかでも最高品質であったため、軍艦用のほか、イギリスのP&Oやフランス郵船などの定期汽船会社が積極的に買い入れたのです。

東アジア市場を独占する日本炭

日本炭の輸出量は、六一〇〇トン(一八五九〜六二〈安政六〜文久《ぶんきゅう》二〉年平均)から二二・六万トン(一八七八〜八〇〈明治十一〜十三〉年平均)へと激増しました。日本炭の輸出は長崎港がほぼ独占し、大半は東アジアの港湾都市であった上海・香港向けでした。

東アジアの海運市場は一八七〇年代に急速に活性化しましたが、これを支えたのが日本炭だったのです。採炭技術の向上やあらたな炭鉱の開発などにより、日本炭は、石炭基地までの輸送距離が短くかつ需要を満たすだけの産出量があったため、大量かつ安価に供給できたのでした。

上海市場では、一八六〇年代前半には輸入炭の過半がイギリス炭でしたが、六六(慶応《けいおう》二)年になると日本炭の本格的な輸入が開始され、七〇(明治三)年にはイギリス炭を凌駕《りょうが》し、七四(同七)年には輸入炭の五割を超え、七八(同十一)年には八割、九〇(同二十三)年には九割に達して、圧倒的優位を確立しました。以後一九一〇年代にいたるまで、日本炭は上海の輸入炭市場において八割前後を占め続けました。

香港に対する日本炭の輸出も増加しました。一八七八年にはほとんどが上海向けでしたが、七五(明治八)年から香港が増加して上海に匹敵する輸出先になっています。さらに一八八〇年代には香港輸出が急増して上海を凌駕し八三(明治十六)年には上海向けの二倍に達しました。その後も上海を平均で一・七倍上回り、七〜八割を占め続けたのです。

石炭は、海外輸出のほかに、長崎や横浜において国内外の汽船に売却され、実はこのほうが多かったのです。輸出量は全体の半分弱であったとみることができます。

こうして高島炭を筆頭に、三池、唐津などの日本炭が香港・上海・横浜の石炭市場を席巻《せっけん》し、世界の交通革命の進展を支えたのです。

こうした点は、東アジアを進出の対象としてみている欧米の視点からはみえにくい側面でしょう。交通革命は、東アジアにも発展の機会を提供したのです。

講義のまとめ

東アジアは、特異な地理的位置を獲得することとなりました。東西二つのルートどちらの航路も利用できる地理的位置を利用して、両者を使い分ける特異な地政学的地位を獲得したのです。しかも優良で安価な石炭を豊富に供給できる日本が存在しました。そのような地理的条件を有している地域は欧米以外には存在しませんでした。

こうして一八七〇年代以降、不平等条約が締結された五〇年代末とは比較にならないほど、経済的結びつきは拡大し、強固なものになっていったのです。

日本の開国・開港は、単に極東の小国が世界の通商ネットワークに組み込まれた、という受動的な側面のみに注目すべきではありません。交通革命の進展の一翼を支える重要な役割を果たしていたことを確認しておきたいと思います。

【史料・参考文献】
フランツ・シーボルト（呉秀三訳）『シーボルト日本交通貿易史』（『異国叢書』８）駿南社、一九二九年、（復刻版）雄松堂書店、一九六六年
チャールズ・マックファーレン（渡辺惣樹訳）『日本１８５２』草思社、二〇一〇年
ラザフォード・オールコック（山口光朔訳）『大君の都』下、岩波文庫、一九六二年
エドゥアルド・スエンソン（長島要一訳）『江戸幕末滞在記』講談社学術文庫、一九八九年
国際ニュース事典出版委員会編『外国新聞に見る日本』本編一、毎日コミュニケーションズ、一九八九年
ジョン・ペリー（北太平洋国際関係史研究会訳）『西へ！』ＰＨＰ研究所、一九九八年
高野江基太郎『日本炭鉱誌』積善館、一九〇八年
武野要子「高島炭坑と佐賀藩」秀村選三ほか編『近代経済の歴史的基盤』ミネルヴァ書房、一九七七年
ダニエル・ヘッドリク（原田勝正・多田博一・老川慶喜訳）『帝国の手先』日本経済評論社、一九八九年
濱下武志『近代中国の国際的契機』東京大学出版会、一九九〇年
酒井傳六『スエズ運河』朝日文庫、一九九一年
『横浜と上海』共同編集委員会編『横浜と上海——近代都市形成史比較研究』横浜開港資料館、一九九五年
日本上海市研究会編『上海——縦走するネットワーク』汲古書院、二〇〇〇年
近藤喜代太郎『アメリカの鉄道史』成山堂書店、二〇〇七年
小風秀雅『帝国主義下の日本海運』山川出版社、一九九五年
小風秀雅「19世紀における交通革命の進展と日本炭の役割」『高島炭鉱調査報告書』長崎市、二〇一四年
小風秀雅「交通革命と明治維新」『交通史研究』九五、二〇一九年

第7講 「地上で最も美しい国」――西洋は日本に何をみたか

講義のねらい

一八七〇年代に、世界は交通革命によって一変しました。あらたな交通ルートの成立により、汽船や鉄道を使った世界一周旅行が可能になり、世界旅行熱は急速に高まりました。

一八七二年にジュール・ヴェルヌがフランスの新聞『ル・タン』に連載した「八〇日間世界一周」(六三ページ図参照)は、単行本が一〇万部を売り上げる大ヒットとなり、舞台化もされています。日本では早くも一八七八(明治十一)年に川島忠之助が翻訳しています。

ヴェルヌは、主人公のフォッグに、『ブラッドショー大陸蒸気列車時刻表及び総合ガイド』を持参させていますが、この時刻表には、不十分ながら世界の鉄道便および船便の情報が掲載されていたのです。自由に世界を飛び回ることが可能になったのです。

彼らは日本に何を期待し、何をみたのでしょうか。本講では、十九世紀後半の西洋にとって日本の魅力がどこにあったのか、を考えます。

1　交通革命と日本への旅

世界一周旅行の実現

世界で最初に世界一周旅行を企画したのはイギリスのトマス・クック(彼の設立したトマス・クック社はその後旅行会社として活動)で、一八七二～七三年に東回りで世界一周旅行を行っています。こののち二〇年間でクック社の手配で一〇〇〇人が世界一周旅行をしました。

世界一周旅行という点では、日本でも忘れられない一行がありました。一八七一年十二月二十三日(明治四年十一月十二日)、形成されたばかりの世界一周ルートを利用して、東回りで米欧回覧《かいらん》の旅に出発した日本の岩倉使節団《いわくらしせつだん》です。

出発に際して、三条実美太政大臣《さんじょうさねとみだいじょうだいじん》は、次のような壮行の辞を述べました(『岩倉公実記』中)。

行けや、海に火輪《かりん》を転じ、陸に汽車を輾《めぐら》し、万里馳駆《ばんりちく》、英名を四方に宣揚し、無恙《つつがなき》帰朝を祈る

しかし、これは単なる修辞上の表現ではなく、火輪(汽船)と汽車によって形成されたばかりの世界一周交通ルートを実際に利用する、旅の歴史的ともいえる画期性を祝ったものでした。使節団一行は、北米大陸を鉄道で横断し、太平洋、大西洋、インド洋という大洋をすべて米英仏の定期郵船で横断して、一年九カ月後に世界を一周して帰国したのです。岩倉使節団の米欧回覧は、この周回ルートが完成したおかげで実現したともいえるでしょう。

グローブ・トロッターの登場

この時期、世界一周を試みる旅行者たちが出現しました。彼らは、グローブ・トロッター(世界漫遊家)と呼ばれ、世界一周旅行では、必ず日本に立ち寄ったのです。

一八七〇(明治三)年に来日したアメリカ人ウィリアム・グリフィス(図1)は、こう記しています。

既に横浜では世界一周の観光客が増え、一時はその数も非常に多くなり、特殊な階級とみなされるほどになった。港の俗な言葉でその人たちのことを「世界漫遊家(Globe-trotters)」と呼んでいる。

(『明治日本体験記』)

彼らは旅行記や探訪記を出版し、それまで知られていなかった世界の諸地域を西洋世界に知らせるという、ルポ・ライターでした。彼らが書いた旅行記は、日本への関心を一層高めました。日本の西洋にない文化や社会に着目し、「美しい」「精妙な」「崇高な」といった言葉で、日本を紹介しました。

「地上で最も美しい国のひとつ」

来日時の記述をみてみましょう。アメリカの地理学者エリザ・シドモア(図2)は、日本の印象を、「夢の天国」と評しています。

東洋の万事が西洋世界にとって驚異です。半信半疑になりながらも、この紛れもない非現実的姿に遭遇すると、まったく摩訶《まか》不思議な感動に包まれます。とにかく日本の素晴らしさを味わうためにアジア大陸の果てへ足を延ばして、この島国へやってくるべきです。

東回りコースの船旅では、スエズ運河から長崎沖の手前まで、アジアの民衆は無言のまま腰を下ろし、汚物、ぼろ布、無知悲惨の中に漬かり、何の不満もなく暮らしているのが目に入ります。……最初に出会う日本は、海岸線から離れた緑の島です。絵のように続く丘陵や頂上に至るまで、その光景はまるで夢の天国です。……その暮らしのさまは清潔で美しく、かつ芸術的で独特の風情があります。（『日本紀行』）

船旅で最初に出会う日本の風景である富士山は、神秘の国の象徴でした。日本を「地上で最も美しい国のひとつ」と表現したグリフィスはこう書いています。

一八七〇年の十二月二十九日、早く目が覚めた。特等専用室からライフル銃を撃てばとどくほどの所に、目を喜ばす陸地が見えた。……東から夜明けが陸地に暗示に富む光をいっぱいにふりまき、この日出づる国が地上で最も美しい国のひとつだという信念——この国に数年住んでみて一つの信仰にまで発展した信念——にかりたてる。

船が進む。……はるか遠くに雪の衣服を着た山の女王が澄み切った空気のため思い違いをするほど近くに見える。その山はすでに朝日の冠を戴き、その額はまだ昇りきらない太陽の

図1　ウィリアム・グリフィス

図2　エリザ・シドモア

最初の光線で金色に光っている。これほど完璧でこれほど一生忘れ難い眺め、一目で栄光と新鮮を強く感じさせる自然の傑作という評価を引き起こすのに、これほどふさわしい眺めは、おそらく近づく汽船から望む富士の姿以外にないであろう。

美しい自然

来日した外国人が口をそろえて絶賛するのが、日本の自然でした。一八七三(明治六)年に来日し、東京帝国大学の日本語学教授として三〇年余日本に滞在したバジル・ホール・チェンバレンは、『日本事物誌』のなかで、日本の第一印象として日本の豊かな自然をあげています。

日本の磁器《じき》や青銅《せいどう》や漆器《しっき》の美術品が、いつも趣味人の想像力を刺激するように、日本の植物(フローラ)は科学者の総合力を刺激する。観察力がかなりある人であるならば、日本に上陸した時の第一印象は、草木の種類がきわめて多いことであろう。彼は北国の松が、竹谷、ときには熱帯植物の棕櫚《しゅろ》のそばに茂っているのをみるであろう。……彼は日本列島を旅行すると、どこでもこのような思いがけない並置をみるのである。

アジアの避暑地

シドモアは、日本のもう一つの興味深い魅力についてもふれています。

春の鎌倉《かまくら》は、とても楽しい保養地となり、まぶしい海浜の気温と天候は、横浜や東京とはやや異なっています。夏になると、安定した南風や季節風が太平洋からまっすぐ吹いて、ホテル〔海浜ホテル〕と海辺の間にある松の梢《こずえ》は、物思いにふけったような風の音で一日中さざめき、妙なる調べを奏でます。冬、この一帯は広々と開放され、太陽は燦燦《さんさん》と輝き、温かな海水の風呂、魅力的ウォーキングやヨット帆走、由緒ある社寺、加えて愛らしい村が大勢の観光客を呼び寄せます。

鎌倉は、横浜居留地《きょりゅうち》の遊歩区域のなかでも有数の観光スポットでしたが、大仏《だいぶつ》や寺社だけでなく、手頃な保養地としても、アジアに居留する外国人には魅力だったのです。

2　便利になる旅行

イザベラ・バードの日本

外国人は、幕末《ばくまつ》の段階では、開港場の周辺一〇里《り》四方に設けられた遊歩区域内の行動しか認められていませんでしたが、一八七四(明治七)年七月には「外国人内地旅行允準条例」が制定され、許可を必要としたものの、学術調査や温泉治療の名目で内地旅行が可能になりました。

さらに一八七五(明治八)年六月には外国人旅行免状が発行されることになり、神奈川・兵庫両県については、領事《りょうじ》・公使《こうし》を通じて外務省に出願することになりました。とはいえ、取締りはそれほど厳しくはなく、ほぼ日本全国を旅行できるようになったのです。

一八七八(明治十一)年五月に来日したイザベラ・バード(図3)は、パークスを通じて外国人旅行免状

図3　イザベラ・バード

を入手しましたが、そこには「情報不足」という理由で一四〇マイルの道筋が記載されておらず、事実上、東北以北・北海道の旅行が無制限でした。パークスは「あなたは旅行しながら情報を手に入れるんですね。そのほうがかえって面白いじゃありませんか」と愉快がったといわれています。この免状のおかげで、バードは西洋の影響を受けていない地方で、日本人の暮らしをみることができ、『日本奥地旅行』をまとめました。

バジル・ホール・チェンバレンは、「英語で書かれた最善の日本旅行記」と絶賛しています。

一般化する日本旅行

この頃には、人力車《じんりきしゃ》が普及するとともに、外国人向けのホテルや旅館も整備されてきました。関東では、箱根《はこね》と日光《にっこう》が、避暑、観光資源、景観、温泉保養などの点で人気を博すようになり、外国人向けの旅館やホテルも開業しました。代表的なホテルとして、現在も有名な箱根の富士屋ホテル、日光の金谷《かなや》ホテルなどがあります。

また、行楽需要に応じた詳細なハンドブックやガイドブックが登場しました。グリフィス『ヨコハマ・ガイド』（一八七四年）、マレー『日本旅行ハンドブック』（初版：一八八一〈明治十四〉年～九版：一九一三〈大正二〉年）などのハンドブックのなかで一番有名だったのは、マレー社の日本旅行ハンドブックでした。初版、二版の著者はイギリス外交官で日本研究者であったアーネスト・サトウです。このハンドブックには、周遊ルートとして、横浜、神戸《こうべ》、長崎、函館《はこだて》などの開港場を中心に、ほぼ全国を網羅した六四ルートが紹介されています。

人気のスポット

初版出版後、一八八九(明治二十二)年に東海道線《とうかいどう》が全通するなど、日本の近代化が急速に進んだため、改訂版として九一(同二十四)年に『日本旅行案内』が刊行されました。執筆者は、バジル・ホール・チェンバレンでした。彼はこう書いています。

日々、日本様式はすたれ、西洋様式が興隆している。しかし、まだ日本の性格は保存されていて、とくに社会の下級階層の服装・作法・信念にそれが著しい。旧来の事物を出来るかぎりたくさんみたい旅行者は急いで来日することだ。

チェンバレンは、訪問先として人気のある場所は、自然の美しい景色、工芸品の職人、健康によい場所、寺院や神社などである、としています。現在でも、ヨーロッパにない自然や文化に日本の魅力を感じる西洋人は多く、世界でも有数の観光地となっていますが、すでに当時から同じような関心で訪れる旅行者が多かったのでしょう。

チェンバレンは同書で、

避暑地として良いのは、箱根、日光、有馬《ありま》、雲仙《うんぜん》などだが、完全な転地を必要とする人には蝦夷《えぞ》が推奨される。気品のある風景としては、鎌倉・江の島《えのしま》、箱根、富士山とその山麓、日光、瀬戸内海などで、山容の峨々《がが》として崇高なのは、立山《たてやま》連峰、甲斐駒ケ岳《かいこまがたけ》、鳥海山《ちょうかいさん》・月山《がっさん》・羽黒山《はぐろさん》などだが、経験者でなければ勧められない。工芸品などの買い物は、横浜、神戸のほか、東京、京都、大阪、長崎がよいが、日本の職人気質として一見《いちげん》の客には譲らないので、長い時間がかかる、

などと、細かく説明しています。

3 日本人へのまなざし

エミール・ギメ

日本を世界に知らしめたのは、旅行記ばかりではありません。日本が近代化をはかる時に重要な役割を果たしたお雇い外国人をはじめとする人びとも、より長く日本に滞在することによってより深く日本を体験し、「神秘の中」にあった日本の魅力を、世界に紹介しています。

一八七六(明治九)年に来日したエミール・ギメ(フランスの東洋学者で美術品の収集家)は、鎌倉への小旅行で、片瀬《かたせ》に廻って、シドモアのいう「日本のモン・サン・ミッシェル」江の島に渡りました。江の島の休憩所で渋茶を飲み、梅干しをつまみながら、自然と日本人の関係について、次のように思いを記しています(図4)。

この休憩所は何と心地よいのだろう。日本人は何と自然を熱愛しているのだろう。何と自然の美を

利用することをよく知っているのだろう。安楽で静かで幸福な生活。大それた欲望を持たず、競争もせず、穏やかな感覚と慎しやかな物質的満足感に満ちた生活を何と上手に組み立てることを知っているのだろう。彼らは思考にその場所を、物質にその役割を与え、芸術と美とを愛し、学問と労働との真価を認めている。（『1876　ボンジュールかながわ』）

エドワード・モース

大森貝塚《おおもりかいづか》の発見者として著名なアメリカ人動物学者のエドワード・モースは、東京大学の招きで一八七七(明治十)年に来日し、夏に江の島の漁師小屋を『臨海実験所』に改造して、六週間にわたって腕足《わんそく》類や洞窟《どうくつ》動物などの調査を行いました。その経験は、『日本その日その日』としてまとめられています(図5)。

東京の死亡率が、ボストンのそれよりもすくないということを知って驚いた私は、この国の保健状態について、多少の研究をした。……わが国で悪い排水や不完全な便所その他に起因するとされている病気の種類は日本には無いか、あっても非常に稀であるらしい。これはすべての排出物質が都市から人の手によって運び出され、そして彼らの農園や水田に肥料として利用されることに原因するのかもしれない。

江の島の島民との交流に関する記述も印象的です。

私は六週間あの小さな家がゴチャゴチャかたまったところ(江の島)で過ごした。……滞在中に、只《ただ》

図４　西に富士山を見る江の島の茶店（小川一真撮影）

図５　七里ガ浜から見た江の島（撮影者不明，幕末・明治期）

の一度も意地の悪い言葉を耳にしたことがない。……誰もが気持ちのいい微笑で私を迎えた。……親切で、よく世話をし、鄭重で、もてなしぶりもよく食物も時間も大まかに与え、最後の飯の一杯さえも分け合い、我々が何をする時——採集する時、舟を引張り上げる時、その他何でも——にでも、人力車夫《じんりきしゃふ》や漁師たちは手助けの手をよろこんで「貸す」というよりも、いくらでも与える……これを我々は異教徒というのである。

彼は、日本のあらゆるものに興味を示し、膨大な資料を収集してアメリカに持ち帰りました。そのコレクションは、当時の日本人の生活ぶりを示す貴重な資料群として、現在、アメリカ・マサチューセッツ州セイラムのピーボディ・エセックス博物館に所蔵されています。

4　ラフカディオ・ハーンの日本

「神秘の中」の日本

日本に滞在し、日本の社会や文化、倫理、心性、人びとの日常生活などを深く観察し、優れた日本論を展開した人びとも数多くいました。エキゾチシズム(異国情緒)に憧れただけでなく、日本をとおして西洋を振り返る視点で、日本の社会や文化を深く考察したのです。

なかでも、ギリシャ生まれのイギリス人文学者ラフカディオ・ハーン(小泉《こいずみ》八雲《やくも》)は、多くの日本研究の著作を発表し、深い日本理解に支えられた小説や評論の作品群は、ジャポニスムの高まりのなかで欧米世界に影響をあたえました(図6)。

図6　ラフカディオ・ハーン　妻小泉セツと。

ハーンの日本をみる視点は独特でした。異国趣味でも、ジャポニスムのような西洋文化にみられない芸術や宗教、倫理などへの注目でもなく、日本人の独特な心性そのものに向けられていたのです。「神秘の中にある」といわれた日本に深く入り込もうとしたハーンの作品は、独自の価値を有しています。

ハーンが注目する日本人とは、西洋かぶれした上層階級ではなく、自分たち固有の美しい習俗を守り続けている庶民であり、彼らの生活に見出されるたぐいまれなる美しさでした。そこで生み出されたのが「江の島詣で」、「子供の霊の洞窟―潜戸《くけど》」などの評論で、最初の著書『知られぬ日本の面影《おもかげ》』におさめられています。とくに、喜怒哀楽ではない「微笑」の意味を、武士道《ぶしどう》との関係で解明した「日本人の微笑」は、優れた文明批評として今でも評価されるでしょう。

西洋化への批判

ハーンは、同書で、日本人の精神性について、こう述べています。

> なるほど古い日本は物質的には十九世紀の日本よりも遅れていたけれど、道徳的には格段に進歩していたということだ。……こんにちのいわゆる思想家たちがこの世で最も幸福で最も高度な社会状態と考えているものを、範囲は狭いけれども、古い日本はすでにいろいろ実現していたのである。複雑な社会のあらゆる階層を通じて、日本は公私の義務の理念と実行の念を育成してきた。この風は、西洋諸国でそれに拮抗するものはどこにも見当たらない。

西洋にない日本文化の美点を発見するハーンの視線は、日本人にとってある意味で心地よいものですが、日本に対する敬虔《けいけん》な感情をずっと持ち続けた一方で、近代化のなかで急速に日本の美点が失われていくことに危惧をいだいていました。

> 一国の文明が博愛主義に基礎をおいていない西欧諸国を相手にして、産業の上で大きな競争をしなければならないということになれば、けっきょく日本は今までそういうことが比較的少なかった

ことが日本人の生活の世にも珍しい美点となっていたあらゆる悪徳を、自然に育成していかなければなるまい。

ハーンの場合には、伝統的な側面が、完璧な日本、理想的なユートピアとして受けとめられ、ある意味で近代化の否定として描かれたのですが、西洋と日本の精神風土の違いを、西洋の視点ではない位置から論じたハーンの著作は、日本の近代とは何か、という根源的な問題を、今もなお日本人に問いかけているのです。

講義のまとめ

欧米の日本に対する視線には、西洋に比して科学や技術で劣っていることからくる蔑視の視線がある一方、西洋とは異なる独自の文化や社会、倫理などへの憧憬《しょうけい》の視線とが存在しました。近代化の途上にあって伝統的な側面と近代化の側面が混在していた日本の状況のどちらをみるか、という点で、西洋の日本へのまなざしは、分裂していました。

しかし日本固有の伝統文化の魅力は、日本が近代化に成功して一二〇年余を経過した現在でも、なお西洋をとらえています。近代と伝統が共存する日本は、クール・ジャパンとして、今もなお世界を魅了しているのでしょう。

明治日本の近代化は、けっして伝統文化や社会の否定や喪失・破壊を意味してはいません。近代化＝

西洋化という単純な話ではないのです。

【史料・参考文献】
多田好問編『岩倉公実記』中、岩倉公旧蹟保存会、一九二七年
ラフカディオ・ハーン(田代三千稔訳)『日本の面影』角川文庫、一九五八年
ジュール・ヴェルヌ(江口清訳)『八十日間世界一周』角川文庫、一九六三年
バジル・ホール・チェンバレン(高梨健吉訳)『日本事物誌』1・2、平凡社東洋文庫、一九六九年
エドワード・モース(石川欣一訳)『日本その日その日』1、平凡社東洋文庫、一九七〇年
イザベラ・バード(高梨健吉訳)『日本奥地紀行』平凡社東洋文庫、一九七三年
ラフカディオ・ハーン(平井呈一訳)『日本瞥見記』恒文社、一九七五年
エミール・ギメ(青木啓輔訳)『1876 ボンジュールかながわ』有隣堂新書、一九七七年
ウィリアム・グリフィス(山下英一訳)『明治日本体験記』平凡社東洋文庫、一九八四年
バジル・ホール・チェンバレン(楠家重敏訳)『チェンバレンの明治旅行案内』新人物往来社、一九八八年
ピアーズ・ブレントン(石井昭夫訳)『トマス・クック物語』中央公論社、一九九五年
アーネスト・サトウ編(庄田元男訳)『明治日本旅行案内』全三冊、平凡社、一九九六年
エリザ・シドモア(外崎克久訳)『シドモア日本紀行』講談社学術文庫、二〇〇二年
伊藤久子『世界漫遊家たちのニッポン――日記と旅行記とガイドブック』横浜開港資料普及協会、一九九六年
中野明『グローブトロッター』朝日新聞出版、二〇一三年
小風秀雅『幕末・明治、外国人のみた藤沢』藤沢市文書館、二〇二〇年

第8講 万国博覧会とジャポニスム――芸術の日本

講義のねらい

十九世紀は、万国博覧会の世紀でした。一八五一年にロンドンで開かれてのち、欧米各地で開催され、機械文明の発達の宣揚と未知の世界の紹介を柱に、開催する各国は、国威発揚をはかったのです。万国博には日本も参加し、日本の文化や芸術に直接ふれることが可能になると、日本の出品は人気を博して、体系的・継続的に日本ブームを盛り上げていきました。とくに一八六七(慶応《けいおう》三)年に開かれたパリ万国博では、浮世絵《うきよえ》、工芸品などを中心に日本文化への関心が高まったのです。そこで生まれたブームがジャポニスムです。

ジャポニスムは、日本から輸入される陶磁器《とうじき》のパッキングや、茶箱《ちゃばこ》の外側に貼られていた多色刷りの浮世絵の収集から起こったといわれています。同時代の絵師《えし》たちによる作品でした。とくに二代歌川広《うたがわひろ》重《しげ》は、茶箱に貼られた浮世絵の絵師として知られ、茶箱広重と呼ばれています。こうして浮世絵の熱狂的な収集が始まり、日本文化に対する興味が急速に高まりました。アジアにおける西洋の衝撃であるWestern Impactならぬ西洋におけるJapanese Impactです。

美術・工芸・文学・生活などさまざまな分野においてジャポニスムが浸透していきました。

ジャポニスムは、単なるエキゾチシズムではありませんでした。日本の芸術、ではなく、芸術の日本、と呼ばれるほど、表現様式・造形原理・美意識・世界観など、西洋にない要素が注目され、ヨーロッパの芸術や文化に大きな変化が生まれたのです。

本講では、万国博覧会と美術におけるジャポニスム、について考えます。

1　世界へのデビュー

一八六七年パリ万国博覧会

一八六二年のロンドン万国博にオールコックの収集品が展示されたことはすでにふれましたが、日本が正式に参加したのは、五年後の六七(慶応三)年のパリ万国博覧会でした。この万国博はフランス第二帝政の象徴といわれ、ロンドン万国博への挑戦として注目を集めました。一八五一年のロンドン博、五五年のパリ博は万国といいながら実態はヨーロッパ諸国の博覧会でしたが、六七年の第二回パリ博は、中近東、アジア、ラテンアメリカの諸国も参加し、名実ともに万国博覧会となったのです。

幕末《ばくまつ》の不安定な政治情勢のなか、幕府《ばくふ》はフランスの要請を受けて展示を行い、将軍徳川慶喜《とくがわよしのぶ》の名代《みょうだい》として弟の徳川昭武《とくがわあきたけ》を派遣しました(図1)。ほかに、薩摩《さつま》藩と佐賀藩も正式に参加しましたが、薩摩藩は「日本薩摩琉球国太守《りゅうきゅうこくたいしゅ》政府」の名で幕府とは別に展示し、独自の勲章(薩摩琉球国勲章)まで作成し、幕末の政争が持ち込まれました。

出品は、工芸品、焼き物、漆器、版画などを中心に、多くが日本の生活・文化に密着したもので、浮世絵は、女絵、風景画など、計一〇〇点が出展されました。女絵に描かれたのは官女《かんにょ》、武家女《ぶけおんな》、遊女《ゆうじょ》、田舎娘《いなかむすめ》などでした。ここでも工芸品や浮世絵は大好評で、当時の新聞『エタンダール』(一八六七年二月二十七日)はこう評しています。

最初の日本の浮世絵の到着は、真の衝撃をもたらした。……愛好家たちは、世界を喚起する産物が微笑みかけるように並ぶ市を決して逃さなかった。最もつつましい絵冊子ですら高値で競りにかけられた。(深井)

いち早く日本美術研究に取り組んだフランスの美術批評家エルネスト・シェノーは「一八六七年の万国博覧会で、日本はついに流行の先端に立った」(「パリに於ける日本」)と評しています。

図１　パリ万国博での徳川昭武

ジャポニスムの門出

ヨーロッパの画家たちは、なぜ浮世絵にショックを受けたのでしょうか。

浮世絵は、明瞭で優美な輪郭線、アシンメトリー(左右非対称)、大胆な構図(切取り、余白、動的な瞬間)と誇張、独特の遠近法などの斬新な技法がとられており、当時のヨーロッパ美術の造形原理である、写実主義、遠近法(奥行)、立体感(明暗法)、安定感(建築における左右対称)、主要モチーフの完結、などの縛りから逸脱し、ゆるがすものとして、強烈な衝撃をあたえたのです。

図2　マネ画「笛を吹く少年」

エドゥアール・マネが一八六六年に制作した「笛を吹く少年」(図2)は、浮世絵の影響を受けた初期の作品として、有名です。モデルはフランス近衛軍《このえぐん》鼓笛隊《こてきたい》の少年とされますが、背景を消し、人物のコントラストが強調され、衣服が平面的に描かれ立体感を感じさせない技法が、浮世絵の影響を受けているとされています。

現在ではジャポニスムの門出をかざる名作として位置づけられますが、サロンに応募した時は、伝統的な写実を無視した作品とみなされ、落選しています。パリ万国博の前年の作なので、浮世絵に対する認識が不十分だったのかもしれません。

しかし、万国博ののちには、フランス美術界ではジャポニスムの影響が明確となり、浮世絵から刺激を受けた画家のなかから、一八七四年、パリで、モネ、ドガ、ルノワールらが第一回のグループ展を開き、それが印象派の旗挙げとなりました。そして、ジャポニスムという単語は、辞書に登場するほど、定着したのです。

「芸術の日本」——一八七八年第三回パリ万国博覧会

パリでの万国博覧会は、第二回以降一一年ごとに開催されていますが、第三回には、国の威信がかかっていました。ドイツ・フランス戦争で敗北したフランスは、この万国博覧会で一八七一年に成立した第三共和政を世界に宣伝し、フランスがふたたび文化の中心として復活したことを誇示する目的があったのです。

この万国博では、日本は田舎屋を再現して好評をえたほか、出品物は人気を博し、エルネスト・シェノーに「もはや流行ではなく、熱狂であり、狂気」(前出)と言わしめるほどのブームとなったのです。

まず何よりも実践的で実用性を目指しながら、その実用性に自発的に、ほとんど直感的に、驚きと美しい気質に富んだ、創意工夫と楽しさに満ちた想像力による装飾が付け加えられるのである。

(寺本)

日本の美は生活の中に息づいているのであって、一部の特別な階級が独占する特別な存在ではない、「日本の芸術ではなく、芸術の日本」、つまり、芸術は日本の一部なのではなく、日本自体が芸術なのである、といっています。

この万国博で貿易商社の起立工商会社の通訳をつとめた林忠正《はやしただまさ》は、一八八三(明治十六)年に独立してパリに日本美術品店を開き、日本の美術工芸品や浮世絵などを大量に輸入し、ジャポニスムの立役者となるのです。

モネ「ラ・ジャポネーズ」

クロード・モネの「ラ・ジャポネーズ」(図3)は、印象派旗揚げの翌年に製作され、一八七六年の第二回印象派展に展示されました。二三一×一四二センチというこの巨大な絵ほど、モネの日本趣味を率直に表現した作品はありません。

図3 モネ画「ラ・ジャポネーズ」

妻のカミーユは内掛けを羽織り、手にもつ扇子《せんす》や背後の壁や床に散らされた団扇《うちわ》とともに、日本趣味が横溢《おういつ》する作品ですが、技法的にはまだそれほど明確な特徴はみられません。むしろ、手にした扇子の柄がフランスの三色旗になっている点や、黒髪のカミーユに金髪のカツラを着けさせるなど、わざと異国趣味を強調しているようにも思われます。

モネのジヴェルニーの家には、現在も二三三枚もの浮世絵が残されており、日本に深く傾倒していたことがわかります。

2　ジャポニスムの流行

「芸術の日本」

「日本の芸術ではなく、芸術の日本」に対する熱狂は、むしろ博覧会が終了したあとに盛上りをみせました。日本美術品コレクターのルイ・ゴンス(一八五九年創刊の月刊美術雑誌『ガゼット・デ・ボザール』の編集長)は、一八八三年に、フランス初の日本美術研究書である『日本美術』を刊行しました(図4)。同書は、絵画・建築・彫刻・武具《ぶぐ》・陶磁器・漆器《しっき》など多方面の美術・工芸品を網羅しています。

図4　ルイ・ゴンス『日本美術』表紙

図5　『芸術の日本』表紙

　また、日本美術を扱い、ヨーロッパ各地の美術館に納品した貿易商サミュエル(ジークフリート)・ビングは、月刊誌『芸術の日本』(英仏独語の三カ国版、一八八八〜九一年)を刊行しました(図5、三ページ図参照)。一八九〇年には、パリのエコール・デ・ボザール(高等美術学校)で浮世絵の展覧会を開催し、その成功でレジオン・ドヌール勲章を授与されています。この展覧会について、ジャーナリストのレイモン・ケクランは、こう記しています。彼は日本美術愛好家で、日本の美術商として多くの日本美術をヨーロッパに送り出した林忠正とも親しかった人物です。

何という驚きだったろう。二時間にわたって私は、その鮮やかな色彩に熱狂していた。花魁《おいらん》、母親の姿、風景、役者、すべてに見とれた。展覧会で売られているカタログと参考書を鞄の中に詰めこみ、その夜私はむさぼるように読んだ。(佐藤)

マネ、モネ、ドガなどの印象派の画家たちの心酔ぶりについて、シェノーはこう記しています。

彼らはすべて、自然を自分流に見たり、感じたり、理解したり、解釈したりするのに、外部からのインスピレーションではなく、なにかある確信というものを見出していた。結果として、彼らは日本美術に全面的に降伏する代わりにそれぞれのオリジナリティを倍加することになったのである。(アイヴス)

ジャポニスムは、写実主義が衰え、印象主義をへてモダニズムにいたる十九世紀後半のフランス美術において、変革の推進者であり、一時的な流行にとどまらず、それ以降の新しい芸術運動の起爆剤となったのです。まさに革命的な変化でした。

モネ「舟遊び」

「ラ・ジャポネーズ」から一二年後に描いた「舟遊び」(図6)になると、モネが浮世絵の技法を取り入れていることが明確になります。

図6　モネ画「舟遊び」

図7　鈴木春信画「採蓮美人」

描かれているのは、のちに義理の娘となるシュザンヌとブランシュが小舟に乗り、水面をただよっている姿です。画面のなかに小舟をおさまらせず、大胆に半分に断ち切った構図は、ほぼ同じ構図の絵を、鈴木《すずき》春信《はるのぶ》が一七六五年頃に描いているので、日本の浮世絵の手法を取り入れたものといえるでしょう(図7)。

しかし、画面上部の明るい水面と船の陰の対比を断ち切られた小舟によって強調し、光と睡蓮《すいれん》が美しく映るところに、モネの真の意図があるのでしょう。モネの画法と春信の手法がみごとに融合して、新しい美が生み出されたのです。

ゴッホとアルル

ジャポニスムの影響が顕著な画家の筆頭は、何といってもフィンセント・ファン・ゴッホでしょう。ゴッホは、多くの浮世絵をサミュエル・ビングの店で入手しています。大胆で明快な構図、あざやかな色彩に魅せられたのです。ゴッホはアルルの地から弟のテオに送った手紙のなかで、「僕はそのうち日本の版画をつくるようになるかもしれない」(一八八八年九月九日)と書いています。

図8　ゴッホ画「ムスメ」（La Mousmé）

ゴッホは、一八八八年から八九年にかけて南フランスのアルルに滞在しました。一八八八年三月十八日に前年頃知り合った印象派の画家エミール・ベルナールに宛てた手紙で、アルルについてこう書き送っています。

この地域の大気の透明度と色彩の鮮やかさは、日本のように美しいと感じられます。美しいエメラルド色と豊かなブルーに彩られて広がる水面は、日本の版画の風景を見るようです。（拙訳）

ゴッホは日本にいくことを夢みたものの果たせなかったため、日本に少しでも近いアルルに移り住んだ、ともいわれていますが、その風土に「光と色彩の国」日本を重ねていたのでしょう。アルルでの作品には、浮世絵から着想をえたであろう作品が含まれています。一八八八年七月にアルルの少女をモデルに製作した肖像画に、ピエール・ロティの『お菊さん』に出てくる日本語を使って「ラ・ムスメ」（図8）という題をつけています。ゴッホは、日本への憧れをムスメに重ねていたのでしょう。

広重の模写

ゴッホが歌川《うたかわ》広重《ひろしげ》の浮世絵を模写していたことは有名で、残されている模写としては、一八八七（明

図10　ゴッホの模写

図９　歌川広重画「亀戸梅屋舗」

図12　ゴッホの模写

図11　歌川広重画「大はし　あたけの夕立」

治二十)年九〜十月に制作した広重の『名所江戸百景《めいしょえどひゃっけい》』のうち「亀戸梅屋舗《かめいどうめやしき》」(図9・10)と「大はしあたけの夕立《ゆうだち》」(図11・12)があります。これらをみると、ゴッホが浮世絵の技法を自分のものにしようとしていたことがうかがえます。

「亀戸梅屋舗」には、広重独特の遠近法が用いられています。前面に大きく梅の樹が配されるという大胆な構図になっていて、一見奥の梅林の邪魔になっているようにみえますが、陰になっていることによって梅林の広がりと主題である梅の花の美しさを引き立てているのです。広重はこうした遠近感を誇張することによって、主題を引き立たせる技法をよく用いています。

広重独特の技法は、「大はし　あたけの夕立」でもみることができます。この絵には、水平や垂直の線がまったく見られず、すべてが斜線で構成されるという大胆な技法が使われています。つまり、画面が不安定な構成になっているのですが、そのことで、突然の夕立に逃げ惑う通行人たちのあわてぶりが際立ちます。次の瞬間には、通行人が一人もいなくなるようすが容易に想像される、映画のワンシーンを切り取ったような動的な印象を受けるのです。

この二つの模写から、ゴッホはあらたな技法を手に入れ、傑作を生み出したのです。

「種まく人」

図13は、一八八八年十一月、アルル時代に描かれた「種まく人」です。「種まく人」はミレーが有名で、ゴッホはミレーの絵の模写にも熱心に取り組んでいますが、この絵からは、前述した広重の技法の

影響を読みとることができるでしょう。

まず前面に大きく、左下の種まく農夫と右下から伸びるリンゴの木が配置されます。これは地平線に沈まんとする夕日によってほぼシルエットになっているのですが、この構図は、「亀戸梅屋舗」から学んだものでしょう。もう一つは、樹が斜めに描かれていることです。斜線は、画面に不安定な感じをあたえますが、樹は途中から垂直に伸びて、人物によりそうように描かれ、樹と人物のあいだに夕日が配置されることで、画面に不安というよりは、独特の静寂感をあたえています。

ゴッホが描いた「種まく人」は数種類ありますが、この絵に満足していたことは、彼の習慣に反して署名していることからもうかがえます。特別な作品といってよいでしょう。

図13　ゴッホ画「種まく人」

この絵がジャポニスムの作品だといわれても、すぐに浮世絵の影響を読みとることは困難です。それほどゴッホのなかで浮世絵が消化され、血肉化しているともいえるでしょう。広重の技法を取り入れつつ、ゴッホなりの表現によってあらたな意味へと転じさせ、独自の世界を描きだしているところに、東西の文化の融合を見出すことができるのではないでしょうか。

ジャポニスムかどうか、という議論はしだいに成り立たなくなっていったのです。

図14　川上音二郎一座のポスター

図15　ピカソ画「Sadayakko」

3　マダム・サダヤッコ

一九〇〇年第五回パリ万国博覧会とマダム貞奴

ジャポニスムは、浮世絵だけでなく、金工、陶器、建築、歌舞伎《かぶき》まで幅広く普及していきました。一九〇〇年のパリ万国博は、ジャポニスムが絶頂に達した時期に開催されました。

注目すべきは、一九〇〇年のパリ万国博覧会で川上音《かわかみおと》二郎《じろう》一座が演劇を上演し、女優の貞奴《さだやっこ》の美しさが大評判となり、「マダム貞奴」が熱烈な賞賛をあびたことです(図14)。人気を博したのは、博覧会の出品物ばかりではなかったのです。

七月四日、パリ万国博会場の一角にあったロイ・フラー劇場での公演初日には、彫刻家ロダンも招待されました。ロダンは貞奴に魅了され、彼女の彫刻をつくりたいと申し出ましたが、彼女はロダンを知らず、時間がないとの理由で断わったという逸話が残っています。

アンドレ・ジイドは「貞奴は絶えず美しい。絶え間ない、又絶え間なく増大する美しさです。彼女は死ぬ時が、これ程の激しい愛情で取り戻された愛人の腕でまっすぐ固くなって死ぬ時が一番美しい」（「貞奴」）と絶賛し、ドビュッシーは三味線《しゃみせん》音楽に刺激を受け、一八歳のピカソは踊る貞奴をスケッチしています（図15）。

絵画のなかでしか知られていなかった日本女性の美しさを、フランスの人びとは目の当りにし、居ながらにして日本に接触することができ、貞奴をとおして、改めて日本や日本文化に魅せられたのです。八月には、大統領エミール・ルーベがエリゼ宮《きゅう》（官邸）で開いた園遊会で「道成寺《どうじょうじ》」を踊り終えた貞奴に大統領夫人が握手を求め、官邸の庭を連れ立って散歩しました。そしてフランス政府はオフィシエ・ダ・アカデミー勲章を授与したのです。

講義のまとめ

ジャポニスムの高揚は、日本の感性や美意識を受け止めて、やがて独自の美の世界を切り開く過程でもありました。東西文明の融合が始まったのです。そして、二十世紀にはまったく新しいアール・ヌーボーという表現様式が生み出されました。こうした融合がわずか半世紀のあいだに起こったことは、人類の歴史のなかでも稀有な事象であったといえましょう。

【史料・参考文献】

アンドレ・ジイド(小林秀雄訳)「貞奴」『アンドレ・ジイド全集』13、新潮社、一九五一年
エミール・ベルナール編(硲伊之助訳)『ゴッホの手紙』上・中、岩波文庫、一九五五年(改版一九八二年)
日本史籍協会編『渋沢栄一滞仏日記』東京大学出版会、一九六七年
エルネスト・シェノー(稲賀繁美訳)「パリに於ける日本」『浮世絵と印象派の画家たち展』サンシャイン美術館、一九七九〜八〇年
一ノ関圭『茶箱広重』小学館、一九八三年
コルタ・アイヴス『版画のジャポニスム』木魂社、一九八八年
吉見俊哉『博覧会の政治学』中央公論社、一九九二年
馬渕明子『ジャポニスム——幻想の日本』ブリュッケ、一九九七年
佐藤洋子「林忠正コレクションとパウラ・モーダーゾーン＝ベッカー」『早稲田大学日本語研究教育センター紀要』一六、早稲田大学日本語研究教育センター、二〇〇三年
圀府寺司『ゴッホ——日本の夢に懸けた芸術家』角川書店、二〇一〇年
二見史郎『ファン・ゴッホ詳伝』みすず書房、二〇一〇年
井上理恵『川上音二郎と貞奴Ⅱ　世界を巡演する』社会評論社、二〇一六年
寺本敬子『パリ万国博覧会とジャポニスムの誕生』思文閣出版、二〇一七年
深井晃子『きものとジャポニスム』平凡社、二〇一七年
東田雅博『ジャポニスムと近代の日本』山川出版社、二〇一七年

Ⅱ　日本の国際戦略と世界

応斎（東洲）勝月画
「憲法発布上野賑《にぎわい》」

1889年２月11日の憲法発布には，法制度上や外交上の意義以外にも，さまざまな側面がありました。

発布の翌日，明治天皇は，東京市民の求めに応じて，急遽上野に行幸《ぎょうこう》します。しかしこの絵に明治天皇は登場しません。描かれたのは，喜びに沸く下町の人びとです。喜びの理由は，憲法以外にもありそうです。

上野は，いうまでもなく戊辰戦争の激戦地であり，ほとんどの市民は，彰義隊の記憶をよみがえらせたでしょう。この行幸に市民たちが天皇の鎮魂の意をくみ取ったことは，想像に難くありません。勝海舟は，市民は行幸に「聖恩」を感じ「大出来」だった，と伊藤博文に書き送っています。

上野行幸は，天皇と「江戸」の和解のセレモニーであり,「国民」が成立する一歩だったのです。この点は，第15講で述べます。

第3章　日本外交の転換

岩倉使節団の正使(岩倉)と副使

岩倉使節団の米欧回覧については，使節たちの米欧体験が，その後の日本の近代化に大きな影響をあたえた，ということで注目されていますが，失敗とされる外交交渉でも見落とせない成果をあげています。

大使節団の派遣は，成立間もない明治政府にとっても一大決断でしたが，欧米諸国にとっても，はじめての経験でした。一国の首脳が国際交渉を目的に本国を訪れるのは，それまで西洋諸国に限られていたのですが，アジアの一小国が自らの意思で実行したのです。

そして使節団は，交渉において日本の主張を展開し，成否はともかく，列強の対日認識を改めさせました。日本の外交はそれまでの受動的な姿勢から能動的な姿勢へと転じたのです。

第9講 岩倉使節団と日本外交の転換——「万国対峙」の時代

講義のねらい

岩倉使節団《いわくらしせつだん》の米欧派遣は、外交だけでなく、日本の近代化を推進する本格的な起点となった点で重要な出来事でした。一八七一(明治四)年七月の廃藩置県《はいはんちけん》で「万国対峙《ばんこくたいじ》」を掲げて国家の統一を果たした明治政府は、その四カ月後にその理念を実践すべく、大使節団を欧米に派遣したのです。

幕末《ばくまつ》に締結された通商《つうしょう》条約は、一年の予告期間ののち、一八七二年七月一日(明治五年五月二十六日)以降に改訂できることになっていました。岩倉使節団の目的は、第一が政権交代にともなう聘問《へいもん》、第二が条約改正の予備交渉(報告と商議)、西洋文明の調査は第三番目でしたが、条約改正の予備交渉こそ実質的には第一の目的でした。

しかし列強《れっきょう》側も権益拡大を企図しており、欧米側の意向を探ることも使節団の任務でした。その任にあたったのが、明治政府のナンバー2の右大臣岩倉具視《ともみ》だったのです。

これまでは、岩倉使節団は外交的には「失敗」とされ、おもにその欧米体験が重視されてきました。

しかし、最近の欧米の研究では、「岩倉使節団は、日本の世界的舞台への登場にとって重要であった。

そして、世界政治への新参国にふさわしい礼譲をもって使節たちを受け入れたヴィクトリア朝の政治家は、岩倉使節団が重要であるとみなした」と、使節団を日本外交の近代化の象徴としてとらえ、「日本の気概を示し、条約の現状を日本が不当としていることをイギリスに思い知らせる仕事を果たした」と、その外交手腕を評価しています。

岩倉使節団の外交交渉は、成功か失敗か、ではなく、その後の日本外交にどのような影響をあたえたのか、という点から評価されるべきでしょう。

本講では、岩倉使節団が示した日本の外交姿勢がどのようなものであり、その後の日本の外交にどう影響したのか、を考えます。

1　不平等性の強化と改正への志向

変化する不平等性

第3講で説明したように、不平等条約は、近代国家(文明国)が前近代国家(半文明国)という異文明と接触した時に結ばれる過渡的な条約でした。しかし、不平等の内容は改税約書《かいぜいやくしょ》のようにしだいに変化したほか、片務《へんむ》的最恵国《さいけいこく》待遇によって、条約締結国が増加するにつれて内容が欧米側に徐々に有利になり、不平等性が一方的に強化されていきました。

このメカニズムによって条約上の不平等性が頂点に達したのが、一八六九年に北ドイツ連邦およびオーストリア・ハンガリーと結んだ修好通商航海条約で、ともにイギリス公使パークスの仲介により締結され、解釈に問題があった条項は列強側に有利に解釈しなおされました。パークスは他国の条約を利用して、不平等条約の精緻化と権益の拡大に成功したのです。

服部之総《はっとりしそう》は、「在来条約の匱乏《きぼう》に因《よ》って生じ居りたる争点は、本条約に於《お》いて明文を以《もっ》て多く日本の不利益を受くる傾に規定せられたり。其内容の凡百《ぼんぴゃく》の点に於て日本の不利を来したること、真に驚くに堪へたり」と指摘しています。以後、日墺《にちおう》修好通商航海条約が条約改正交渉の標準とされました。

幕末期が、多くの軋轢《あつれき》を生み出しつつも、日本と欧米が「両者の文化を尊重」して、相互に異なる社会であることを認め合っていた異文化共存の時代とするならば、維新《いしん》前後に、日本が近代国際法を受け入れて外交を推進するにいたって、その不平等性が顕在化したのです。なかんずく領事《りょうじ》裁判制度は、日本が国際秩序において下位にあることの指標にしかならないのです。

一八六九年四月九日(明治二年二月二十八日)、岩倉は三条実美《さんじょうさねとみ》に宛てて「(駐屯軍の存在、領事裁判権の容認は)皇国《こうこく》の恥辱《ちじょく》甚きもの……条約を改訂して以て我《わ》が皇国の権を立てざるべからず」と述べ、条約改正への意欲をあらわにしています。

現地法遵守の否定

さらに、日本の国内法の遵守についても、列強の主張は強硬になっていきました。列国は日本国内の規則の違反においても領事裁判を受けることを主張し、さらに、日本の国内規則の制定に際しては、列国との協議が必要であると主張するにいたったのです。

この点についてパークスは、「およそ在日本英国人民は日本政府の法律を遵守するに及ばず、ただ英法のみを遵守すべきなり」とまで主張しました。これは治外法権《ちがいほうけん》の主張であり、現地国の法令・命令を遵守する、という原則がおかされたのです。

アメリカを除く列国が日本の検疫《けんえき》規則を守らず、たびたびコレラが大流行したのは、このためです。治療法がなく、もっとも有効な対策は海港検疫だったので、一八六二(文久《ぶんきゅう》二)年の流行時に幕府《ばくふ》は各国公使に対し、非感染の証明書のない船舶は入港しないよう申し入れましたが、検疫は実施できませんでした。

一八七七(明治十)年七月には、中国でコレラが発生したとの情報を受けて、内務《ないむ》省は神奈川、長崎および兵庫の三県令《けんれい》に、海港検疫の実施を達しました。しかしイギリスやフランスが賛成せず、外国船の検疫ができなかった結果、九月初め長崎および横浜にコレラが侵入し、明治最初の大流行となりました。欧米列強が日本の主権である検疫を無視して、人災としてのコレラ流行が起こったのです。流行は一八七九(明治十二)年、八六(同十九)年と繰り返されたのです。

条約改正への志向

明治政府は、一八七一(明治四)年の廃藩置県の詔書《しょうしょ》において、国是の一つとなった「万国対峙」を標榜しました。「万国対峙」とは、国際社会のなかで日本が欧米と対等な独立国として自立するという意志の表明であり、国権《こっけん》回復こそが明治日本の至上命題であることを示したのでした。

この点は、出発前に定められた使節団の方針においても、「此迄《これまで》の条約は都《すべ》て彼方《かなた》より此方《こなた》に来れるもの丶為の条約」であったが、日本も「総《すべ》て同般の権利可有之筈《これあるべきはず》に付……同体並行の権利を以て条約文言は相定め置度候事《おきたくそうろうこと》」と、日本も主張すべきことはする、としたのです。世界に対等を求めていく岩倉使節団の派遣は、その先鋒となる政策であったのです。

2　岩倉の対米交渉

成立寸前までいった条約改正

岩倉使節団の最初の交渉相手は、アメリカでした。

交渉の失敗としてよく指摘されるのが、使節団が外交交渉には全権委任状が必要であることを知らずに渡米し、交渉開始後に日本にとりに帰った、という外交的無知ですが、実際は違います。

一八七二年三月十一日(明治五年二月三日)の会見初日、明治天皇の国書には条約取極めに関する全権委任がないとするフィッシュ国務長官に対して、岩倉はあくまで予備交渉であるとしました。しかしフィッシュは、会談で合意した草案に署名することは「政府をして其約を履行せしむることにして則条約」である、と主張し、さらに、来年は大統領選挙があるので、「其已然《それいぜん》に取極《とりきめ》るに非ざれば終《つい》に取極め難かるべし」と交渉を急がせました。アメリカ側が、条約改正に積極的な姿勢を示したのです。その理由には、「草案の箇条を議定《ぎてい》するとも、之《これ》に調印せざる間は結局一場の談話に比《ひと》しく他日の証拠とすべきものなし……必らず其案或は書面の上に調印し、他日の証に保存せざる可らず」とする政治的判断があったのです。

このことは『大久保利通伝《おおくぼとしみちでん》』にも、会見初日にフィッシュ国務長官が「準備に止まらず此《この》機会に其条件を議決するに如《し》かず」との見解を示し、グラント大統領も「改正を結了せよ」と言明した、と記されています。これを受けて、日本側でも森有礼《もりありのり》駐米少弁務使《しょうべんむし》が「此機会に条約改正を決行することの利益ある」ことを主張したため、岩倉は当初の予定を変更して、改正の本交渉に入るために必要となった全権委任状をとりに大久保と伊藤博文《いとうひろぶみ》を帰国させたのです。

二人の帰国中に交渉は進み、アメリカは、領事裁判権の撤廃には応じなかったものの、関税自主権の容認、日本側の行政権の尊重など一定程度日本側の主張を容れたのです。七月十日(六月五日)、日本側は改正条約草案を示し、国定関税制定権をアメリカが認容することを明記しました。関税自主権の回復について合意したことは、外交的成果として評価されるでしょう。

一方、日本側は、下関《しものせき》などあらたな開港場五港の開港、内地旅行権を付与すること(遊歩区域の撤廃と内地開放)を認めました。ギブ・アンド・テイクが成立したのです。

条約改正の重大な欠陥

しかし、アメリカとの改正条約締結には大きな問題がありました。単独での改正条約調印が、片務的最恵国待遇に抵触したのです。

最恵国待遇とは、いずれの国と比較しても最高の待遇をあたえることです。しかし、片務的であるため、日米改正条約によって日本側が交換条件としてアメリカに認めた条項(開港場の増加など)は、他の条約締結国にも適用されても、アメリカが日本に認めた改正条項を他の国は、日本にあたえる必要がないのです。日本が一方的にギブするだけという不利な状況を避けるためには、すべての条約締結国といっせいに同内容の改正条約を締結するしか方法がないのです。

このことを岩倉が認識したのは、わざわざワシントンに立ち寄った英・独外交官との面談の時でした。六月二十六日(五月二十一日)に岩倉・木戸孝允《きどたかよし》と会談したドイツ公使フォン・ブラントは、

もし大使がアメリカと即刻条約を結ぶようなことになれば、もちろんドイツは最恵国条項を援用し、日本がアメリカにたいしておこなう一切の譲歩を要求するが、同時にドイツは日本がアメリカから獲得するかもしれない如何《いか》なる譲歩に関しても、これを日本にあたえることに同意しないであろう。

と述べました。「岩倉は真剣な面持ちで、『それはもっとも重大な問題だ』と叫んだ」とイギリス代理公使のアダムスは記しています。岩倉は片務的最恵国条項のことを聞いたことがなく、日米改正条約を締結することは、日本側に一方的に不利となることに気づかなかったのです。(『遠い崖』)

こうして、アメリカとの条約改正交渉は七月二十二日(六月十七日)に中断されました。帰国した大久保と伊藤が使節団に合流した当日のことでした。

片務的最恵国待遇の無理解という事態は、外交的失態であったといわざるをえません。しかし、国定

関税制定権をアメリカが承認したこと、条約改正は一挙に行わねばならないこと、を認識したことは、それ以後の日本外交にはずみをつけたのでした。

3　激しい日英交渉

交渉の開始

アメリカに続いて岩倉が交渉に入ったのは、イギリスでした。アメリカでの交渉が長引いたため、使節団がロンドンに到着したのは、一八七二年八月十七日(七月十四日)でしたが、ヴィクトリア女王がスコットランドで避暑のため謁見《えっけん》できず、謁見が実現したのは、十二月五日(十一月六日)でした。会談は日本側の希望により、女王との謁見前からグランヴィル外相との交渉が開始されました(図1)。

図1　岩倉とグランヴィル外相
(*The Illustrated London News*, 1872年10月12日より)

アメリカとの交渉で改正が困難であることを認識したことから、イギリスとの交渉は、条約改正の予備交渉ではなく、両国間の具体的な問題にしぼられました。

妥協しない日本

一八七二年十一月二十七日(明治五年十月二十七日)に行われた岩倉・グランヴィル会談で、イギリスとの交渉は正面から対立しました。日本側は英・仏駐屯軍の撤退と下関償金の支払いの延期の二点を要求し、イギリス側は内地開放(内地旅行権の付与)、不開港場の開放と取引の自由、外国資本の導入を要求しましたが、両国とも相手の要求をすべて拒絶したのです。岩倉使節団に随行して帰英中であった駐日公使のパークスは、「もはや『代償』の提供を伴わない一方的な譲歩を日本に期待することはできない」と感じたと記しています。

とくに、内地旅行権の要求(内地開放)は、日本側が全面的に拒否しました。この条項は、日本が安政《あんせい》条約で認めなかったことについては、すでに説明したとおりです。

この問題に対して、グランヴィル外相は「我《わが》国に於ては何《いず》れの国人たりとも総て政府の法に従い候」と主張しました。これに対して日本は、列国は日本の行政権を遵守しておらず、そのことによって混乱が生じている、内地開放を実施するためには、「先《ま》ず外人をして我法律に従は」せることが先決で、日本の行政に服さなければ国内秩序に悪影響をおよぼすと強力に主張して、同席した駐日公使パークスと激論を交わしています。

実態を知らないイギリス本国

グランヴィル外相は日本の現状に対してほとんど状況を把握していなかったのです。とくにパークスが列国と協調して強化してきた日本の行政権への不服従については、まったくといってよいほど理解していませんでした。

たとえば内地開放については、パークスが、日本の開港場においては何もむずかしいことはない、とグランヴィルに説明し、寺島宗則《てらしまむねのり》がなお不服従の実態を具体的に論ずると「パークス又弁解す」という状況でした。開港場の増加については日本側が、外国船が日本法(税法)に従わないため、「諸事相談の上ならでは行なわれがたし」と列国側の不当な対応にふれると、パークスは「外務尚書に向い情実を諭す」といちいち説明をしています。

ついにグランヴィルは、「わたしたちは日本の事情もしらないので何とも申し上げにくいのであるが、ただいまパークスにきいたところでは、さしたる差し支えもないと思われる」と発言せざるをえなくなりました。これに対して、駐英公使寺島が再度、諸規則にすべて外国人が従わないので「種々の混雑相生じ候」と反論すると、グランヴィルはパークスの隣にいき、長いあいだ「密話」していた、と日本の外交文書に記されています。

日本法に従わなくともよい、というパークスの主張は、イギリス本国の了解をえたものではなかったのです。

パークスへの不信

使節団がフランスに去ったのち、グランヴィルは、日本への帰任を命じた一八七三年一月十三日のパークス宛の重要文書に、こう記しています。

彼らの使節の目的や彼らの政府の見解と希望について、如何《いか》に(私の)説明がもの足りないものであったか、また、これらの点が私に明確でないので、日本との外交に関する英国政府の政策や意図をよく伝えることができなかったことは、貴殿も分かったと思う。（『パークス伝』）

さらにグランヴィルは、パークスに次のように釘を刺しています。

日本において（条約改正の）討論討議が終わり、貴殿が何か明確な提案を出すときが来たら、私は時を移さず直ちに貴殿に対し最終訓令を発することになろう。その間に、少しでも提案らしきことをすれば、貴殿に迷惑がふりかかるだけである。（同右）

それまで対日政策を主導してきたパークスに対する不満や不信をあらわにしたのでした。もはや、駐日公使に対日外交を全面委任する時代は過ぎ去ったのです。

4　日本外交の転換

在外公館の強化

イギリスでの首脳会談をとおして、本国政府との直接交渉のパイプを開く必要を認識したことは、日本外交のあり方を大きく変化させせました。

それまでの日本は対外交渉を行う場合は、特定の問題について特使を派遣することが一般的でしたが、征韓論政変《せいかんろんせいへん》をへてのち、日本は、外交代表をほぼいっせいに弁理公使《べんりこうし》から、国家を代表して外交交渉を行う権利を有する全権公使へと格上げして相手国に常駐させ、駐日公使との交渉から本国との直接交渉へと軸足を移していったのです(表1)。

このあらたな外交ルートは、早速成果をあげることになりました。一八七三(明治六)年八月に締結された日米郵便交換条約は、駐米公使森有礼に全権を付与して交渉を開始し、同年同月に調印にいたりました。両国間の郵便を内国同様に扱う欧米国間と同様の対等条約であり、日本が国際的通信業務の一翼を担う資格のあることを認めたものでした。

在仏日本公使館のお雇い外国人フレデリック・マーシャルはイギリス外相ダービーに対し、日米郵便交換条約を、日本の在外公館を通じた外交交渉で成功させたことは、日本の国権回復に寄与した、と指摘しています。

その後も、樺太《からふと》・千島《ちしま》における領事裁判権を相互に廃止した一八七五(明治八)年五月の樺太千島交換条約、文明国間の国際組織である七七(同十)年六月の万国郵便連合加盟、日本の関税自主権を認めた七八(同十一)年七月の吉田・エヴァーツ条約、なども、現地の全権公使の交渉によって実現したものでした。

並行して幕末以来の外交懸案であった、キリスト教の解禁(一八七三年)や下関賠償金の全額返済(一八七四年)、横浜英仏駐屯軍の撤退(一八七五年)なども解決され、アメリカをはじめ、日本の文明国化を評価する列強もふえていったのです。

表1　特命全権公使の任命状況

国　名	任命年月	公　使　名
イギリス	1873年2月	寺島宗則
オランダ	1873年9月	柳原前光(兼ベルギー)
オーストリア	1873年11月	佐野常民
フランス	1873年11月	鮫島尚信
ドイツ	1873年11月	鮫島尚信
清	1873年11月	山田顕義
ロシア	1874年1月	榎本武揚
アメリカ	1874年11月	吉田清成
イタリア	1876年11月	河瀬真孝(二等)

戦前期官僚制研究会編『日本官僚制の制度・組織・人事』東京大学出版会，1981年より。

講義のまとめ

冒頭に指摘したように、岩倉使節団は、それまでの外交使節とはまったく異なる姿勢を示し、その後の日本外交を大きく変化させる契機となった使節団でした。

第一に、それまでは列強側が要求する交渉であったのに対して、日本側が要求を提示し、列強側の主張との妥協点を見出そうとしたのです。岩倉が、ギブ・アンド・テイクの外交交渉を展開したことは、イギリスにとっては驚きでした。この外交的常道ともいうべき手法を日本がとったのは、岩倉使節団が最初だったのです。

第二に、イギリスでの首脳会談をとおして、本国政府と駐日公使の意向・方針は必ずしも一致していないことが明らかになり、本国政府との直接交渉のパイプを開く必要を認識したことで、日本外交が大きく変化し、本国政府とのあらたな外交的パイプをつくりあげたのです。

本国政府との直接の外交パイプを利用して個別に外交を進めるようになると、イギリスの主導権はしだいに失われていきました。パークスは「困難な外交問題の大部分は、一八七三年以降の岩倉とその同僚たちの影響に源を発する」と記しています。

日本の外交は、大きく転換し、あらたな段階へと移行したのです。

【史料・参考文献】

勝田孫弥『大久保利通伝』下、同文館、一九一一年
外務省調査部『日英外交史』未定稿、一九三七年、(復刻版)クレス出版、一九九二年
川島信太郎著、外務省監修『条約改正経過概要』日本学術振興会、一九五〇年
F・V・ディキンズ(高梨健吉訳)『パークス伝』平凡社東洋文庫、一九八四年
服部之総「条約改正及び外交史」『日本資本主義発達史講座』第二部、岩波書店、一九三二年
山本茂『条約改正史』高山書院、一九四三年
横田喜三郎『国際法論集Ⅰ』有斐閣、一九七六年
大久保利謙『岩倉使節の研究』宗高書房、一九七六年
石井孝『明治初期の国際関係』吉川弘文館、一九七七年
萩原延寿『遠い崖』9、朝日新聞社、二〇〇〇年
イアン・ニッシュ編(麻田貞雄他訳)『欧米から見た岩倉使節団』ミネルヴァ書房、二〇〇二年
芳賀徹編『岩倉使節団の比較文化史的研究』思文閣出版、二〇〇三年
小風秀雅「岩倉使節団と日本外交の転換」『立正史学』一二七、二〇二〇年
小風秀雅「不平等条約体制の再検討——成立から強化へ」『立正大学人文科学研究所年報』五七、二〇二〇年

第10講 「見果てぬ夢」——大久保利通と殖産興業

講義のねらい

本講では、大久保利通《おおくぼとしみち》が推し進めた殖産興業《しょくさんこうぎょう》政策について考えます。

大久保は岩倉使節団《いわくらしせつだん》での体験から、日本は政治的には西欧に二〇〇年遅れているが、経済的には数十年の差だとみていました。大久保は、イギリス視察の途中では「斯《こ》うして西洋を歩いて見ると、我々《われわれ》は斯んな進歩の世には適しない」と意気消沈していましたが、帰国後は人が変わったように殖産興業政策に一番力をそそぎます。彼が豹変したのは、西洋との時間差が小さいことを実感し、目標がみえたためでしょう。

大久保は殖産興業を、それまで工部省《こうぶ》が進めてきた鉄道や鉱山などの官営《かんえい》事業中心の政策ではなく、日本経済全体の活性化をめざして、民間産業の育成を重視する政策へと転換しました。

本講ではそのうち、全国交通網の整備と博覧会の開催について説明します。あまり取り上げられませんが、全国に広がる交通ネットワークは、統一国家日本の実現に必須なだけでなく、経済発展をもたらす不可欠の社会インフラでした。また博覧会の開催は、民間産業の近代化を推し進めるため、技術革新の推進と普及、市場の拡大などをねらったのです。

殖産興業政策として、ハードとソフトから経済発展を助長する政策であり、その発想は、岩倉使節団の経験を基にしたものでした。

1　大久保利通の殖産興業政策

経済発展の差に関する日本の認識

第1講の図1(七ページ)でみたように、西欧と日本で十九世紀にグラフが上向いているのは、産業革命によるものですが、その転換点は、西欧と日本では約半世紀余りの差がありました。『米欧回覧実記《べいおうかいらんじっき》』の著者久米邦武《くめくにたけ》は、この点について、こう記しています。

当今欧羅巴《ヨーロッパ》各国、みな文明を輝かし、富強を極《きわ》め、貿易盛《さかん》に、工芸秀で、人民快美の生理に、悦楽を極む、其《その》情況を目撃すれば、是《これ》欧州商利を重んずる風俗の、此《これ》を漸致せる所にて、原来此州の固有の如《ごと》くに思はるれども、其実は然《しか》らず、欧州今日の富庶をみるは、一千八百年以後のことにて、著しく此景象を生ぜしは、僅《わずか》に四十年にすぎさるなり、（第二巻、傍線は原典では圏点）

西欧の経済力はヨーロッパに特有なものではなく、その発展は十九世紀以後で、急成長したのはせいぜいこの四〇年である、と指摘しています。

実は大久保利通も、一八七二年十二月二十日(明治五年十一月二十日)に大山巌《おおやまいわお》に同じことを書き送っています。

何方《いずかた》に参り候《そうらい》ても、地上に産する一物もなし、只《ただ》石炭と鉄と而已《のみ》、製作品は、皆他国より輸入して、之《これ》を他国へ輸出するもののみなり、製作場の盛なる事は曽《かつ》て伝聞する処より一層増《まさ》り、至る処黒烟《こくえん》天に朝し大小之製作所を設けざるなし、英の富強なる所以《ゆえん》を知るに足るなり……右首府々々の貿易或は工作の盛大なる五十年以来の事なるよし、然れば皆蒸気車発明なって後の義にて、世の開化を進め貿易を起すも半《なかば》は汽車に基すると相見得候《あいみえそうろう》なり(『大久保利通文書』第四)

久米同様、経済は半世紀の遅れ、とみています。そのうえ、イギリス国内の物産は豊かではなく、その富強は貿易力と高い工業生産力による、とイギリス経済の特徴を明確に指摘しているのです。

あらたな殖産興業

大久保は、西洋との時間差は経済では小さい、経済で追いつくことは不可能ではない、と考えたのです。征韓論《せいかんろん》政変ののち、大久保がもっとも重視し、取り組んだ政策が、殖産興業でした。大久保は「国本培養に関する建議書」でこういっています。

勉《つとめ》て力を根本に尽し国の精神を旺盛にし、政《まつりごと》の基礎を堅固にせしめざるべからず、而《しか》して其之を致すの要《かなめ》、民業を勧励し、物産を開殖するに在り、(『大久保利通文書』第七)

富国強兵《ふこくきょうへい》の実現には、殖産興業こそ重要だ、というのです。大久保の変貌ぶりについて、側近の安《やす》場保和《ばやすかず》はこう語っています。

初は全く政治の大体のみに心を傾けて、余り些細な事には留意されない人であったが、帰朝後は、我が帝国をして宇内万邦《うだいばんぽう》に対峙《たいじ》せしめんには、必ず富国の基礎を強固ならしめなければならないと語られ、施政方針は、専ら教育、殖産、工業、貿易、航海等の事業にあって是等を盛んに奨励せられたのであった。(『甲東逸話』)

内務省の設置

大久保の政策は、それまでの殖産興業政策とは大きく異なっていました。

明治政府がまず進めた殖産興業政策は、一八七〇(明治三)年に設立された工部省が推進した、鉱山、製鉄、造船、鉄道などの官営事業でしたが、洋式工業の移植が目的で、日本経済の成長をめざす意図は明らかではありませんでした。

大久保は、工部省の事業は「全く其効験あるを見ず」と批判し、民間産業の勃興をうながすには、「工業物産の利より水陸運輸の便に至るまで、総じて人民保護の緊要に属する」ことが必要である、と主張したのです。

大久保は、政策の母体となる内務《ないむ》省を一八七三(明治六)年十一月に設立し、みずから内務卿《きょう》に就任しました。六寮と測量司がおかれましたが、大久保がとくに重視したのが、「水陸運輸の便」すなわち海運・舟運の拡充、港湾の建設、道路網の整備などの交通インフラを担当する駅逓《えきてい》寮・土木局と、「工業物産の利」をはかるため、農牧業、製糸・紡績など、農工商業を奨励する勧業寮でした。

以下、順にみてみましょう。

2　大久保利通の交通網政策

交通網への注目

イギリスで大久保がもっとも注目したのが、鉄道、道路、馬車、運河など、複数の交通手段が結合したネットワークでした。西郷隆盛《さいごうたかもり》に宛てて(明治五年十月十五日付書簡)、こう書き送っています。

尤《もっと》も可感《かんずべき》は、何《いず》れの僻遠に至り候ても道路橋梁に手を尽し、便利を先にする、馬車は勿論《もちろん》汽車の至らざる所なし、蒸気発明なき已前《いぜん》は水利に手を付たるものと相見得、凡《すべ》て掘割にて船を通し候なり(『大久保利通文書』第四)

イギリスでは、国中のいたるところが交通網で結びついているのです。大久保の目には、蒸気車に象徴される交通網が、富国強兵の牽引車に映ったのです。

汽船への着目

大久保が日本の交通の近代化の柱にすえたのは、鉄道ではなく汽船海運でした。イギリスとは異なる日本の地理的条件から、険しい陸路を開くより海路を充実するほうが、即効性が高いと考えたのです。鉄道は、巨額の建設費がかかるだけでなく、長い建設期間を必要とします。しかし海運は、汽船の購入に費用を要するものの、購入後はただちに運航が可能で、時間のロスが少ないのです。比喩的にいえば、大久保はイギリスで蒸気機関車が果たした役割を、蒸気船に期待したのです。

そのため、当初計画された東京と京都を結ぶ両京間連絡鉄道の構想は中断されました。

郵便汽船三菱会社の保護

大久保がとった海運政策は民間海運業の保護策でした。一八七五(明治八)年五月、岩崎弥太郎《いわさきやたろう》(図1)が経営する郵便汽船三菱《みつびし》会社に対する重点的保護を開始しました。内務省は、大蔵《おおくら》省の所有汽船一三隻を無償であたえるとともに、それまでの補助会社の郵便蒸気船会社の旧所有船一七隻も無償で下付し、同時に運航助成金として年間二五万円を一五年間給付しました。さらに西南《せいなん》戦争の際には、汽船八隻を政府資金で購入させています。

図1　岩崎弥太郎

こうして、三菱は国内汽船トン数の過半を占め、とくに大型汽船を独占しました。一八七六(明治九)年には本州を一周する「日本大廻り」を実現するなど、あらたな沿岸航路を開いたほか、八〇年代には、東北、北海道、日本海航路を充実させて、全国に広がる沿岸航路網を形成したのです。その結果、外国船は一八八〇(明治十三)年には沿岸航路から姿を消しました。

河川舟運の拡充

近世以来内陸交通を担っていた河川舟運を確保する工事も着手されました。当時利用されてきた河川航路は、全国（北海道・沖縄を除く）で一万キロ以上ありましたが、北上《きたかみ》・米代《よねしろ》・雄物《おもの》・利根《とね》・荒川《あらかわ》・信濃《しなの》・木曽《きそ》・淀《よど》・吉野《よしの》・筑後《ちくご》の水系は、五〇石《こく》以上の船舶の通行が可能で、なかでも、北上・利根・信濃・木曽・淀・筑後の水系では汽船の就航が可能でした。

一八七四（明治七）年、土木局が提出した意見書「水政改良ノ議」にはこう書かれています。

水運の便は陸路より多に居れり、本邦凡《およ》そ日用品の米麦塩噌薪炭酒醤油等、皆水運に由らざるは無く、是れ其の利害は自然全国の利害に関せり（小風一九九六）

「水運を先にし陸路を後にすべく」とした意見書が裁可されると、内務省は淀川・利根川の改修に着手し、ついで一二河川に拡大したのです。この時期に建設された筑後川下流部のデ・レーケ導流堤は一八九〇（明治二十三）年に竣工し、現在も水路として機能しています。

3　全国に広がる交通網の建設

さらに大久保は、海運網と連絡する築港、道路を整備し、全国に交通ネットワークを広げる構想を打ち出しました。大久保は、一八七八（明治十一）年三月六日に一般殖産に関する伺《うかがい》、翌七日に陸運網の整備を推進する起業公債発行の上申《じょうしん》をあいついで提出して、総合的な海陸連絡交通網の整備構想を明らかにしました。その柱が、以下の三点です。

①東北交通網の整備

②大阪―敦賀《つるが》(福井県)間の鉄道建設

③東京―新潟間の陸路の建設

それぞれ紆余曲折をへながら、次のように進められました。

東北振興の交通政策――道路開鑿・河川改修・野蒜築港

①についてみてみましょう。東北地方は、奥羽《おうう》山脈の東側は北上川、西側は最上川《もがみ》による河川舟運が発達していましたが、陸路には大きな問題がありました。

奥州街道から福島で分岐して秋田に達する羽州《うしゅう》街道は、福島・山形の県境の栗子峠《くりことうげ》が標高差五〇〇メートル余りの難所でした。また、奥羽山脈を横断する道路網が整備されておらず、地域の一体化を妨げていました。道路網整備計画は、この課題の解決をめざしました。

羽州街道と奥州街道を結びつける福島―米沢《よねざわ》間(刈安《かりやす》新道)の開鑿《かいさく》事業は、山形県令《けんれい》三島通庸《みしまみちつね》が計画し一八八一(明治十四)年に完成し

図2　万世大路栗子山隧道《ずいどう》(福島県側)　高橋由一《たかはしゆいち》画

『栗子山隧道』より。

ました(図2)。十月三日の開業式には東北巡幸《じゅんこう》中の明治天皇も臨席し、万世大路《ばんせいおおじ》と命名されました。

また、奥羽山脈を横断する新道も着工され、鬼首峠《おにこうべ》(秋田—宮城間)、津軽《つがる》街道(岩手—秋田—青森間)、国見峠《くにみ》(岩手—秋田間)、平和《へいわ》街道(秋田—岩手間)、関山《せきやま》街道(宮城—山形間)などが開鑿されました。これらの道路網は、北上川、阿武隈《あぶくま》川、米代川、雄物川、最上川などの河川水運を相互に連絡する役割をも有していました。

これら東北の交通網の集中点に位置づけられたのが野蒜《のびる》港でした。野蒜港は、北上運河によって北上川と結び、貞山堀《ていざんぼり》運河によって阿武隈川と連絡させることで、東北内陸交通網の集中点とすることが計画されました。野蒜港工事は土砂の堆積、暴風雨による突堤の破壊などの被害で中止されましたが、内務省や東北六県が進めた水運網と道路網の整備によって東北地方の運輸基盤の整備は進展したのです。

列島横断鉄道の建設

つぎに、②と③について、みてみましょう。これは、沿岸海運網の弱点である津軽海峡と関門《かんもん》海峡の大回り航路をショートカットし、本州を横断して太平洋岸と日本海岸を結ぶ内陸ルートを建設して、沿岸海運網との効率的な連携をはかる鉄道建設構想でした。

関西地方では、①敦賀—長浜《ながはま》—関ヶ原《せきがはら》—大垣《おおがき》間に鉄道を敷設し、②大津《おおつ》(舟運との連絡は馬場《ばば》駅)—長浜間は琵琶湖《びわこ》の水運(太湖《たいこ》汽船)、③大垣—四日市《よっかいち》間は揖斐《いび》川舟運で結ぶ、というネットワークにより、神戸《こうべ》、敦賀、四日市の三つの港を連絡させることを計画しました。そのうち敦賀—長浜—大垣間の鉄道は一八八四(明治十七)年に開通しました。また、関ヶ原—米原《まいばら》—馬場間と米原—長浜間が一八八九(明治二十二)年に開通して、全ルートが鉄路化されました(図3)。

関東地方では、横浜—品川《しながわ》—高崎《たかさき》間を鉄道で結び、高崎以北は清水《しみず》峠経由の道路で新潟に達するルートが計画されました。鉄道の起点をめぐって品川と上野《うえの》が争いましたが結局両方とも着工され、上野—高崎間は一八八四年、赤羽《あかばね》—品川間は八五(明治十八)年に開通しました。高崎以北の清水峠越え国道は一八八五年に完成して、横浜—新潟間に陸路が通じました。

敦賀線の開通により日本海物流は一変し、敦賀港は海陸連絡の拠点港として日本海最大の港湾へと成長しました。一方、清水峠越え国道は崩落が激しく信《しん》越《えつ》線経由に変更され、軽井沢《かるいざわ》—横川《よこかわ》間(一八九三〈明治二十六〉年)の開通で上野—直江津《なおえつ》間の

図3　関西地方の交通網

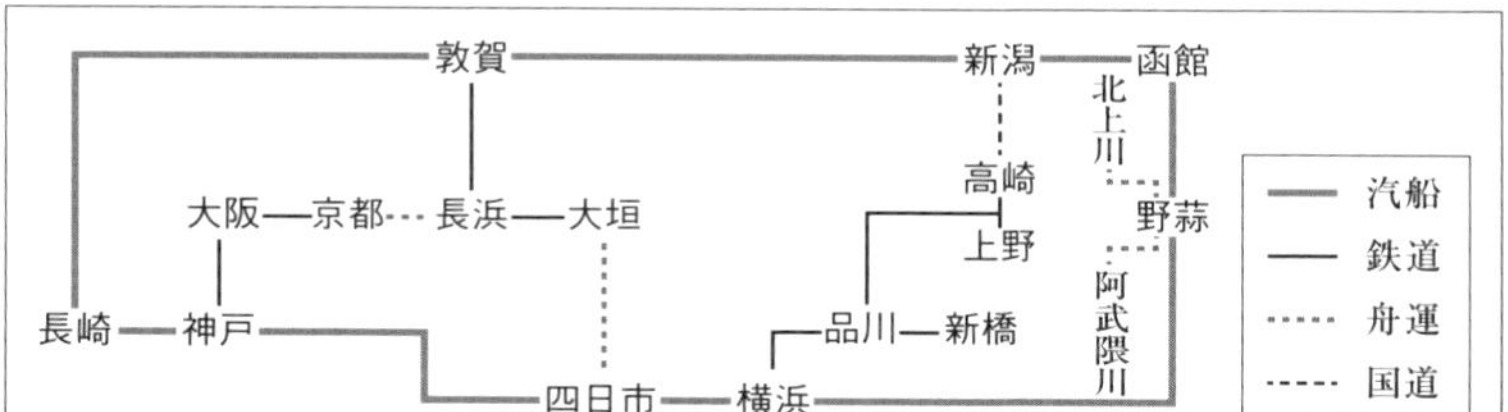

図4　全国交通網の概念図

本州横断ルートが実現しました。その後直江津―新潟間は、一八九八(同三十一)年に直江津―長岡《ながおか》間(信濃川水運に接続)、一九〇四(同三十七)年に新潟延長が実現しました。

この新交通網を図式化したのが**図4**です。関東と関西の二本の内陸ルートが太平洋岸と日本海岸を結んでいるのがわかります。この交通網は、明治十年代にほぼ形成され、二十年代に始まる日本の産業革命を支えていくのです。

4　一八七三年ウィーン万国博覧会への参加

一八七三年ウィーン万国博覧会への参加

明治政府がはじめて万国博覧会に公式に参加したのは、一八七三(明治六)年のウィーン万国博でした。参加目的は、技術の向上と輸出の増進でした。

第8講で説明したように、万国博覧会は、国家の威信をかけたイベントであると同時に、世界の情報を交流する場でした。日本は博覧会に参加することで、日本の情報を発信し、輸出に結びつけることをねらったのです。しかしそのためには、優れた製品を出品して、日本の技術の優秀さをアピールする必要がありました。

出品物の選定は、お雇い外国人のドイツ人ワグネル(**図5**)が指導しました。のちに近代窯業《ようぎょう》の父といわれるワグネルは、日本は近代工業が未発達であるため、美術工芸品を中心にしたほうがよいと判断し、陶磁器《とうじき》などの選定や技術指導を行ったのです。

その結果、瀬戸《せと》、美濃《みの》、京都、有田《ありた》、薩摩《さつま》、九谷《くたに》などから二〇〇点以上の陶磁器が出品され、有田の出品が受賞する成功をおさめました。

ワグネルは同時に、海外の先端技術を学ばせるため、各分野のプロとその後継者たち二四人を技術伝習生として派遣し、ヨーロッパで学ぶ斡旋をしています。

図５　ゴットフリード・ワグネル

岩倉使節団の視察

会期中の六月三日に岩倉使節団はウィーンに到着し、四日間にわたって博覧会を視察しました（図6）。ちなみに大久保は帰国しており、視察はしていません。

『米欧回覧実記』は、日本の出品について、厳しい目を向けています。

我《わが》日本国の出品は、此《この》会にて殊《こと》に衆人より声誉を得たり、是《これ》一は其《その》欧州と趣向を異にして、物品みな彼《かの》邦人の眼に珍異なるによる、其二は近傍の諸国に、みな出色の品少きによる、其三は近年日本の評判欧州に高きによる
其内にて工産物は、陶器の誉れ高し、其質の堅牢にして、製作の巨大なるによるのみ、火度の吟味、顔料の取合、画法の研究等、みな門戸をも窺ふに足らず、絹帛《けんぱく》の類も、其

糸質の美なるのみ、織綜《しょくそう》の法、多くは不均にして、染法は僅《わずか》に植物の仮色にてなるを以《もっ》て、光沢の潤ひなし

日本の評判がよい理由は、近年の評判の高さ(ジャポニスム)によるもので、技術力の高さ、製品の優秀さのためではない、と指摘しています。貿易という「太平の戦争」を生き残るためには、高い技術で優れた製品をつくりださなくてはならないのです。

一八七六年フィラデルフィア万国博覧会

日本が万国博に本格的に参加したのは、一八七六(明治九)年にアメリカ独立一〇〇年を記念して開催されたフィラデルフィア万国博覧会でした。日本は、一八七三年にアメリカが開催を発表するとすぐに参加を決定しました。

図6　1873年ウィーン万国博の日本列品館

大久保は、工芸品の貿易拡大をめざし、前回の準備不足への反省から、十一月に準備に着手しました。内務省の勧業寮を担当として、一八七五(明治八)年一月に事務局を設置し、同年四月にみずから事務局総裁に就任するとともに、西郷従道《つぐみち》を最高責任者として、日本家屋の専用パビリオンを建てるなど、外国政府中最大の予算で博覧会に参加したのです。

好評の陶磁器と輸出振興

出品物は、陶磁器などの工芸品が中心で、ワグネルが出品の指導にあたりました。『ニューヨーク・ヘラルド』紙は「ブロンズ製品や絹ではフランスに優り、木工、家具、陶磁器で世界に冠たる日本をなぜ文明途上と呼べるだろうか」と絶賛しています。

絢爛《けんらん》豪華な有田焼(伊万里《いまり》焼)の一対の大きな色絵三足花瓶《いろえさんそくかびん》(銘款「年木庵喜三《としきあんきさぶ》」)は、博覧会で金牌賞を獲得しました。終了後に政府がまとめた報告書で、「会場に来るもの十の七八は皆日本品を購《あがな》はざるはなし」と述べているように好評で、よく売れたのも陶磁器でした(**図7**)。

図7　1876年フィラデルフィア万国博の日本展示場

この博覧会を機に、生産と輸出とが一体となった産業政策が展開されました。工芸品は、生糸や茶、石炭などの素材とは異なる完成品の輸出であり、日本の技術力が直接反映されるだけに、陶磁器振興は、政府の殖産興業政策の軸の一つとなっていくのです。

生産促進政策は海外市場を優先して進められました。欧米の関心の動向をとらえ、海外市場の情報を定期的に日本の生産者に伝えて、海外の需要に応じた生産と販売政策を、国をあげて展開したのです。陶磁器輸出額は、一八七八(明治十二)年から七九(同十二)年にかけて倍増し、明治十年代には瀬戸の約七割が海外向け生産となりました。

5　内国勧業博覧会の開催

第一回内国勧業博覧会

フィラデルフィア博の経験を基に、大久保の発案で第一回内国《ないこく》勧業博覧会が一八七七(明治十)年八月、上野公園で開始されました。万国博覧会でつちかった政策を国内に取り入れたのです。「勧業」の二文字を冠したのは、「民産を厚殖し民業を振励する」という趣旨を明確にし、欧米技術と在来技術の出会いを奨励する姿勢を示したのです。

全国から一万六〇〇〇人余が参加し、八万四〇〇〇点余りの出品物がありました。六つの部門で審査が行われ、優秀作には賞牌・褒状などが授与されました。

ガラ紡の出品

機械部では紡織機が多くを占めましたが、外国製品の模倣や改良の段階に留まるなか、臥雲辰致《がうんときむね》の精紡機のガラ紡(図8)が注目されました。水車を動力とするガラ紡は在来産業の技術から生まれたものであり、簡便かつ風合いのある糸ができることから、「本会中第一の好発明」と評価され、賞牌中最高の鳳紋賞牌をあたえられました。以後、ガラ紡は国内に普及し、産業革命が起こる一八九〇年代まで、広く使用されるのです。

また、京都西陣《にしじん》の荒木小平《あらきこへい》が出品した木製ジャカード自動織機《しょっき》は、京都府が西陣の機業者をリヨンに留学させ、持ち帰らせた機械をベースに、フランスの技術を日本にあうように改良したもので、注目されました。

大久保は、財政的には満足できる結果ではなかった、と語っていますが、勧業政策としての有効性は認識され、以後の内国博覧会のモデルとなったのです。

また、生産技術の交流、向上をはかった共進会などの技術交流の場も積極的に設けられ、日本の産業の近代化を推進していく役割を果たしたのです。

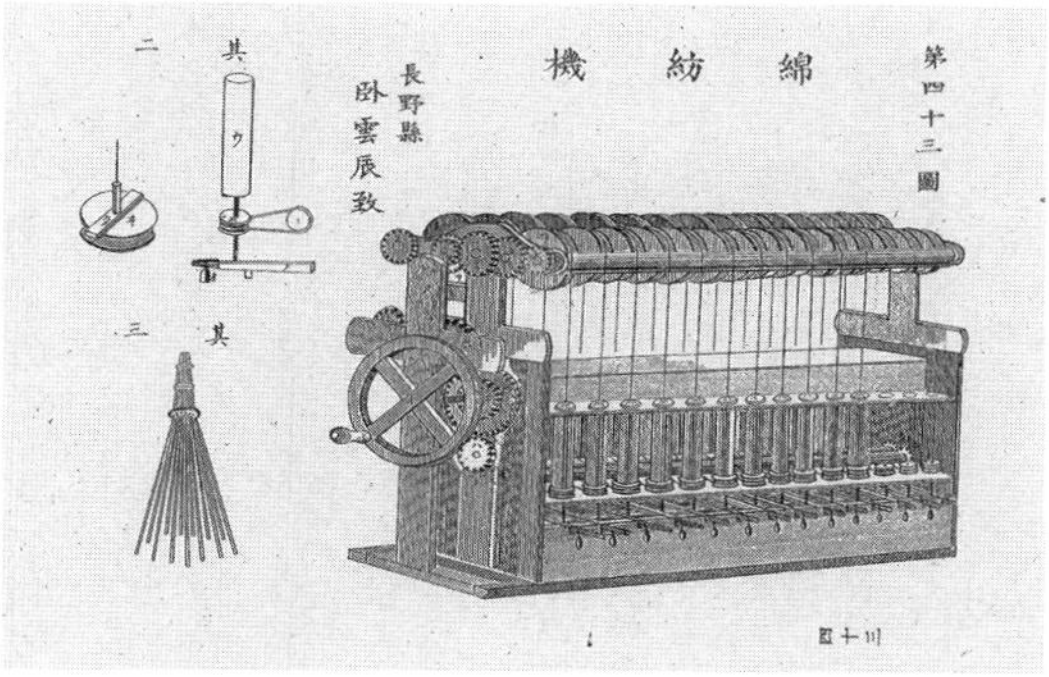

図8　ガラ紡(『明治十年内国勧業博覧会出品解説』〈1878年〉より)

講義のまとめ

一八七八(明治十一)年五月十四日朝、大久保は、福島県令山《やま》吉盛典《よしもりのり》にこう語っています。

維新《いしん》以来一〇年経過したが、昨年までの「兵馬騒擾《へいばそうじょう》」(士族反乱)もおさまり、今後の一〇年間が「内治《ないち》を整え民産を殖する」もっとも肝要な時期である。「利通不肖といえども、十分に内務の職を尽さん事を決心」している。
このあと大久保は、馬車で皇居に向かう途中、紀尾井坂《きおいざか》で不平士族《ふへいしぞく》に襲われ、殺害されました。享年四七。大久保は、もっとも熱心に取り組んだ殖産興業政策を軌道に乗せた段階で没しましたが、それらの政策は、一〇年後に到来する産業革命を準備した、ということができるでしょう。

【史料・参考文献】

勝田孫弥『大久保利通伝』下、同文館、一九一一年
松原致遠『大久保利通』新潮社、一九一二年
植田豊橘編『ドクトル・ゴットフリード・ワグネル伝』博覧会出版協会、一九二五年
勝田孫弥『甲東逸話』冨山房、一九二八年
日本史籍協会編『大久保利通文書』第四・第七、(復刻版)東京大学出版会、一九八三年
久米邦武編『米欧回覧実記』二、岩波文庫、一九七八年
吉田光邦編『図説 万国博覧会史』思文閣出版、一九八五年
野田正穂ほか編『日本の鉄道――成立と展開』日本経済評論社、一九八六年
野田正穂・老川慶喜編『日本鉄道史の研究』八朔社、二〇〇四年
國雄行『博覧会の時代――明治政府の博覧会政策』岩田書院、二〇〇五年
伊藤真実子『明治日本と万国博覧会』吉川弘文館、二〇〇八年
小風秀雅『帝国主義下の日本海運』山川出版社、一九九五年
小風秀雅「起業公債事業と内陸交通網の整備」高村直助編『道と川の近代』山川出版社、一九九六年

第11講 アジアの国際秩序と琉球問題――日・清のはざまで

講義のねらい

本講では、征韓論政変《せいかんろんせいへん》以後に大久保利通《おおくぼとしみち》が進めたあらたなアジア外交について、関連して惹起された琉球処分《りゅうきゅうしょぶん》問題と台湾出兵問題について考えます。

幕末《ばくまつ》の開国《かいこく》・開港によって日本は欧米とのあいだに、近代国際法と呼ばれる国際原理に基づいて、条約を結びましたが、清《しん》以外のアジアとは、維新《いしん》初期までは、古代以来の中国を中心とするアジアの国際関係であった華夷秩序《かいちつじょ》を前提に対処しようとしていました。

しかし征韓論政変以後、政府の実権を握った大久保利通は、対アジア外交を一新し、冊封《さくほう》体制を否定して近代国際法に基づいた国際関係を樹立することを選択したのです。これは国際関係の大転換であり、幕末以来くすぶっていた周辺諸国との関係が、大きな課題として改めて浮上してきたのです。

大久保政権のもと、台湾出兵、江華島《こうかとう》《カンファド》事件、琉球処分とあいついでアジアの国際問題が惹起されましたが、これらの問題は、すべて清を頂点とする伝統的な東アジアの華夷秩序(冊封体制)をめぐる紛争であり、清を除外して対処することは不可能でした。いずれも近世以来の入り組んだ歴史的経緯があり、一つの問題が他の問題へ波及する微妙な関係にありました。また、これらの問題は、武力衝突の危機を含んでおり、朝鮮・台湾では限定的ながらも実際に武力行使をともなったのです。

とくに琉球問題は難題でした。近世の琉球は、清の属国《ぞっこく》として冊封関係を結んでいましたが、実質的には薩摩藩《さつまはん》の支配下におかれた「附庸《ふよう》」の国でした。つまり、日中で琉球の位置付けが異なり、いわゆる「両属《りょうぞく》」の状態にあったのです。日本は、これを近代国際法の論理で「強引に」否定しようとしたのです。

今回は、「琉球処分」がどのように進められたのか、をみてみたいと思います。

なお、本講と次講では、琉球と朝鮮の問題をおもに日清《にっしん》関係の文脈で説明することとし、日琉・日朝の二国間関係については、別の機会に取り上げたいと思います。

1　複雑なアジアの国際関係

華夷秩序と琉球

古代以来、中国を中心とする東アジアの伝統的な国際関係は華夷秩序(冊封体制)と呼ばれます。世界の中心である中国を頂点(華=宗主国《そうしゅ》)とし周辺諸国や民族が臣下《しんか》として従属(夷=属国)し、擬似的な君臣《くんしん》関係(宗属《そうぞく》関係)を結ぶ、という古代以来続くアジアの国際関係で、中国が周辺国を属国としてそれらの王権《おうけん》の正統性を認め(冊封という)、周辺諸国は冊封に対する貢物をおさめる(朝貢《ちょうこう》という)ことで、安定的な国際関係を築くのです。
日本古代の遣唐使《けんとうし》などはこうした秩序のなかで派遣されましたが、一時的なもので、基本的には日本はこの秩序の外にいました。一方、琉球や朝鮮は、中央アジアや東南アジアの諸国とともにこの秩序に基づいた国際関係を中国と結んで、朝貢の利益を享受していました。

華夷秩序は上下関係を基本としている点で、国家は対等であることを原則とする近代西洋的な国際秩序(近代国際法体制)とは、まったく異質な国際関係でしたので、欧米と本格的な外交関係を結ぶようになると、二つの外交論理が併存することになりました。

清は、不平等条約により、欧米との関係では近代国際法体制を受け入れましたが、アジアとの関係では、華夷秩序を保っており、周辺諸国もそれを認めていたのです。

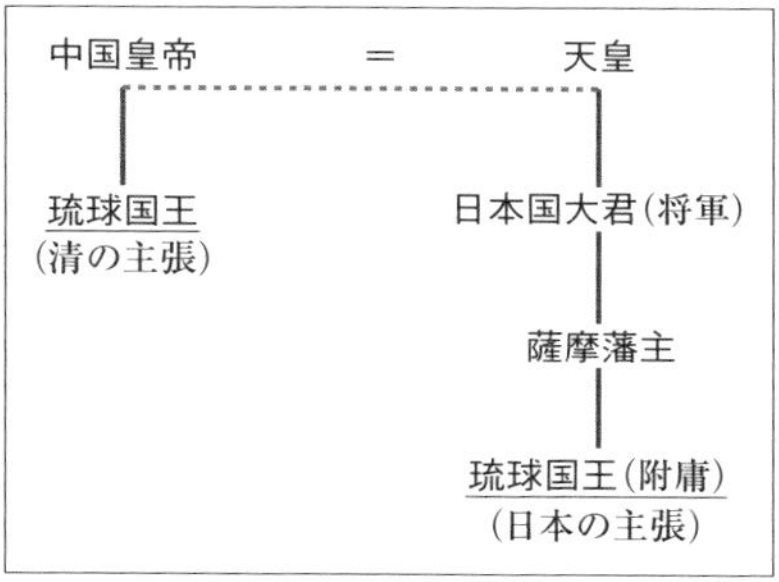

図1　抗礼関係

当時のアジアの国際関係のなかで、琉球の位置を確認しておきましょう(図1)。

琉球は、華夷秩序のなかでは清の属国でしたが、実質的には薩摩藩の「附庸」でした。ただし、「附庸」は公式の関係ではなかったので、清は認めておらず、幕府《ばくふ》も琉球が日本の属国と認識していたわけではなかったので、日琉関係は、国際的にはあいまいでした(図2)。

図2　焼失前の再建首里城　正殿《せいでん》(正面)の左が朱塗りの北殿《ほくでん》で，中国の使者を迎える建物。右側の南殿《なんでん》は，薩摩藩の接待用の白木の和風の建物。両属を象徴する配置。

維新政府初期の外交方針——琉球藩の冊封

しかし、一八七一(明治四)年の廃藩置県《はいはんちけん》によって薩摩藩が廃止されると、琉球との関係をどうするかが問題となり、七二(同五)年に、版籍《はんせき》の回収の是非、すなわち日本へ併合するか、日本が冊封して藩属を明確化するか、が論議されました。大蔵省が「版籍を収め明に我が所轄に帰し……悉皆《しっかい》内地一軌の制度に御引直《ひきなおし》」と併合を主張したのに対して、太政官左院《だじょうかんさいん》は「琉球国の両属せるを以《もっ》て名義不正となし、今若《も》し之《これ》を正し我が一方に属せんとすれは、清と争端を闢《ひら》くに至らん」との危惧を示し、「名を清に分ち与え」て、「分明に両属と見做《みな》す」べきである、と主張し、日本が琉球を冊封(史料上は「封冊」)して琉球藩を設置することで宗属関係を明確にし、日清「両属」を明確化しようとしたのです。

結局、版籍の回収は清との紛争の危険があるため、後者の主張が採用され、九月に琉球藩設置の詔《みことのり》が出されました。つまり日本は、「両属」関係の解消をはかったのではなく、「両属」関係をむしろ明確化するという、華夷秩序という伝統的な外交方式を採用したのです。

ちなみに一八七二年九月十四日に設置された琉球藩とは、廃藩置県で消滅した藩の復活ではなく、「藩属」の意味で、琉球国王であった尚泰《しょうたい》は、藩主ではなく、藩王《はんおう》と称されました（図3・4）。

ただし、一八七二年九月二十八日（明治五年十月三十日）に明治政府が琉球の外交権を回収し、琉球が幕末に欧米諸国と結んだ条約は日本が維持すると言明し、欧米に対しては日本の領有を主張しました。その意味では、清と同じような二重外交を展開したのです。

副島外務卿の渡清

一八七三（明治六）年、外務卿《きょう》副島種臣《そえじまたねおみ》は、日清修好条規《しゅうこうじょうき》の批准のために清に渡りましたが、最大の目的は、琉球に対する日本の宗主権を清に主張することでした。

日本は、琉球が日本の一部であり、一八七一年に起きた琉球漂流民が台湾で殺害された事件について、日本の国民に対する台湾の責任を問うために出兵することを説明しました。しかし清は、漂流民の問題は冊封関係に基づいて清において解決ずみである、とし、清側は琉球と日本との冊封関係を認めませんでした。

清が日本の「附庸」を認めていない以上、日清両属の主張は、逆に清側の立場を強化することになります。日清両属関係の明確化という方向を打ち出した日本の主張は、かえって琉球と清との冊封関係の

図3　琉球国王印

図4　琉球藩印

清算を困難にする、という難題を抱え込んだのです。

ただし、台湾での漂流民殺害事件について、清は、台湾は化外《けがい》の地であり清に責任はない、としたため、日本の台湾出兵を認めた、と日本は理解しました。

2 大久保によるアジア政策の転換

明治新政府は、征韓論政変まではこうした冊封体制を前提として認めつつアジア外交を展開しましたが、征韓論政変以後、政権の中枢に座った大久保利通は、それまでの外交方針を大きく転換させました。大久保の対アジア外交の眼目は、「琉球両属の淵源《えんげん》を絶《た》ち朝鮮自新の門戸を開く」こと、すなわち、琉球や朝鮮に対する冊封体制を否定し、近代国際法に基づいたあらたなアジア国際関係を樹立することを基本方針としたのです。

大久保利通の新方針

征韓論政変以後における大久保利通の琉球対策の主眼は、日清両属の関係を清算することであり、そのきっかけとなったのが一八七四(明治七)年の台湾出兵でした。

台湾出兵は、一八七一(明治四)年に起きた琉球の漂流民が台湾の先住民に殺害された事件に対して、明治政府が自国民の保護と殺害事件の問責を名目に行いました。この出兵は、殺害された漂流民は日本人であり、台湾の先住民の責任を問うことは日本の責任であると主張することで、琉球が日本の管轄のもとにあることを対外的に示そうとするものでした。

大久保は、台湾問題解決後に琉球処分を行い、日清両属関係を断つことで日本による支配を明確化させる意図を当初より示していました。その意味で、台湾出兵は、国際的には冊封体制の突きくずし策としての意味をもっていたのです。

しかし、清は台湾の領有権を主張し、出兵は日本の侵攻であるとする態度を示したため、両国関係は急速に緊張し、開戦の危機が浮上しました。同年九月、事態打開のため大久保は北京に渡りました。

大久保内務卿の渡清

日清間の論点は、台湾の領有権と琉球の所属の二点にしぼられます。このうち清が重視したのは前者であり、日本のねらいは後者でした。日本側は台湾の領有権については固執せず、撤兵の条件として派兵の正当性を中国側に認めさせることを重視したのです。

これに対して中国側は、台湾問題については領有権を主張して強硬姿勢を示しましたが、琉球の帰属に関する議論は回避しました。清は、被害者が琉球人であることを承知しており、琉球問題を度外視していたわけではありませんが、一八七三(明治六)年の交渉において副島に示した主張、すなわち琉球に対する日本の宗主権を否定するという態度を変更したのです。その結果、十月末に両国は「互換条款」に調印し、清は、被害者である「日本国属民」に対して賠償金を支払うことを受け入れました。賠償金

表1　琉球をめぐる日清の主張

	1873年	1874年
日本側	日清両属	日本領
清　側	清の属国	日清両属

を払うことは、台湾における主権が清にあることを主張するとともに、漂流民が日本の「属民」であることを認めたことになります。日本の台湾出兵に敏感に反応し台湾問題を優先したため、日本と琉球の宗属関係を黙認する方針へと転じたのです。

もとより清は、琉球に対する宗主権を放棄していません。互換条款において清は、琉球が日清両属の位置に立つことになることを黙諾したのです。この主張の変化を表にすると**表1**のようになります。

琉球処分の推進——琉清冊封関係の断絶

互換条款については、清が日本帰属を容認したとする先行研究がありますが、大久保は、清が日本領の認知、宗主権の放棄を明記しておらず、「両属の淵源を絶」っていないと認識していました。清から帰国後の十二月十五日、大久保自身が「琉球処分に関する建議書」で、

今般清国談判の末、蕃地《ばんち》御征討は同国より義挙《ぎきょ》と見認め、受害難民の為め撫恤銀《ぶじゅつぎん》を差出候《そうろう》都合に立至り、幾分か我版図《わがはんと》たる実跡を表し候へ《そうら》共《ども》、未々判然たる成局に難至《いたりがたし》、各国より異論無之《これなし》と申《もうす》場合に到兼、万国交際の今日に臨み此儘《このまま》差置候ては他日の故障を啓くも難計事《はかりがたきこと》に候

と上申したように、琉球の帰属問題に明確に決着がついたとは認識していないのです。

琉清関係を強引に絶《た》つことは日清関係を悪化させる危険性がありました。一八七五(明治八)年四月に岩倉具視《いわくらともみ》は、「今日開明の世態《せたい》に方《あた》り豈《あに》両属の臣を容《いれ》んや、然れども軽挙積弊を除かんとせば、遂に清

国に関係し不測の変を生ぜん」と、清への配慮を示しています。

しかし、一八七五年一月十二日(同治《どうち》十三年十二月五日)に清の皇帝の同治帝が死去し、二月二十五日(光緒《こうしょ》元年一月二十日)に光緒帝(図5)が即位すると、新皇帝の即位を祝う慶賀使《けいがし》の派遣問題が浮上し、状況は大きく変化しました。琉球が慶賀使を派遣して宗属関係を確認することは、清との冊封体制を維持強化することにほかならず、日本の方針が大きく後退することを意味していたのです。

そこで大久保は、慶賀使派遣問題を機に、琉球藩に清との朝貢関係を禁ずることにより、琉球と清との外交関係を断絶することに踏み切りました。大久保は五月八日に、「琉球藩御処分の儀は目今《もっこん》内外共致注視《ちゅうしいたし》候折柄《おりから》にて、慶賀使の発遣を黙止致し候ては、御国権に相拘《あいかかわ》り難被差置儀《さしおかせがたきぎ》」として、

1　清への隔年朝貢および清の皇帝即位時の慶賀使派遣の廃止
2　福州《ふくしゅう》の琉球館の廃止

図5　光緒帝（清朝宮廷画家筆）

3　琉球藩王代替わりの際の清からの冊封の廃止
4　琉球藩と清との関係は外務省に移管する

などからなる処分案を示しました。福州琉球館の廃止と琉球藩王代替わりによる冊封廃止については不急のこととしており、即時完全断交を命じてはいませんが、琉球の外交権の回収を明記し、両属関係を清算する方向を明示したのです。

一八七五年における琉清間の冊封関係を断絶させる外交措

置は、七九(明治十二)年における全面的な琉球処分(琉球藩の否定と沖縄県の設置)の前段階にあたるものであり、いわば第一次琉球処分であったといえるでしょう。

琉球と清の抵抗

こうした措置は、日本の国内問題であるとして、清には通告されませんでした。

しかし琉球は、一方的に清との関係を解消することは国際信義に反するとして反論し、政府当局に直接国交断絶命令の撤回を請願し続けたほか、一八七六(明治九)年十二月に尚泰が密使を福州《ふくしゅう》に派遣するなど、清にも働きかけたのです。この問題が日清両国の外交的問題として浮上したのは、一八七七(明治十)年四月に琉球国の密使が福州に到着して朝貢阻止の非を訴えたため、清が初代駐日公使何如璋《かじょしょう》に交渉を命じた時でした。

一八七八年九月三日、何公使は寺島宗則《てらしまむねのり》外務卿を訪問して、琉球とのこれまでの宗属関係を主張し、進貢停止の措置の撤回を要求しました。しかし寺島は「近来にては独立の渉力を保たざる者は他国に併有せらるるの患有之《わずらいこれあり》……もはや同国にては外交をなすに不及《およばず》」と回答し、琉球の日本帰属の必然性を主張したのです。これに対して、十月七日、何公使は寺島外務卿に宛てて、「琉球は元清国の藩属自治の国」であるのに、日本は「隣交に背き、弱国を欺き、此不信、不義、無情、無理の事を為すか」などの激しい文言で、琉清間の宗属関係を清に無断で一方的に廃止した日本を非難したのです。

さらに一八七九(明治十二)年三月十一日、琉球処分(第二次)が実施されると、清の総理《そうり》各国事務衙門《かっこくじむがもん》

（総理衙門）は日清修好条規第一項の「両国属地相侵越せさるの盟約」に抵触するとして、五月十日、宍戸璣《ししどたまき》駐清公使に抗議し、さらに同二十日には、琉球の廃藩置県を承認しがたい、と何如璋を通じて日本政府に直接抗議したのです。

清にとっては琉球との宗属関係の断絶は属国の喪失であり、単に琉球だけの問題にとどまらず、インドシナや中央アジアなどの他地域における冊封関係においても動揺を起こしかねない、中華帝国の威信、東アジア国際秩序の根幹にかかわる重要問題だったのです。

沖縄県の設置（琉球処分）

しかし、日本政府はその翌年の一八七九年三月に内国化の処分を敢行し、琉球藩の廃止と沖縄県の設置を断行しました。同年四月四日の鍋島直彬《なべしまなおよし》の沖縄県令任命と五月の尚泰の首里城《しゅりじょう》明け渡しは、清から冊封された尚泰の王権を否定し、一八七五年の外交面における華夷秩序の否定に続いて、内政面においても完全に清との宗属関係を清算したのです。

琉球処分にあたって、日本は「我政府自主の公権に依《よっ》て処分する所にして、毫《ごう》も他邦の干渉を容る可《べ》きに非らず」として、一切清との会談を行いませんでした。日朝修好条規の際にあらかじめ清と会談して、日本の立場を説明したのとは対照的な態度でした。

しかしこうした姿勢は、当然ながら清との関係を悪化させることとなりました。一八七九年六月、前福建巡撫《ふっけんじゅんぶ》の丁日昌《ていじつしょう》は、軍備が整ったのちに開戦を主張する上奏《じょうそう》を提出し、秋にはヨーロッパで日清開戦の風評が広がり、イギリスやドイツが軍艦を派遣することを検討する事態となったのです。その後、前アメリカ大統領のグラントの仲介により、琉球問題をめぐって日清間で協議が進められました。清の主張は、琉球列島の一部変換による琉球国の復国でした。

清は琉球の宗主権の問題だけでなく、「日本の琉球を占有するあらば、恐らくは又延て台湾に及ぶべし」と問題が台湾へ波及すること、また「太平洋の互市《ごし》上欠く可からざる要路《ようろ》……故《ゆえ》に此等《これら》諸島を占領するものは、直ちに支那《しな》の互市を障碍《しょうがい》するを得べし」という通商への悪影響なども危惧したのです。

琉球国の復活をめぐる会談に応じたことから、日本が琉球処分を見直す可能性があったことを読みとることもできるでしょうが、復国の範囲などで両国の主張はかみあわず、清内部でも方針が揺れ動くうちに、壬午《じんご》・甲申《こうしん》政変により朝鮮問題が緊迫化するなかで、交渉は途絶したのです。清にとっては、朝鮮問題のほうが、はるかに重要でした。

こうして琉球問題は、清の後退により事実上立消え状態となったまま日清戦争を迎え、最終的に清は琉球の宗主権を放棄したのです。

講義のまとめ

明治初期は、日本の対アジア外交が、東アジアの伝統的な国際関係である冊封体制から、万国公法《ばんこくこうほう》に基づく近代西洋的国際関係へと転換する重要な時期で、琉球処分はこの転換を世界に示すものでした。

一八七四(明治七)年の台湾出兵と大久保の対清交渉以後、日本は東アジアにおける万国公法的論理の体現者として行動していきました。以後、日清関係の基調は宥和から緊張へと転じ、周辺地域に対する外交的・政治的影響をめぐって対立を深めていくことになります。

日本と欧米との国際関係の変化により、それまで一〇〇〇年以上続いてきた、アジアの諸国間の国際関係は大きく変化したのです。

また、琉球処分と台湾出兵は、清と欧米列強《れっきょう》との関係にも大きな影響をもたらしました。フランスによる安南《あんなん》ベトナムの保護国化とトンキンからの清軍の退去をめぐる対立、ビルマにおけるイギリスの勢力扶植とチベットへの通商交渉、中央アジアにおけるムスリム(イスラム教徒)の蜂起とロシアの新疆《しんきょう》占領など、属邦をめぐる国際的な紛争があいつぎ、冊封体制は大きく動揺し、弱体化していったのです。

【史料・参考文献】

明治文化資料叢書刊行会編『明治文化資料叢書』4、外交編、風間書房、一九七二年
沖縄県教育委員会編『沖縄県史』一五、資料編五雑纂二、琉球政府、一九六九年
大久保利通「琉球処分に関する建議書」日本史籍協会編『大久保利通文書』第六、(復刻版)東京大学出版会、一九八三年
石井孝『明治初期の日本と東アジア』有隣堂、一九八二年
浜下武志『朝貢システムと近代アジア』岩波書店、一九九七年
安岡昭男『明治前期大陸政策史の研究』法政大学出版局、一九九八年

西里喜行『清末中琉日関係史の研究』京都大学学術出版会、二〇〇五年
波平恒男『近代東アジア史のなかの琉球併合——中華世界秩序から植民地帝国日本へ』岩波書店、二〇一四年
小風秀雅「華夷秩序と日本外交」明治維新史学会編『明治維新とアジア』吉川弘文館、二〇〇一年
小風秀雅「冊封体制と不平等条約体制」荒野泰典・小風秀雅・貴志俊彦編『「東アジア」の時代性』溪水社、二〇〇五年
小風秀雅「冊封体制をめぐる日清外交」森田朋子・小風秀雅編『講座　明治維新6　明治維新と外交』有志舎、二〇一七年

第12講

朝鮮開国をめぐる国際関係――華夷秩序の最終段階

講義のねらい

本講では、琉球《りゅうきゅう》問題とならんで、近代日本最大のアジア外交の難問題であった朝鮮問題について考えます。

朝鮮においても、華夷秩序《かいちつじょ》をめぐって琉球と同様の問題がみられました。朝鮮問題は日清《にっしん》間の国際問題でもあり、同時に欧米列強《れっきょう》と華夷秩序そのものの関係の緊張化という問題でもありました。

朝鮮は華夷秩序の原理では清の属国《ぞっこく》として位置づけられていましたが、実態は自立した国家として存在していました。しかし日本による朝鮮開国問題が浮上するに従って、儀礼的なものであった関係は変化を始め、一八七〇年代以降、清の朝鮮への関与はしだいに強化されていきました。

では、三国の関係はどのように展開し、欧米列強はどのように関与したのでしょうか。

1　明治維新当初の日朝関係

朝鮮の国交拒否

日本と朝鮮は、近世には「通信関係」という外交関係を結んでおり、将軍の代替わり時に、朝鮮が通《つう》信使《しんし》という使節を派遣する友好的な関係にありました。

一八六八(明治元)年、明治新政府は新政権の成立を知らせる国書を朝鮮国王に送り、修好《しゅうこう》を求めました。しかし、欧米に鎖国《さこく》政策をとっていた朝鮮は、明治政府の欧化をきらい、また前例を破るとして国書を受理しなかったため、両国の関係は緊張したのです。

国書には、中国皇帝にしか使用が許されていない「皇」や「勅」の字が天皇に対して使用されており(書契《しょけい》問題)、清を宗主《そうしゅ》国とあおぐ朝鮮にとっては受け入れがたかったのです。朝鮮にとっては、この国書を受理することは、華夷秩序のうえでは中国皇帝と天皇が対等の関係となり、朝鮮国王は日本に対して一段低い関係を強いられることを意味していました。

一方、日本にすれば、朝鮮が国書の受理を拒否したことは、明治新政府を認めないことを意味しており、朝鮮との国交回復は、新国家の正統性を確立するうえで必須条件でした。両国の紛糾はしだいに激しくなり、やがて征韓論《せいかんろん》へと発展していったのです。

副島種臣の方針──日清修好条規と朝鮮開国

とはいえ、一八七三(明治六)年までは日本は、清と朝鮮とのあいだの宗属関係を認めた外交を展開していました。廃藩置県《はいはんちけん》とともに、朝鮮との外交を外務省の所管とした外務卿《きょう》副島種臣《そえじまたねおみ》は、冊封《さくほう》体制の論理を援用して清との衝突を回避しつつ、清・朝鮮の宗属関係を前提に日朝の疑似的両属関係を認めさせるという形で、朝鮮との問題を解決しようとしました。琉球における両属関係の明確化と同様、むしろ冊封関係を利用した外交を展開したのです。

一八七一(明治四)年に日本は清と日清修好条規《じょうき》を締結しましたが、この条約は日清両国の対等を規定していました。

一八七三年、日清修好条規の交換のため、清に派遣された副島外務卿は、清国皇帝に謁見《えっけん》した際、大《たい》礼服《れいふく》という洋服を着用し、臣下《しんか》の礼である三跪九叩頭《さんききゅうこうとう》を拒否して一カ月の交渉の末欧米と同様の立礼を認めさせ、対等の外交儀礼を貫きました。

この条約には、日清の対等だけでなく、朝鮮問題を打開する効果も期待されていました。国書において書契の文字の使用を清に認めさせるなど、儀礼上でも日清対等を朝鮮にアピールしたのです。日清が対等の条約関係を結ぶことで、華夷秩序における抗礼《こうれい》関係(上下関係のうち誰と誰が対等になるのか)のうえで、清国皇帝と日本の天皇は対等な地位を占めることとなり、清と宗属関係(君臣《くんしん》関係)にある朝鮮は日本に対しても同様に一段さがった礼をとることになる、として、冊封体制を利用して国交問題を打開しようとしたのです。

副島の使清の情報は、清から朝鮮に伝えられ、間接的に日朝関係に影響をおよぼしました。しかし、副島訪清の直後に征韓論が破裂したため、問題は先送りされたのです。

2 大久保利通の戦略

大久保利通のアジア戦略

朝鮮問題をめぐる征韓論論争は、内治と外征という政策上の対立である、とするのが通説ですが、対立点はもっと広範囲にわたっており、アジア外交において冊封体制を認めるか否か、という論点も重要でした。大久保の征韓反対論を分析すると、複雑な外交環境におかれているなかで、朝鮮問題を優先することへの懸念という性格が強かったのです。

大久保は「未だ俄《にわか》に朝鮮の役《えき》を起す可《べか》らずとする」理由として、「北方に地方を占め、兵を下して樺《から》太《ふと》に臨み、一挙して南征するの勢」にあるロシアの介入の危険性が高いことを指摘しています。朝鮮出兵には十分なロシア対策、すなわち樺太問題の解決が先決であることを主張しているのです。

第11講に記したように、征韓論政変《せいへん》当時の日本は、アジアにおける三つの困難な外交問題に直面していました。樺太・千島《ちしま》の国境問題、朝鮮開国問題、琉球帰属問題、の三問題を同時に解決することは不可能であり、優先順位をつける必要が生じたのです。

清との関係では、日本にとっては琉球問題のほうが先決であり、朝鮮問題で清との関係が悪化することを避けなければなりません。また、朝鮮に対する強硬手段はロシアの介入を招きかねず、ロシアの不介入を確認する必要がありました。つまり朝鮮問題は、それらが解決したあとでしか着手できないのです。

大久保は、これらの問題に、緊急度に応じて、①琉球問題、②樺太問題、③朝鮮問題、の順で取り組み、一八七四(明治七)年の台湾出兵と日清交渉、七五(同八)年の樺太千島交換条約、七六(同九)年の日朝修好条規、によって順次解決していきましたが、朝鮮問題が後回しにされたのは、もっとも困難で微妙な問題だったからでした。

征韓論以後アジア外交を主導した大久保の対韓基本方針は、一八七四年七月七日に示された「朝鮮自新ノ門戸ヲ開ク」こと、すなわち、朝鮮における冊封体制を清算し、近代国際法に基づくアジア国際関係を樹立するところにありました。しかし、冊封体制との共存を意図した副島外交からの転換は、必然的に日清間に緊張が生じるでしょう。

大久保の対朝鮮方針は、融和的な方向に転換しました。すなわち、征韓論のような挑発的な姿勢ではなく、近世における通信関係をふまえて、友好の誠意をつくすことであり、朝鮮側が受け入れやすい交渉の糸口をつかもうとする、地道な政策でした。

樺太千島交換条約と江華島事件

一八七三年、皇帝の高宗《こうそう》が、保守的な大院君《たいいんくん》《テウォングン》にかわって親政《しんせい》を開始したことにより、日朝交渉は順調に進み始ました。しかし一八七五年に入ると、朝鮮国内の内訌《ないこう》を受けて交渉はふたたび頓挫しました。朝鮮側は、日本の国号に「大」を付すことに異論を唱え、朝鮮側国書に清国年号の使用を求めるなど、藩属を意識した主張を展開したのです。

これに対して、日本は周辺環境を整えるため、まずロシアの干渉を回避する政策をとりました。一八七四年に旧幕臣《ばくしん》であった榎本武揚《えのもとたけあき》を駐露全権公使に任命し、幕末《ばくまつ》の日露和親《にちろわしん》条約では日露雑居の地として国境が定まっていなかった樺太の国境画定問題に取り組ませました。

しかし榎本派遣の隠された意図は、ロシアが朝鮮問題に介入しないことを確認することでした。ロシアとの交渉中、榎本は朝鮮問題に関するロシアの意向について情報を収集しています。一八七四年十一月二十二日の寺島宗則《てらしまむねのり》外務卿宛の文書では、「万一朝鮮と我国《わが》と戦争起るとも魯《ろ》は必ず立入らざるべし」との観測を示しています。また、条約締結直前の一八七五年四月十日、ロシアは沿海州の経営も不十分であり「朝鮮国杯《など》の義にては本邦人の推察する程の深意は差詰《さしづ》め無之《これなき》様子に相見候《あいみえそうろう》」とロシア不介入の見通しを報告しています。そして一八七五年五月七日における樺太千島交換条約の締結によって、日露国境問題を解決させるとともに、日本が対朝交渉姿勢を改める環境が整ったのです。

条約締結の情報は、急電により九日か十日には日本に到着したと思われます。これを受けて日本は、数週間後に測量を名目に雲揚艦《うんようかん》を朝鮮に派遣しました。さらに八月二十二日、東京で樺太千島交換条約が調印され即日批准されると、九月二十日に江華島《こうかとう》《カンファド》事件を惹き起こしたのです。しかしその後三カ月のあいだ、日本側はなんらの外交行動を起こさず、朝鮮側の対応を静観する一方で、あらたな交渉の可能性を追求しました。

列強が注視するなか、遣韓特派大使には木戸孝允《きどたかよし》が任ぜられましたが発病のため、かわって黒田清隆《くろだきよたか》が十二月九日に全権弁理《べんり》大臣に任ぜられました。

清の仲介

日朝交渉の過程において、清との交渉は大きな鍵を握っていました。朝鮮側が清との宗属関係を理由にこれに応じない状況を打開するためには、清の介入が必要だったのです。これまで仲介を拒否していた清も態度を変更しました。
十一月に駐清特命全権公使に任ぜられた森有礼《もりありのり》は朝鮮問題において「清朝政府をして隣国の交誼に由《よ》り、之《これ》に諭さしむる」との方針を示しましたが、同時に、万国公法《ばんこくこうほう》上の独立国として「公平の条理」に基づいて交渉すべきである、と述べています。一八七六年一月二十四・二十五日における北洋大臣李鴻《りこう》章《しょう》との会談で、森はこう発言しています。
条約(日清修好条規)中に朝鮮は貴邦の属国たる旨を明示せる条款あるを見ず、之に反して我政府は終始朝鮮を独立不羈《ふき》の国と看做《みな》し、現に独立国を以《もっ》て彼を待せり(『日本外交文書』第九巻)
これに対して李は、「朝鮮は清の属国なり、故《ゆえ》に条約に掲げある属地の一」としつつも、「朝鮮は清国の属隷にして、貴我の条約に基き貴国の為に属国視せらる可き者の一たり」と、日清修好条規により日朝間に疑似的な宗属関係が発生していることを認めました。さらに、日本の要求が、「朝鮮より我国威相当の礼を尽さん事」と「朝鮮海にて我船人救護のため必須の方法を尽さん事」ならば、「朝鮮も亦その計画を変ぜざる可らず」として、朝鮮に対日開国《かいこく》を勧告する、としたのです。

ただし、朝鮮の独立を認めたわけではなく、冊封関係をめぐって琉球問題と同様の食い違いがみられる点は注意すべきです。

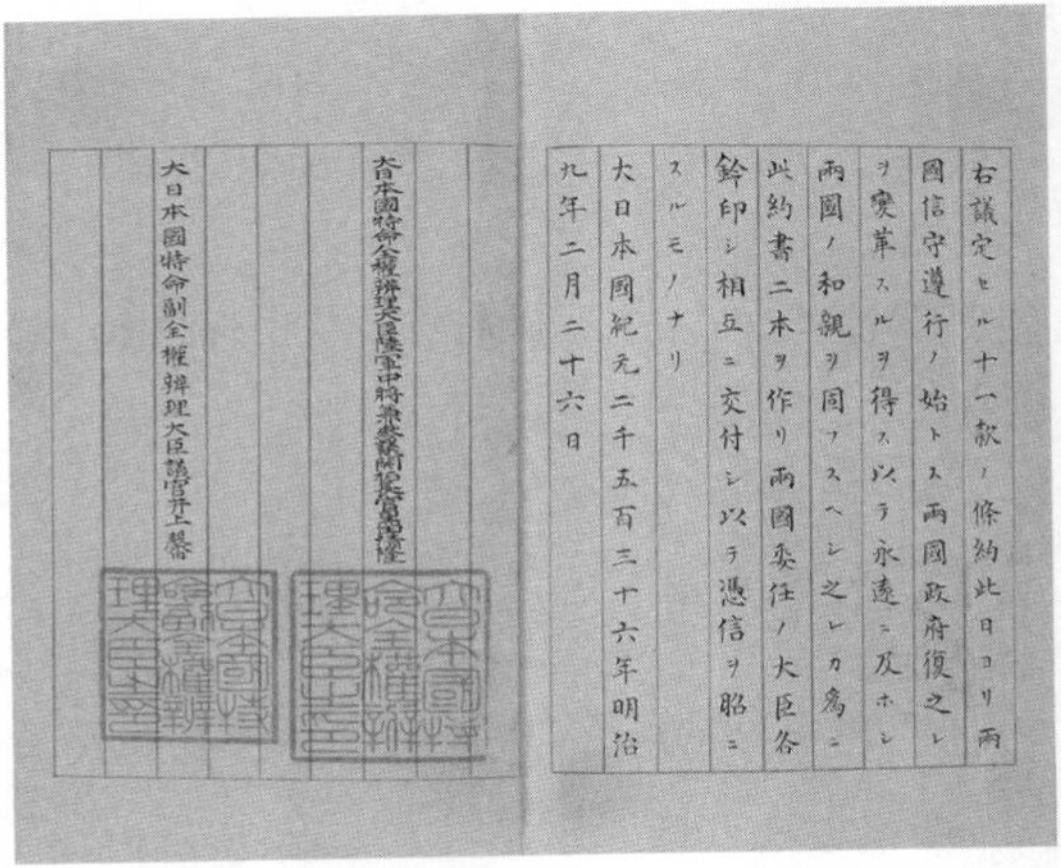
右議定セル十一款ノ條約此日ヨリ両國信守遵行ノ始トス両國政府復之レヲ變革スルヲ得ス以テ永遠ニ及ホシ両國ノ和親ヲ固フスヘシ之レカ為ニ此約書二本ヲ作リ両國委任ノ大臣各鈐印シ相互ニ交付シ以テ憑信ヲ昭ニスルモノナリ

大日本國紀元二千五百三十六年明治九年二月二十六日

大日本國特命全權辨理大臣陸軍中將兼參議開拓長官黑田清隆

大日本國特命副全權辨理大臣議官井上馨

図1 「日朝修好条規」

日朝修好条規の締結

日朝交渉は江華府において一八七六年二月十一日から開始されました。日朝交渉が開始された翌日の二月十二日には、清から朝鮮に開国を勧告した旨の書簡が森に届けられました。清に朝鮮を説得させる戦略は成功したのです。

交渉について日本は欧米列国に対して、「コモドールペルリが下田《しもだ》に来る如《ごと》きの処置」として、「平和の主意」による交渉であると説明しました。華夷秩序を排し、朝鮮とあらたな外交関係の構築をめざす大久保の方針によるものでした。

こうして、一八七六年二月二十七日(条約では二十六日)、日朝修好条規が締結されました(図1)。

日朝修好条規は、その第一条で朝鮮が「自主の邦」とされていることはよく知られていますが、締結の日付も「大日本国紀元二千五百三十六年」、「大朝鮮国開国四百八十五年」とし、清の年号を使用していません。「朝鮮自新」の道、すなわち清を排除し、近代国際法に基づく独立国同士の外交関係の樹立を表明したのです。

条約締結直後の一八七六年三月二十七日、朝鮮との交渉を担当してきた外務省の森山茂《もりやましげる》はイギリス公使パークスに対し、この条約が万国公法＝近代国際法に則っており、列強の利害を代弁した、としてこう発言しています。

交渉の成功はまったく、日本全権がとった確乎たる率直な調子に帰せられる。東洋の外交ではなく、西洋の外交のルールに従って獲得しようと欲しないことは何も求めなかった。他面、全権は朝鮮が容易には与えられないものを何も求めなかった。

冊封体制の否定、国際公法の遵守、が日本外交の建て前であることを明示したのです。

3 欧米と朝鮮

欧米の関心――朝鮮の植民地化への危惧

森山の発言にもみられるとおり、大久保の外交政策の背後には、列強への配慮が存在していました。では、列強の朝鮮への利害・関心とはどのようなものであったのでしょうか。

征韓論直前の一八七三年二月十九日、駐日イギリス代理公使ワトソンはグランヴィル外相に宛てた公信で次のように述べています。

朝鮮半島は、中国と日本における外国貿易の主要な中心地の間に介在しているので、当然の帰結として、海軍力を有する国が朝鮮を占領するならば、その国は、日本のみならず中国における外国権益に大きな影響を及ぼし得る、ということになります。従って、朝鮮の領有は、日本や中国に利害関係を持つ国々にとって極重要な問題です。

よって、朝鮮にロシア植民地《しょくみんち》の起るのを予防することが、中国及び日本と貿易関係のある他の諸国の利益であるとみなされるとすれば、朝鮮を外国との条約関係に引き入れることによって、そういう出来事はよりよく防げる、ということになるように思われます。（広瀬）

オールコックが『大君《たいくん》の都《みやこ》』で主張していた論理である、条約システムの植民地化防止機能について指摘し、日朝交渉の行方に関心を示していたのです。

ロシア以外の列強にとって、朝鮮の開国はロシアに対抗する外交的手段をえたのです。つまり、日朝修好条規は、イギリスにとって、ロシアに対抗する外交的手段をえたという点において、国益と合致していたのです。ロシアの朝鮮侵出を牽制する役割を日本が果たしたのでした。

一八七四年の台湾出兵以後、日本は東アジアにおける万国公法的論理の体現者として行動していきました。そしてそのことは、日清関係の基調が宥和《ゆうわ》から緊張へと転回することを意味していました。以後、日本と清はおもに朝鮮における外交的・政治的影響力の強化をめぐって対立を深めていくことになるのです。

朝鮮の対欧米開国

開国後、高宗は国内の開化《かいか》派を登用し、親日的な近代化政策を進めました。日本による朝鮮の開国は、やがて欧米諸国との条約締結につながっていきました。

欧米列強のうち、最初に朝鮮との通商条約を締結したのはアメリカでした。一八七九年に訪中した元アメリカ大統領グラントと会談した李鴻章は、翌八〇年八月、天津《テンシン》でアメリカ使節と会談し、朝鮮に宛てて次のような書簡を送って、開国をうながしました(図2)。

図2　グラントと李鴻章(1879年)

しかし皮肉にも、清が、欧米と朝鮮との条約締結を考えるようになったのは、日本の琉球処分が波及することを恐れたことにありました。一八七九(明治十二)年八月に李鴻章は、欧米との条約締結による日本の牽制を唱え、朝鮮が欧米との条約関係に入らないと日本に侵略される恐れがある、として、日本の琉球併合が朝鮮に波及することを回避するため、欧米と条約を締結すべきである、と主張したのです。

こうして、朝鮮は条約受入れへ方針を変更し、一八八二年五月、朝米条約の締結に漕ぎ着けました。交渉では当然ながら、清の宗主権を条約に盛り込むか否か、が論点となりましたが、アメリカはこれを受け入れず、条約に宗属関係は明記されませんでした。しかし、その後行われたイギリスとドイツとの交渉は本国が承認せず、フランスとの交渉は、キリスト教布教禁止問題で合意せず、条約締結交渉は打ち切られたのです。

しかしこうした膠着《こうちゃく》状況は、一八八二年七月に勃発した壬午《じんご》軍乱以後に一変しました。朝鮮の軍人による反日クーデタにより、日本の勢力が後退する一方で、欧米列強との通商条約が、朝英・朝独(一八八三年十一月)、朝伊(一八八四年六月)、朝露(一八八四年七月)とつぎつぎに締結されたのです。

甲申政変と日本の後退

朝鮮が条約体制に組み込まれたことにより、これまで朝鮮問題の当事者が日・清・韓のアジアの三国に限られていた状況が一変しました。

第一に、ベトナムにおいて清とフランスとのあいだに武力衝突が起こり、冊封体制維持のために一八八四年八月二十六日に清がフランスに宣戦を布告して清仏《しんふつ》戦争が勃発しました。その結果、清はベトナムに対する宗主権を放棄し、清の属国は朝鮮のみとなり、清は相続関係の強化を進めたのです。

第二に、一八八四(明治十七)年十二月四日に勃発した甲申《こうしん》政変によって、日清両国が本格的に朝鮮に派兵し軍事衝突が起こり、日本と結んで朝鮮の近代化をはかろうとする急進的開化派の勢力は急速に衰え、日本の影響力は後退したのです。

翌一八八五(明治十八)年三月十六日、『時事新報』は、社説として有名な「脱亜論《だつあろん》」を掲載しました。

無署名ですが、筆者は福沢諭吉《ふくざわゆきち》とされています。脱亜論は、「日本人のアジア蔑視・脱亜入欧の代表的言説」ととらえられていますが、福沢自身は「脱亜」という言葉はそれまで一度しか使用しておらず、「入欧」は一度も使用していません。

福沢は、一貫して朝鮮の開化派を支援していましたが、甲申政変はその開化派の勢力が朝鮮から一掃された政変であり、日本の後退は、清の影響力の強化につながります。日本の助力による朝鮮の文明開化の構想が破綻したのです。近代政治史研究者の坂野潤治《ばんのじゅんじ》は、「脱亜論」は、開化派援助による朝鮮の近代化の挫折を逆説的に表現した福沢の「敗北宣言」である、としています。いわば負け惜しみでした。

講義のまとめ

列強のアジア進出により、清の周辺地域における植民地化が進行するなかで、朝鮮に対する清の宗主権は、強化されていきました。これに対して日本は、甲申政変で朝鮮における勢力を失い、清の力の前に挫折せざるをえませんでした。一方、欧米列強は条約を締結して、関与を強めていったのです。

琉球と朝鮮をめぐる日清間の対立により、東アジア情勢はふたたび緊張状態に陥りました。とくに朝鮮における対立は、壬午・甲申の両政変をへて、日清開戦にいたるまで続くのです。

【史料・参考文献】

外務省編『日本外交文書』第9巻、日本国際連合協会、一九五五年
田保橋潔『近代日鮮関係の研究』上、朝鮮総督府中枢院、一九四〇年
広瀬靖子「江華島事件の周辺」『国際政治』三七、一九六八年
彭澤周「江華島事件をめぐる諸問題」『明治初期日韓清関係の研究』塙書房、一九六九年
姜在彦『朝鮮の攘夷と開化』平凡社、一九七七年
石井孝『明治初期の日本と東アジア』有隣堂、一九八二年
糟谷憲一「近代的外交体制の創出――朝鮮の場合を中心に」荒野泰典ほか編『アジアのなかの日本史Ⅱ 外交と戦争』東京大学出版会、一九九二年
安岡昭男『明治初期日清交渉史研究』巖南堂書店、一九九五年
高橋秀直『日清戦争への道』東京創元社、一九九五年
糟谷憲一『朝鮮の近代』山川出版社(世界史リブレット43)、一九九六年
浜下武志『朝貢システムと近代アジア』岩波書店、一九九七年
安岡昭男『明治前期大陸政策史の研究』法政大学出版局、一九九八年
坂野潤治『近代日本とアジア　明治・思想の実像』ちくま学芸文庫、二〇一三年
小風秀雅「華夷秩序と日本外交――琉球・朝鮮をめぐって」明治維新史学会編『明治維新とアジア』吉川弘文館、二〇〇一年
小風秀雅「冊封体制と不平等条約体制」『「東アジア」の時代性』溪水社、二〇〇五年
小風秀雅「冊封体制をめぐる日清外交――明治10年代の琉球・朝鮮をめぐって」明治維新史学会編『講座明治維新6　明治維新と外交』有志舎、二〇一七年

第４章　文明国の条件

楊洲周延《ようしゅうちかのぶ》画
「憲法発布二重橋出門図」
（1889年）

皇后の洋装は，日本が西洋と同質の「文明国」であることを示すうえで不可欠でした。

２月11日，憲法発布式に皇后は，ダイアモンドの王冠をつけバラ色の中礼服で臨席しました。その後観兵式に向かうとき，皇后ははじめて天皇と同じ馬車に乗られました。

これは，当時の国民にとっては驚きの出来事でした。皇后が天皇と一対の夫婦として，洋装で国民の前にあらわれたのです。

それまでの伝統を打ち破って，皇室が「妻の地位に対する西洋的な考え方を公式に採用した」ことが，如実に示されたのです。

第13講

領事裁判権の壁――困難な条約改正

講義のねらい

岩倉使節団《いわくらしせつだん》以後、日本は積極的な外交へと転じました。その先陣を切ったのが、任国に常駐して、国家を代表して外交交渉を行う特命全権公使に任じられた外交代表でした。外交交渉の相手は、東京の駐日外交団と欧米の本国外務省とに二元化したのです。在外公館の機能を充実させた成果はすぐにあらわれたことは、第9講で述べたとおりです。

そして、列強《れっきょう》が協調して要求する、内地旅行権の承認(内地開放《ないちかいほう》)問題(第4講参照)は、領事《りょうじ》裁判権廃止と同時に解決するべきであると、日本側は主張しました。いよいよ日本は、不平等条約の本体である、領事裁判権と協定関税、という不平等条項の改正に取り組む段階へと進んだのです。

岩倉使節団の対米交渉で明らかになったように、不平等条約の改正は、片務的最恵国待遇《へんむてきさいけいこく》の存在により、締結国すべての同時承認が必要でした。本講では、寺島宗則《てらしまむねのり》や井上馨《いのうえかおる》によって進められた条約改正交渉で、改正をめぐってどういう点で対立したのか、また交渉の内容がどのように変化していったのか、という点をおもに扱います。

1　問題の整理

本格的な条約改正交渉が開始される以前、不平等条項の問題がどのような状況にあったのか、を整理しておきましょう。どちらの問題も、不平等条項そのものにかかわる問題であるにもかかわらず、列強の協調はくずれつつあったのです。

領事裁判権の一部廃止——樺太千島交換条約

領事裁判権問題では、樺太千島《からふとちしま》交換条約で地域的な限定はあれ、廃止されたことが注目されます。幕末《ばくまつ》に締結された日露和親《にちろわしん》条約では、樺太の領有権が未定で日露雑居であったため、領事裁判権に関しては、たがいに自国民に領事裁判権をもつ近世以来の双務的な規定であり、他の条約とは異質な内容でした。しかし、一八七五(明治八)年に締結され国境が画定した樺太千島交換条約の第五款で、

各民は並共に其《その》保護を受くる政府の支配下(ヂュリスヂクション)に属する事

と規定され、樺太ではロシア法、千島では日本法に従うことが規定されて、限定された地域でしたが、領事裁判権の撤廃が実現したのです。

樺太千島交換条約は単なる領土交換問題にとどまらず、日本の国際法的地位に変化が生じたことを意味していました。その意味で条約改正への起点として位置づけることができるでしょう。またこの条約

は、特命全権公使に任じられた榎本武揚《えのもとたけあき》(図1)が一年余りロシア本国外務省と直接交渉を行い、調印にいたった最初の事例でした。

図１　榎本武揚

関税自主権の承認――日米条約

関税自主権問題は、アメリカと岩倉使節団との交渉でいったん合意したものの、片務的最恵国条項の無理解から、交渉中断に追い込まれました。しかしその後もアメリカの姿勢は変わらず、一八七五年十月、日本の関税自主権を認めると伝えてきたのです。

寺島外務卿《きょう》は一八七五年十一月、「我《わ》が国現在の状態では、国権の全復は困難であり、可能な限りの回復を目的とし、先ず海関税権回復を最初に着手する」として、関税改正交渉をイギリス・アメリカ・フランス・ドイツと開始することとし、在外公使に各国政府と至急会談に入る訓令を発しました。

このうち駐米公使吉田清成《よしだきよなり》とアメリカ側で行われた日米交渉は、一八七八(明治十一)年七月二十五日、関税自主権を日本に認める合意に達して、吉田・エヴァーツ条約が締結され、列国の承認を発効の条件としつつも、七九(同十二)年二月七日に批准されたのです。

内地旅行権と領事裁判権

しかし内地旅行権問題は、日本が領事裁判権問題と関係させたため、膠着《こうちゃく》状態にありました。

安政《あんせい》条約では外国人の内地旅行を認めず、貿易取引は開港場に限られましたが、一八七二(明治五)年には学術研究や病気保養などの特別の理由があり、公使の証明をえた者には認められました。一八七三(明治六)年二月七日、イタリアが蚕卵紙《さんらんし》買付けのため内地旅行の許可を求めたのを受けて、副島種臣《そえじまたねおみ》外務卿は、内地旅行権を認める内地旅行規則案を示しました。しかし、この規則案では「領事裁判の範囲を出て土地官員の裁判と保護に服する」場合に認めるとしていたため、列国は領事裁判権の廃止につながるとして反対しました。

岩倉の帰国後、断続的に会議が開かれましたが、結局一八七三年十二月二十日、寺島外務卿は、国家の対等を主張し、

抑《そもそも》「エキステリトリアリティ」即ち地方管轄外の特権を外客に付与し、而《しか》して内地旅行及び貿易の権理を許可するは、何《いず》れの国たりとも行政上に於《お》いて一大弊害を生ぜざるを得ず、蓋し独立不羈《ふき》の国は各国交際の法に於て一日も之を許可す可《べか》らざるものにして、欧米各国の間未だ如斯《かくのごとき》例あるを聞ず(『条約改正関係日本外交文書』第一巻上)

と不許可を通告する次の覚書をパークスに送付しました。翌一八七四(明治七)年二月、寺島は「内地旅行許可交渉は自然条約改正交渉に移行」すると明言しています。内地旅行問題は、自然に領事裁判権廃止問題に移行したのです。

2　寺島外務卿の方針

難航する開催地選び

列国の承認を条件としていた吉田・エヴァーツ条約の締結を機に、日本は条約改正へと踏み切りました。寺島外務卿(図2)は領事裁判権より関税自主権を重視し、「関税自主権は独立国家として日本の当然有すべきもの」とし、輸出税の廃止と開港場の増加を交換条件とする税権回復案を在外公使に通知し、正式協議に入ることを求めるように訓令しました。続いて一八七九(明治十二)年三月東京での会議の開催を提議したのです。

列国は会議については反対しませんでしたが、関税自主権については、列国の意見は分裂しました。露伊は日本の提議に同意しましたが、仏は主義には同意するが税率の引下げと内地開放が条件であるとし、英独は税率の妥当な改正には応じるが自主権の承認には反対したのです。

また、会議の開催方法と開催地についても、対立しました。

条約改正はすべての国と同時に実施する必要がありますが、交渉は合同会議でやるか個別交渉にするか、またヨーロッパでやるか東京でやるか、は交渉の難易度に違いが生ずるのです。

日本にとって最高の交渉形態は、本国政府との個別交渉でした。アメリカの対日政策により列国の共同歩調に乱れが生じたこと、日本の本国交渉方式が奏功し、現地公使と本国政府とのあいだに齟齬《そご》を来たしはじめたこと、などの変化を利用できるのです。

パークスはこう記しています。

日本政府の意図は、私たちを分裂させて、米国とすでに結んだように、個別に交渉することである。一方で私たちは、全体が一つとなって協力してゆこうと努力している。いま私が江戸から離れたら、日本政府の思うつぼとなる。（『パークス伝』）

日本の在欧公使たちも「日本の正統なる要求は、関係国政府の首脳部に対し本邦在外使臣を通じ、直接容易に了解せしめ得る」として、協同歩調をとる列強が連合しやすい東京を避け、列国の利害対立を利用できるヨーロッパでの合同交渉を主張しました。

しかし寺島は、多数の専門家をヨーロッパに派遣できず、また合同会議では列国の圧迫を受ける、として、あくまで東京で個別会談を進めるほうが得策である、と主張したのです。一方イギリスは東京交渉を承諾しつつ、あくまで合同交渉を主張しました。その結果、関税改正問題は暗礁に乗り上げ、かつ

図２　寺島宗則

個別交渉は困難となりました。結局寺島は、東京での合同会議を選択し、七月に東京駐在の列国公使に対して、条約改正会議への全権委員の東京への派遣を依頼したのです。

だが七月にパークスが、税率改正案が各国政府に送付される以前は改正交渉には応じないとしたため交渉は頓挫し、国内からも法権回復を見送った消極姿勢が批判を受け、九月に寺島が文部卿に転じ

ため、交渉は中断しました。

3　井上交渉の開始

二元的な交渉

ついで、一八七九(明治十二)年九月十日に外務卿に就任したのが井上馨(図3)でした。イギリス・ドイツ・フランスに駐在する公使たちからは、東京における会議では、「東洋特殊事情に制せられて、在京各国公使がとかく現状維持の傾向に陥ることを阻止」できない、と、ヨーロッパでの開催が主張されました。「東洋特殊事情」とは、片務的最恵国待遇によって、各国が同じ待遇を享受できる、という共同利益を利用して交渉を進めることです。

しかし井上は、東京開催を決定しました。列国の協調を維持し、自己専横の非難を避けようとしたイギリスの主張を受け入れたためでした。共同利益とはいえ、東アジアにおいて列国をリードしていたのはイギリスであり、イギリスの意向がもっとも強く働いたのです。

こうしたイギリスの意向に対抗するため、井上は日本の外交交渉力を強化することを進め、在欧米駐在公使の交代や海外要員の充実につとめたのです。

井上の任期は、一八七九年九月十日から八七(明治二十)年七月二十九日までの八年弱ですが、そのうち実際に列国との改正会議が行われたのは、八二(同十五)年一月二十五日から同年七月二十七日までの予備会議と八七年五月一日から同年七月二十九日までの改正会議の二年弱にすぎません。この期間以外の外交交渉では、各国の駐在公使たちが欧米の本国政府との内交渉を進め、さらに改正交渉が進んでいるあいだは、会議と並行して本国政府との意見交換や情報収集に力を発揮したのです。

ちなみにこの方式は、井上辞任後にも引き継がれることになるのです。

予備会議における交渉——領事裁判権撤廃への転換

一八七九年、井上は、①海関税則の改正、②開港場における不当な習慣の改正、③日本政府の法令遵守の端緒、を骨子とする改正草案を立案し、翌年五月に各国駐在公使に送付しました。

予備会議は一八八二年一月に開始されました。パークスは関税率のある程度の引上げにのみ応ずるとし、交換条件として開港・開市場の増加、外国人の旅行範囲の拡大、などをあげ、列国もこれに同調しました。

図３　井上馨

これに対して井上は方針を転換し、「自主国の全権を収回し以《もっ》て全国を開く」すなわち巨大な譲歩による巨大な国権《こっけん》の回収をめざす、として、四月五日の第九回会議において「本邦法権に服従する外国人に対しては内地を開放すべき」と宣言したのです。日本側の主張は関税自主権から領事裁判権廃止へと大きく転換し、法権回復問題が会議の俎上にのぼったのです。

井上案の基本は、領事裁判権を撤廃するかわりに欧米が求める内地開放を行う、外国人が従うべき法体系を整備する、というところにありました。井上は、これを具体化するための方策として、法律規則を西洋の法理に従って完備すること、日本裁判所に外国判事を任用すること、などを盛り込みました。各国はあまり重視しなかったものの、本国政府に取り次ぐこととし、予備会議は七月二十七日に閉会しました。

イギリスの懸念と方針転換——内地開放から法典整備へ

井上の内地開放案について、イギリスは領事裁判権撤廃については見送る方針を堅持していました。イギリスが列強のなかで条約改正にもっとも消極的であった最大の理由は、日本との条約改正が不平等条約を締結している他のアジア諸国に波及し、イギリスの利権が動揺することを恐れたためでした。一八八三(明治十六)年森有礼《もりありのり》駐英公使はイギリスの懸念として、こう報告しています。

一たび之《これ》を我邦《わがくに》に許諾せば、支那《しな》其他東洋諸国等も亦《また》日本の例を襲ひ同一の要求を為すの日に方《あた》り之を拒絶することを得べからず、果して如此《かくのごと》き場合に至ときは、英国が年来東洋諸国に於て占断する所の権勢自ら削減すべく、利益亦自ら退縮すべきこと明白なるに由《よ》り、我所望を拒むは彼が利己主義の政略上不得止《やむをえざる》ことと云べし、(『条約改正関係日本外交文書』第二巻下)

しかしこの間、日本はドイツ・フランスなどとの交渉を進め、好意的態度を引きだすことに成功していたのです。イギリスは、領事裁判権は「一時仮りに設けたるものなるを以て、事勢の変遷に因《よ》りて自《おのず》から廃滅すへきこと」と暗に示していましたが、一八八三(明治十六)年七月駐清《しん》公使に転じたパークスにかわるプランケットの公使着任を機に態度を軟化させ、撤廃交渉には応ずる、としました。さらに法典整備後における領事裁判権の廃止を明言して、領事裁判権の撤廃についての論議に参加することにしました。

なぜイギリスは態度を転換させたのでしょう。一八八三年六月、森駐英公使は、条約改正が他の東洋諸国に波及するとの懸念を払拭するためには、日本が特別であり、他の東洋諸国の先例にならないことを説明することが大事である、とし、日本では九〇(明治二十三)年に国会を開設することを伝えると、イギリス外相ソールズベリーは、「容を改め席を前《すす》めて」熱心に質問しました。

領事裁判権の廃止の根拠としては、内地開放より、法典整備のほうがはるかに本質的で困難だったのです。イギリスは、領事裁判権撤廃の見返りとして、内地開放ではなく、より困難な法典整備を重視するようになったのです。

改正本会議での合意

こうした事前交渉をへて、井上は、一八八四(明治十七)年八月、領事裁判権の撤廃と内地開放は同一時期に施行する、軽罪は日本裁判所に委ねることで裁判権を一部回復する、など一九項目からなる議論の基礎となる覚書を列国公使に送付しました。

改正本会議は一八八六(明治十九)年五月に開始されましたが、論議はふたたび紛糾したため、協議の末、六月に英独案が提出されました。

そのおもな内容は、①日本は条約批准後二年以内に内地を開放する、②西洋式の法典を編纂し、裁判所章程および諸法典の英訳を列国に送付する、③開港場・開市場以外にいる外国人は日本の裁判権に服従する、④外国人が関与する裁判の判事は外国人が多数を占める、というものでした。

日本の法典整備はいまだ準備不足で、領事裁判権の撤廃や内地開放には、司法制度や法制度面での妥協が必要だったのです。一八八七年四月二十二日、外国人を判事として日本の裁判所に任用することが規定されました。

国内の反対と井上案の撤回——ボアソナードの激論

しかし、この案がもれると、激しい反対が巻き起こりました。法典の外国政府の検閲を受けその承諾をえることなどの条項に対して、独立国家として容認できないこと、審議中の裁判所構成法案の規定に反すること、外国人への土地所有権・鉱山採掘権などの付与は日本の資源を外国人の支配下におくものである、など、在野派のみならず内閣や官僚のなかからも反対論が続出しました。

反対の多くは、ノルマントン号事件で日本人乗船客を救助しなかったイギリス人船長が神戸での予審裁判で無罪(横浜の本審では禁固三カ月、賠償金なし)となったことから、外国人判事の任用に向けられました。

司法省の法律顧問のボアソナード(図4)は、内地開放は「新草案の旧条約に劣れる事甚だ著し、何となれば旧条約の害は区域狭隘なれども新草案は不利益を一般全国に流せばなり」と批判しました。さらに、日本の法律案の外国政府への通知については立法権が阻害されるとしてもっとも強く反対し、「寧ろ旧条約を保存せらるる事を願ふ」とまで主張しました。

日本国は其の立法の権に付き外国の制縛を受け、左右に動揺さるる意外の結果をきたすべし、此の事は尤《もっと》も不吉なる重要の件なり(「ボアソナード外交意見」)

ボアソナードの懸念が杞憂でなかったことは、一八八七年九月十七日、『タイムス』に掲載された記事によく示されています。

(法典整備について)日本は今や完全に信頼できるのだろうか?……だが用心深さがまさり、それでは不十分とされたのだ。……必要とあればその全体または一部について条約の目的に不適当であると表明し条約の施行を延期できるからだ。……治外法権《ちがいほうけん》を撤廃する条約が発効するより前に日本の法典が列強の承認を得なければならないことを実質的に意味しているのだ。

図4　ギュスターヴ・E. ボアソナード

井上は、七月九日に、「今後に充分の自由、充分の自主を得るためには、今日はこれを忍ばなければならない」として、妥協してでも領事裁判権を撤廃する必要性を主張しています。しかし、そのためには、法典の近代性について諸外国の承認をえるという妥協が必要になり、あらたな国家主権の侵害を発生させるものであったのです。

どちらの主権侵害のほうが、影響が大きいでしょうか。

領事裁判権は外国人判事の過半数任用という措置によって廃止されるとしても、立法という国家主権の根幹にかかわることを外国に委ねることの害のほうが、後世により長く影響をもたらすであろう、というボアソナードの見解は、卓見であったといえるでしょう。

結局七月二十九日、井上は、すべての法典を完成させれば各国の検閲の必要はなくなる、として法典編成の結果を会議に提出できるまで会議を無期延期したいと通告し、九月十六日、外務大臣を辞任したのです。

講義のまとめ

条約改正に必要なのは、一時の妥協ではなく、根本的な問題、すなわち近代的な法体系を自力で整備し、文明国であることを欧米に認めさせることなのです。

条約改正の成否の問題は、法典整備の進捗いかんにかかわることになったのです。条約改正の成否は、憲法の内容いかんにかかってきたのです。

【史料・参考文献】

ボアソナード「ボアソナード外交意見」明治文化研究会『明治文化全集』第一一巻、外交篇、日本評論社、一九二八年
日本学術振興会編『条約改正関係日本外交文書』第一巻上、第二巻下、日本外交文書頒布会、一九五六年
F・V・ディキンズ（高梨健吉訳）『パークス伝』平凡社東洋文庫、一九八四年
山本茂『条約改正史』高山書院、一九四三年
川島信太郎著、外務省監修『条約改正経過概要』本国際連合協会、一九五〇年
中村菊男『近代日本の法的形成――条約改正と法典編纂』有信堂、一九五六年
広瀬靖子「井上条約改正交渉に関する一考察」『近代中國研究』第七輯、東大出版会、一九六六年
横浜対外関係史研究会・横浜開港資料館編『横浜英仏駐屯軍と外国人居留地』東京堂出版、一九九九年
藤原明久『日本条約改正史の研究』雄松堂、二〇〇四年
五百旗頭薫『条約改正史』有斐閣、二〇一〇年
小風秀雅「法権と外交条約の相互関係」『近代アジアの自画像と他者』御茶の水書房、二〇一一年
小風秀雅編『大学の日本史4　近代』山川出版社、二〇一六年
小風秀雅・大石一男「条約改正交渉をめぐる国際関係」明治維新史学会編『講座　明治維新6　明治維新と外交』有志舎、二〇一七年

第14講

独自の立憲制をめざして——憲法制定と伊藤博文

講義のねらい

第13講で、井上馨《いのうえかおる》の条約改正交渉の問題点について、「条約改正に必要なのは、一時の妥協ではなく、根本的な問題、すなわち近代的な法体系を自力で整備」すること、と指摘しました。

一八八九(明治二十二)年の憲法発布は、明治維新《めいじいしん》の理念であった「公議輿論《こうぎよろん》」が実現したという点で、重要な歴史的意味をもっていますが、日本の国際的地位の向上についても重要な意味がありました。井上馨の条約改正交渉が中断に追い込まれたおもな理由は、日本の法典整備、司法制度の整備が遅れていることでしたが、その不備は、憲法と議会を頂点とする近代的な立憲制度の整備により解決され、憲法発布は直接に条約改正交渉進展の引き金になりました。欧米型の立憲制度を樹立し、近代国家であることを示した憲法制定を機に、日本の条約改正への取組みは一層力強くなったのです。

本講では、伊藤博文《いとうひろぶみ》の立場に焦点を絞って、どのような憲法をつくろうとしたのか、発布された憲法は当時国内、国外においてどのように受け取られたのか、という点について、みていきたいと思います。

1　伊藤博文と憲法発布

伊藤博文の渡欧

井上馨が条約改正交渉で苦しんでいた時期、伊藤博文もまた憲法の制定に向けて苦闘していました。明治十年代に入って自由民権《じゆうみんけん》運動が全国で活発になると、民間でも憲法草案(私擬《しぎ》憲法)が作成されるようになり、政府側は大きく立ち遅れました。一八八一(明治十四)年に大蔵卿《おおくらきょう》大隈重信《おおくましげのぶ》が、民権派と結びついて憲法制定の主導権を握ろうとすると、内務《ないむ》卿伊藤博文は、いわゆる明治十四年の政変によって、大隈を政府から排除し、同時に一〇年後国会開設の詔《みことのり》を発することで、民権派の批判の矛先をかわしましたが、憲法制定に関する具体的構想は有しておらず、自由民権派に後れをとっていたのです。そこで、伊藤は憲法を調査するため渡欧を決意したのでした。

一八八二(明治十五)年一月十五日、伊藤のヨーロッパ派遣が決定しました。『伊藤博文伝』には渡欧の意義について、こう記されています。伊藤の意気込みが伝わって来るようです。

本邦《ほんぽう》今日の形勢を察するに、君主《くんしゅ》独裁の政治を一変してようやく立憲の治を創め、代議参政の制を立てんとするが如《ごと》き、独《ひと》り本邦政治の一大変遷たるのみならず、東洋諸邦未曽《みぞう》有の大事なり

一八八二年三月十四日に出発した伊藤は、五月十六日にベルリンで調査を開始し、法学者グナイストらの講義を受けました。当時、ドイツ憲法学は最先端を走っており、伊藤はここで、民権派が依拠する、

イギリスやフランス流の立憲制度とは異なる憲法理論と手段にふれることになるのです。八月二十七日、山田顕義《やまだあきよし》に宛てて次のように記しています。

幸に良師にあうことを得て、邦国の組織より政治学の要領及び憲法公法の解釈を聞くを得て、独逸《ドイツ》学者の説く所の民権の各種、その幅員広狭の度合等、英仏学者の主眼とする所と異なる者あるを発見すること屈指に遑《いとま》あらず(『伊藤博文伝』中)

漸進主義への疑問

しかし、やがて伊藤はドイツの立憲政治への評価に対して、疑問をいだきはじめました。八月二十八日、ドイツ皇帝ヴィルヘルム一世に謁見《えっけん》した時、皇帝は「たとえいかなる事があっても租税を徴収するのに、国会の許諾が必要とするという『下策』に出てはいけない、もし、租税徴収権を国会に譲れば内乱の基になる」とか、「立憲政治は好んで与えるものではない」「日本天子《てんし》のためには、国会を開かれることは喜ばしくない」と発言しました。こうした消極的な発言を、伊藤は「日本の現況を以《もっ》て見候《みそうら》はば、すこぶる専制論」と受けとめました。

のちに伊藤は、憲法政治には「どうしても『デモクラチック・エレメント』というものは、免かれぬ」と述べているように、民主主義的な要素を重視しており、漸進主義的な憲法には消極的でした。伊藤はもっと高いところをみていたのです。

シュタインとの出会い

伊藤が憲法の基本的概念をつかんだきっかけは、一八八二年九月から十一月初旬にかけて、ウィーン大学の国家学者ロレンツ・フォン・シュタイン(図1)から受けた講義でした。

シュタインの憲法に対する基本的考えは、ヨーロッパの模倣をするのではなく、自国の歴史や実情に応じて、独自の憲法を制定することが重要だ、というものでした。

シュタインは、憲法を発議する権限は国王が占有すべきものである、といっています。欽定《きんてい》憲法の考え方は、伊藤にとって目から鱗が落ちる思いであったでしょう。また皇室典範《こうしつてんぱん》や帝室財産法などの皇室に関する規定、議院法や政府の構成については、憲法に記すべきではない、と述べ、日本の立憲体制にかかわる重要な指摘をしています。

シュタインの講義の大半は、国家の機能を発揮させるための法制度、国憲の本質(三権〈国君・立法部・行政部〉の調和)に関するものであり、行政部の独立、立法部と政党、自治の本質(中央と地域社会との関係)などの国家学をはじめとして、軍事学・教育学・統計学・衛生学など広範囲におよびました。

図1　ロレンツ・フォン・シュタイン

伊藤の憲法構想の原点は、師とあおいだロレンツ・フォン・シュタインの「最も一般的な意味では、およそすべての国家は独自の憲法を持っている」という点にありました。シ

ユタインから講義を受けた直後の一八八二年九月二十三日に井上馨に宛てた書簡において、

主権論及び行政府の職権、民選議会に対するの場合等に至ては、勿論《もちろん》既に其《その》要領を得たる積《つもり》に御座《ござ》候《そうろう》。又議会の組織、選挙の方法、地方の組織、自治の体裁制限等、略《ほぼ》其要領は相分り候（『伊藤博文伝』中）

と、ほぼその構想を手中にしたことを報告しています。それは民権運動が、「英米仏の自由過激論者の著述而已《のみ》を金科玉条《きんかぎょくじょう》の如《ごと》く誤信し、殆ど国家を傾けんとするの勢は、今日の我《わが》国の現情に御座候へ共」これを挽回するの道理と手段を得たことを意味していたのです。

そして十月には、井上馨に「憲法だけの事はもはや充分に理解したと思っているけれども、アドミニストレーション（政府・行政）にいたってはなかなか容易な事ではないので、基本的な理論だけでも心得たいと思い、熱心に取り組んでいる」と書き送り、憲法制定に対して相当の自信をえていたのです。

さらに十一月には、「たとえ如何様《いかよう》の好憲法を設立するも、好議会を開設するも、施治の善良ならざる時はその成迹《せいせき》見るべき者なきは論をまたず」と、優れた憲法や議会をつくっても政治・行政がよくなければ意味がない、といっています。そのためには行政組織の整備や規則の制定が必要で、王権、行政権、立法権がそろってはじめて立憲政治になる、これを結びつけるのが憲法で、もっとも重要なことは、政府の組織行政を確立することである、というのです。

こうして伊藤の関心は、憲法制定から立憲政体全体の樹立に関心が移っていき、伊藤の憲法調査は、立憲制度調査に拡大変化したのです。

憲法の準備

一八八三(明治十六)年三月に帰国した伊藤は、八五(同十八)年に太政官制《だじょうかんせい》を内閣制度に改め、みずから初代首相に就任したほか、華族令《かぞくれい》(一八八四〈同十七〉年)、内閣制度(一八八五年)、帝国大学令(一八八六〈同十九〉年)、市制・町村制(一八八八〈同二十一〉年)などをつぎつぎに制定しました。これらを制定した目的は、次のとおりです。

華族令は、帝国議会に設置される貴族院を準備するため

内閣制度は、太政官制に代わる「政府の組織」を組織するため

帝国大学は、「国家枢要」の人材、すなわち官僚の養成機関を設置するため

市制・町村制は、国家を支える地方行政制度の近代化を推進するため

こうした制度整備にも、シュタインの影響を色濃く感じることができるでしょう。

国家制度の整備と並行して、伊藤はいよいよ憲法の作成に着手し、一八八六年頃からロエスレルを顧問として、井上毅《こわし》・金子堅太郎《かねこけんたろう》らとともに取り組みました。一八八八年四月には憲法草案を完成させ、天皇に奉呈《ほうてい》したのち、枢密院《すうみついん》を設置してみずから議長となり、案文の検討に入ったのです。

伊藤の基本方針は、枢密院の第一回会議で「そもそも憲法を創設する精神は、第一に君権《くんけん》を制限し、第二に臣民《しんみん》の権利を保護するにあり」と述べていることからもわかるように、君主権を制限することと、国民の権利を明文化して憲法によってそれを保護するというところにありました。国王は法によって王であり、法に従って王権を行使する、という近代憲法の大原則を明言したのです。

また、国民の権利を具体的に列記し、権利の具体的内容は法律に委ねられたものの、国民の諸権利を具体的に規定しました。

憲法の構成は、伊藤がシュタインから学んだ基本にほぼそったものであり、第一章に天皇主権と統治権、第二章に国民の権利・義務、第三章に議会、の条文がおかれ、行政権や司法権については、ほとんど規定がありません。

2 憲法発布

発布日ぎりぎりの修正

枢密院での憲法の審議は、一八八八(明治二十一)年十二月に終りましたが、まだ不備な点があることが発見され、発布の予定日ぎりぎりの二月五日、次の重要な点が修正されたのです。

1 皇位継承を「皇子孫」から「皇男子孫」としたこと(第二条)

2 議会は天皇を「翼賛《よくさん》」する、から「協賛」する、に変更したこと(第五条)

いずれも憲法の根幹にかかわる重要な変更でした。

とくに、懸案であった議会の権利について、「翼賛」から「協賛」に変更したことは、立憲制の根幹にかかわる重大な変更でした。当初案は「承認」でしたが、「議会をして至大の権力を掌握せしめ、国体を破壊するの変革を為すもの」という意見により「翼賛」に変更されました。しかし伊藤は、この修正は立憲制の理念にそぐわないとして、最後の審議で、再度「翼賛」を「協賛」に変更したのです。翼賛はアドバイス、協賛はコンセント(同意)と訳されます。この変更により、天皇の立法権の行使は議会の同意を必要とすることとなり、その後の立憲制の発展の地歩が築かれる根拠となりました。

こうして憲法は完成しました。同じ日、皇室典範、議院法、衆議院議員選挙法、貴族院令も決定しました。発布六日前のことでした。

新聞はすでに記事を準備し、発布を待つだけの態勢を整えていましたが、憲法の内容は当日まで知らされませんでした。ドイツ人医師ベルツは、二月九日の日記にこう記しています。

> 東京全市は、十一日の憲法発布をひかえてその準備のため、言語に絶した騒ぎを演じている。到るところ、奉祝門《ほうしゅくもん》、照明、行列の計画。だが、滑稽なことには、誰も憲法の内容をご存じないのだ。

しかし、完成したのが発布の六日前では、知らせようもなかったのです。

憲法発布式

一八八九(明治二十二)年二月十一日、大日本帝国憲法が発布されました。初代天皇の神武《じんむ》天皇が即位した日とされる紀元節《きげんせつ》でした。この日に憲法を発布することはあらかじめ決まっていたのです。

この日、明治天皇は紀元節の親祭《しんさい》を行い、宮中賢所《きゅうちゅうかしこどころ》で皇祖《こうそ》・皇宗《こうそう》に憲法と皇室典範の制定を奏し、ついで十時、天皇は完成まもない明治宮殿《きゅうでん》の正殿《せいでん》で憲法発布式に臨み、憲法を総理大臣黒田清隆《くろだきよたか》にあたえました。こちらは列国の外交団も列席する洋装のヨーロッパ・スタイルの儀式として執り行われま

図2　床次正精画「発布式之図」

した(図2)。

皇后はピンクの中礼服《ちゅうれいふく》(ローブ・デコルテ)の洋装で発布式に臨席しました。こうした儀式は、国王・皇帝は夫婦ともに臨むのがヨーロッパ式であり、皇后の出席により、式ははじめて近代的な儀式として成立したのです。

午後、天皇は青山《あおやま》練兵場の観兵式に臨みましたが、この時天皇は、皇后とはじめて一緒に馬車に乗り、沿道の群衆に会釈しました。天皇が皇后と一緒に国民の前に姿を見せたのは、この時がはじめてでした。

明治憲法の概要

憲法は二月十一日の『官報』で正式に発表され、新聞各紙はきそってその内容を報道しました。『時事新報』と『毎日新聞』は英文でも報道し、英字紙も英文翻訳を掲載し、世界中に知らされました。憲法の内容が公表された時、欧米は、そのゆきすぎともいえる「進歩的」な側面に注目したのです。

明治憲法の重要点は次のとおりです。

1　欽定憲法（天皇主権）
2　天皇の君主権を具体的に規定（君権の制限）
3　内閣の閣僚は天皇に対し個々に責任を負う（単独輔弼《ほひつ》制）
4　国民の権利の明示
　権利の内容は法律で定める＝法律の改正で権利は拡大（事実上の軟性憲法）
5　議会の権限（天皇の主権行使は議会の協賛〈同意〉を必要とする）

憲法は、前文において、来たるべき議会の開院の日に施行されると明記されました。ここには、憲法と議会の両輪が立憲政治を支える、という考えが示されています。

伊藤は、憲法について、二月十五日に府県会議長に対し、「この憲法において日本国民たる者の享受すべき権利の境域ははなはだ広範にして、普通憲法学上よりこれを論ずるもほとんど完全なりというも、あえて不可なかるべし」と演説しています。ヨーロッパの模倣ではない独自の憲法を作り上げたという自負が、十五日の演説にあらわれています。

欧米の眼

海外の目は、国内の外国人社会も含めて概して懐疑的でしたが、憲法の内容については、評価は高かったといえるでしょう。

三月二十三日、『タイムス』は長文の論説を掲載して、憲法の内容を紹介しました。「東洋の地で、周到な準備の末に議会制憲法が成立したのは何か夢のような話だ。これは偉大な試みだ」とし、議会については「立法権は完璧なように見える」、行政権が立法府から完全に独立しているのは「合衆国を手本にしたよう」など、憲法の内容についてはかなり高く評価しています。

アメリカの国務大臣ブレインは、君主の実権を具体的に規定した点は「日本政事家の卓見」、閣僚の天皇輔弼制は「憲法学の進歩」であり「欧米各国の憲法に一層改良を加へたる者」と高く評価しています。興味深いのは、単独輔弼制など、現在では明治憲法の保守的な側面として指摘されているものが、当時は進歩的であるとして評価されている点です。

伊藤博文の刊行した憲法解説の『憲法義解《ぎげ》』は英訳されると、イギリスでも「憲法学の一機軸を顕はした」と好評を博しました。

当時のヨーロッパの水準からみても、明治憲法は評価に値する内容であったのです。ただ、それが日本の実情に合ったものであるかどうかには、疑問が呈されました。漸進主義を助言したスペンサーは、国民に「自由を大盤《おおばん》振舞いした」と批判しています。これに対して伊藤は、「法律上の自由は臣民の権利にして其《そ》の生活及《および》智識の発達の本源」と解説しています。批判は承知のうえだったのです。

立憲制への疑問

だが、ヨーロッパがいだいた最大の疑問は、なぜ日本に憲法が必要なのか、ただの模倣なのではないか、日本人は実際に立憲制を運用できるのか、という点であり、その視線は憲法の内容というよりは、日本人の立憲制運用の能力に向けられていたのです。

先ほどの『タイムス』は、「憲法の真価は実際に運用してみないとわからない。……日本のこの憲法を見ると、国会の上院と下院、または国会と皇帝との間で衝突が発生する危険性がすぐみてとれる」と論評し、早くも、初期議会における政府と議会の対立を予言しています。まさに「成功するかどうかは、またべつの問題」なのでした。

日本は、憲法発布により、その立憲制の運用能力を世界に示すというあらたな課題を背負ったのです。

民権派の目

一方、憲法の制定をめぐって伊藤と主導権を争ってきた在野民権派は、一様に好意的な反応を示しました。これまで、憲法をめぐる政府と民権派との対立は国民的規模で繰り広げられ、泥沼化していました。それがともかくも発布にまで漕ぎ着けたのです。

藩閥《はんばつ》政府が一方的に制定したにしては、予想以上に議会の権限は広く規定され、国民の権利も認められていました。高田早苗は「聞きしに優る良憲法」と評し、肥塚龍は「実に称賛すべきの憲法」と絶賛しています。憲法の内容に批判がなかったわけではありませんが、欽定憲法の発布が憲法論争の終焉を意味していることは、民権派といえどもよく承知していたのです。

立憲制の運用

政治の対立軸は大きく転回し、論点はいかなる憲法を制定するのか、という点から、いかに憲法を運用して立憲政治を推進するのか、という点に移りました。大隈重信は「憲法の妙は運用如何《いかん》に在ること なれば……政党の発達次第にて英国と同一の状態を見ること能《あた》はざるの理あることなし」とし、犬養毅《いぬかいつよし》も「唯《ただ》善と不善と之を運用するの如何《いかん》に在るのみ」としています。こののち、日本の議会政治を代表する二人の政党人は、立憲制を体現するうえでの議会や政党の重要性を十分に認識していたのです。

立憲制を運用する能力を日本人が有していることを示すことが、政府にも民権派にも命題として課せられたのです。

講義のまとめ

出来上がった憲法の完成度の高さは明らかでした。憲法発布は、ただちに日本の国際的地位の上昇としてあらわれました。ドナルド・キーンは、「立法府と憲法を所有した日本は、もはや西洋先進国に遅れをとっていると見なされるべきではなかった」と記しています。ヨーロッパの現状からみても十分に立憲的な憲法が制定され、それに続く法典整備が約束された以上、原則論から条約改正に応じないという姿勢をとることは、もはや許されなくなったのです。

憲法発布と条約改正は、表裏一体の関係にあったのです。

【史料・参考文献】

春畝公追頌会編『伊藤博文伝』中、統正社、一九四〇年
伊藤博文（宮沢俊義校註、坂本一登解説）『憲法義解』岩波書店、二〇一九年
稲田正次『明治憲法成立史』下、有斐閣、一九六二年
清水伸『明治憲法制定史』中、原書房、一九七四年
坂本一登『伊藤博文と明治国家』吉川弘文館、一九九一年
ドナルド・キーン（角地幸男訳）『明治天皇』全二冊、新潮社、二〇〇一年
瀧井一博『文明史のなかの明治憲法　この国のかたちと西洋体験』講談社選書メチエ、二〇〇三年
鳥海靖『日本立憲政治の形成と変質』吉川弘文館、二〇〇五年
鳥海靖『日本近代史講義――明治立憲制の形成とその理念』東京大学出版会、一九八八年
小風秀雅「条約改正と憲法発布」荒野泰典編『日本の対外関係7　近代化する日本』吉川弘文館、二〇一二年

第15講　帝都の成立――憲法発布と国民統合

講義のねらい

一八八九(明治二十二)年の東京は、二月十一日の紀元節《きげんせつ》における憲法発布から十一月三日の天長節《てんちょうせつ》における立太子《りったいし》式にいたるまで、政治的祝祭の最中にありました。

本講では、東京を舞台に繰り広げられたこの一連の政治的祝祭が、近代日本の国民統合においてどのような役割を果たしたのか、という問題を考えます。

明治憲法の発布は、立憲政治の確立を意味するだけでなく、維新《いしん》の理念の「公議輿論《こうぎよろん》」に含まれる、国家のリーダーシップと国民のメンバーシップ、という二つの政治原理が、それぞれ内閣と議会として実現したことも意味していました。

日本は幕末《ばくまつ》以来、①戊辰《ぼしん》戦争に代表される幕末・維新の動乱、②「明治六年の政変」を機とするいわゆる士族《しぞく》の反乱、③「明治十四年の政変」を頂点とする自由民権派の政府批判とその後の激化事件、という激しい内乱と対立をへてきました。しかしそれは、近代化の是非をめぐる対立ではなく、誰がどのように近代国家を作り上げるのか、をめぐる対立であり、憲法制定によりその目的は達成されたのです。

しかし、新しい時代をスタートさせるためには、これまでの「憲法制定」をめぐる対立を終息させ、「立憲政治」を運用して、国民の宥和と国家的団結を回復する必要がありました。その転機を体現したのが、明治憲法の発布とそれに続く一連の政治的祭典による国内融和の回復の祝祭だったのです。

一八八九年は、明治新政の理念を示した五箇条の誓文の誓約、江戸の東京改称、天皇の東京行幸《ぎょうこう》と続いた六八(明治元)年に匹敵する画期的な年であり、近代日本の一大転機だったといえるでしょう。

1 大日本帝国憲法の発布

発布当日

一八八九(明治二十二)年二月十一日、大日本帝国憲法が発布されました。

明治天皇は紀元節の親祭《しんさい》を行い、午前九時、宮中賢所《きゅうちゅうかしこどころ》に渡御《とぎょ》して皇祖《こうそ》・皇宗《こうそう》に憲法と皇室典範《こうしつてんぱん》制定の告文を奏し、皇霊殿《こうれいでん》、神殿《しんでん》に親拝《しんぱい》しました。ついで十時、天皇は正殿《せいでん》で憲法発布式に臨み、高御座《たかみくら》に立御《りゅうぎょ》して、憲法を総理大臣黒田清隆《くろだきよたか》に賜いましたが、こちらは列国の外交団も列席するヨーロッパスタイルの儀式として執り行われました。

午後、天皇は青山《あおやま》練兵場の観兵式に臨みました。この時天皇は、皇后とはじめて同じ馬車に乗り、国民の前にあらわれました。沿道には小学生や各学校の生徒が出迎え、馬車が近づくと君が代をうたい、万歳《ばんざい》を唱えました。

幕末以来中断していた三社祭《さんじゃまつり》と日枝《ひえ》神社の山車《だし》の宮城《きゅうじょう》(江戸城)入りも、明治維新後はじめて復活しました。東京市民による祝賀の準備は、必ずしも強制されたものではなかったのです。

東京のにぎわいについて、ベルツは二月十一日の日記にこう記しています。

東京で今日ほど、たくさん美しい娘を見たことがない。このみずみずしさ、このすこやかさ、このあでやかな着物、この優しい、しとやかな物腰。東京のいわゆる山車はことごとく街頭へ。多くは数倍もある、こみ入った造り物で、上部には大きい人形や舞台面を取付け、前部には一種の音楽隊が控えていてとてつもない騒音をかき立てるのだった。

八歳から十四歳の少女たちも、雪解けの中に数時間立っていなければならなかったのだが、いささかも疲れなかったかのように、楽しげな顔色で家路についていた。……これがヨーロッパの少女であれば、次の日は全部病気になっていることだろう。

この日、東京のみならず、全国は発布を祝う祝賀にわいたのです。

戊辰以来の三つの対立と和解

一八八九年は、憲法発布式を頂点とする一連の政治的祝祭のなかで、維新以来の政治対立が解消されていった年でした。

憲法発布により、日本は近代国家として確立した、ということを社会史的にみると、幕末・維新以来の政治的対立を清算し、新時代が始まった、ということを意味していました。

幕末・維新以来、日本は、①旧幕府《ばくふ》軍対朝廷《ちょうてい》軍という戊辰戦争での対立、②政府軍対不平《ふへい》士族軍という士族反乱での対立、そして③自由民権期における藩閥《はんばつ》政府対自由民権派という対立、という三度にわたる大きな社会的分裂と政治的対立を経験してきました。

憲法をめぐる政府と民権派との対立は国民的規模で繰り広げられ、泥沼化していました。しかし、そうした対立は、フランス革命における王党派と革命派のような妥協不能な原理的な対立ではなく、近代化をめぐる主導権争いであり、近代化という目標そのものについては、一致していたのです。それがともかくも発布にまで漕ぎ着けたのでした。

植木枝盛《うえきえもり》は、憲法発布にさきだって「如何《いか》にも平和の有様を以《もっ》て之《これ》を制定せらるると云ふは、誠に芽《め》出度《でたく》」と述べています。欽定《きんてい》憲法か国約憲法かで対立していた憲法の制定について結論が出た以上、政治の対立軸は大きく転回し、論点は、いかに憲法を運用して立憲政治を実現するか、という点に移っていったのです。

立憲政治を円滑に進めるためにも、国論を二分した過去の政治的・社会的対立を引きずらないようにすることが、明治政府にとっての大きな課題となったのでした。

大 赦 令

政府は憲法発布にあわせて、国事犯(政治犯)赦免の大赦令《たいしゃれい》を発布しました。これは、民権運動によって生じた政府と在野民権派との対立を解消しようとするものでした。対象者は、既決三三四人、未決一二四人、計四五八人という大規模なもので、福島事件(河野広中《こうのひろなか》)、大阪事件(大井憲太郎《おおいけんたろう》)、保安条例違反(片岡健吉《かたおかけんきち》)、秘密出版事件(星亨《ほしとおる》)、新聞条例違反(大石正巳《おおいしまさみ》)などで逮捕された民権運動家たちの多くが自由の身となり、彼らは、翌年の議会開設に向けて政治運動を展開し、日本初の代議士となっていくのです。

在野民権派は憲法に対して、一様に好意的な反応を示し、憲法が発布され、日本が立憲国家になったという事実については評価していました。民権派もやはり、憲法の内容、そして憲法発布の歴史的意味を認識していたということも見落とせません。

第14講でみたように、欽定憲法の発布が、憲法制定論争の終焉を意味していることは、民権派といえどもよく承知していました。激しい政治対立を発布後に引きずらないことが今後の日本にとって絶対条件でした。そのためには、政府は民権派も納得しうる「意外の良憲法」を制定する必要があったのであり、民権派はもはや憲法の内容を云々することを避けなければならなかったのです。

植木の「固《もと》より欽定憲法なり、国約憲法にはあらざるなり……然れども兎も角も憲法と名付けられたる者が誕生したるに相違なきなり……日本人民が憲法と称する者ある人民と成りしことを失はざるなり」との感想はそうした文脈のなかで理解されるべきでしょう。

明治憲法は、来たるべき議会の開院の日をもって施行される予定でした。

西郷の復権

同じ大赦令では、西南《せいなん》戦争の主魁として「賊」となった西郷隆盛《さいごうたかもり》が、桐野利秋《きりのとしあき》らとともに朝敵《ちょうてき》の汚名を除かれ、ふたたび正三位《しょうさんみ》を贈位されて復権を果たしています。西郷の復権は、西南戦争に代表される士族反乱による分裂を修復するものでした。西郷は、国民的ヒーローとしてよみがえったのです(図1)。

その後の話ですが、二年後の一八九一(明治二十四)年には、銅像建設の募金が始まりました。宮内省より五〇〇円を下賜され、二万五〇〇〇人余から寄付がよせられました。薩摩藩《さつまはん》出身者が中心となって上野《うえの》公園に銅像が建設され、除幕式を迎えたのは一八九八(明治三十一)年十二月十八日のことでした。参会者は八〇〇余人、勝海舟《かつかいしゅう》や西郷と親交のあった駐日公使アーネスト・サトウも参列しました。西郷隆盛は明治維新の功臣《こうしん》として、完全に復権したのです。

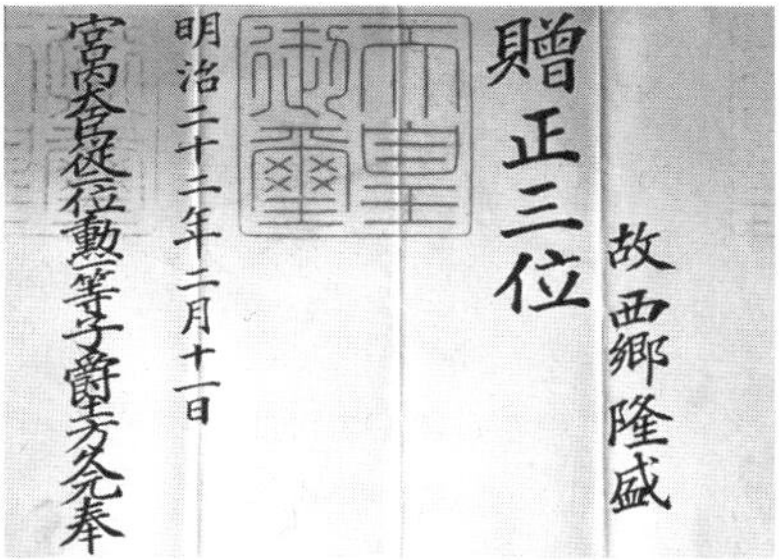

図1　西郷隆盛に贈られた正三位

2　江戸との和解——祝祭の季節

宮城の完成——第一の祝祭

そして維新によって生じた最大の亀裂であった戊辰戦争の和解が、東京を舞台とした八カ月間におよぶ政治的祝祭によってなしとげられました。

徳川《とくがわ》幕府のお膝元である江戸の市民にとっては、戊辰戦争における江戸開城と明治天皇の東京移住は、倒幕《とうばく》派との心理的対立を継続させるものであり、戊辰戦争の終止符は打たれていませんでした。江戸が天皇を受容し、東京が名実ともに帝国日本の首都＝帝都になるためには、戊辰戦争の和解が、不可欠であったのです。

祝祭の第一は、一八八九(明治二十二)年一月十一日の新皇居の落成と天皇の移徙《わたまし》でした。

京都から江戸城に天皇が入ったのは一八六八年十一月二十六日(慶応《けいおう》四年十月十三日)のことで、この時江戸城は東京城と改称されましたが、一八七三(明治六)年五月五日に皇居は炎上、赤坂離宮《あかさかりきゅう》が仮皇居とされました。皇居の再建造営計画は一八八三(明治十六)年に決定、憲法発布にまにあうよう速成がはかられ、八八(同二十一)年十月落成したのです。これを機に皇居は宮城と改称されました。天皇の宮城への入城は、いわば二度目の江戸城入城でした。ベルツは日記に次のように記しています。

新しい宮城は木造で、外観は日本風だが、内部の構えはすこぶる巧みに和洋両式が折衷されている。少なくとも自分は、ここの玉座《ぎょくざ》の間《ま》よりも立派な広間を、ヨーロッパでは見たことがないと思う。

この完成直後の正殿(謁見所《えっけんじょ》)で憲法発布式が行われたのです。

上野行幸と江戸との和解——第二の祝祭

祝祭の第二は、憲法発布翌日の二月十二日における天皇の上野行幸です。前日の憲法発布式におけるパレードに引き続いて行われた天皇の上野公園への行幸は、「民衆をして鳳輦《ほうれん》を拝するを得せしめられん」機会をあたえてほしい、という東京市民の請願を受け入れて実施されたものでした。

時間的順序からいえば二月十一日のパレードでしょうが、政治的には上野巡幸のほうがはるかに重要でした。

上野はいうまでもなく、戊辰戦争の時、旧幕臣《ばくしん》の彰義隊《しょうぎたい》による最後の武力抵抗(上野戦争)が繰り広げられた場所であり、徳川家の菩提寺であり皇族が管主《かんしゅ》(日光輪王寺宮門跡《にっこうりんのうじのみやもんぜき》を兼務)に就任する名刹寛永寺《めいさつかんえいじ》の大半が焼失したのでした。当時輪王寺宮であった能久親王《よしひさしんのう》は、還俗《げんぞく》して北白川宮《きたしらかわのみや》となり、有栖川《ありすがわの》宮熾仁《みやたるひと》親王とともに明治天皇の補佐役を果たしており、朝廷側にとっても、苦い記憶の残る場所でした。

この時は、公式には上野の華族《かぞく》会館への行幸という形であり、天皇が東京市民の前にあらわれることが主目的とはされていませんでした。しかし東京市民は、上野戦争の記憶をだぶらせて、天皇の上野行幸を戦争の死者への鎮魂と受け止める思いが強かったというべきでしょう。沿道では、市民をはじめ上京した多くの人びとが歓呼して天皇を迎えました。

二日続けて行幸の機会を設定し、東京市民の歓迎を受けたことは、市民が天皇を徳川家にかわる東京の主として確認した儀式でした。勝海舟は伊藤博文《いとうひろぶみ》にこう書き送っています。

此度《このたび》の特恩にて大いに人心に感覚を生じ、何と申す事もこれなく心内悦服の姿相見え、且《か》つ上野へ御幸《ごこう》はもっとも大出来にて、初めて聖恩に逢い候《そうろう》心持ちと相成り候人心の測らざるもの斯《か》くのごとき歟《か》(『明治憲法成立史』下)

いうまでもなく、勝海舟は、一八六八年四月(慶応四年三月)の西郷との会談で江戸無血開城を成功させた人物です。江戸に朝廷軍が入った同年五月六日(慶応四年四月十四日)に、勝は日記にこう記しています。

> 都下の人心、危惧を抱き、空評彼此を雷同す。浮躁の輩等、是《これ》が為に奪掠人殺等を以て、士の本意とし、更に沈着して御処置を待たず。富商は戸を閉じ、貧民は生産を失す。市街夜は寂たり。衰世の風か無道の故か。慨歎するに堪えず

以後、徳川の旧家臣《かしん》としてその復権に心をくだいてきた勝が、上野行幸について「初めて聖恩に逢い候心持ち」と伊藤に書き送っているのは、いかにも勝ならではの感慨というべきでしょう。そしてこの感慨は勝に限らず、旧幕臣や江戸市民にも共通するものでした。

戊辰の遺恨は、ここに消え去ったのです。

江戸開府三百年祭——第三の祝祭

祝祭の第三が、「江戸開府三百年祭」の開催でした。

八月二十六日、徳川家康《いえやす》が江戸に入城して以来三〇〇年目を記念する「江戸開府三百年祭」が上野の東照宮《とうしょうぐう》で行われました(図2)。家康が一五九〇(天正《てんしょう》十八)年に江戸入りした旧暦八月一日は、八朔《はっさく》と称されて、江戸時代には正月に次ぐ重要な祝日でした。

一八八九年、旧幕臣たちによって江戸会が結成され、前島密《まえじまひそか》・木村芥舟《きむらかいしゅう》らの旧幕臣のほか、佐幕派《さばくは》

図2 「江戸開府三百年祭上野東照宮社前之図」(『風俗画報』第9号)

諸藩関係者、江戸に関係の深い実業家、芸能人などが参加していましたが、八朔を復活しようとする気運が盛り上がり、榎本武揚《えのもとたけあき》を委員長として三百年祭会が結成されました。そして旧暦八月一日にあたるこの日、上野東照宮で祭りが執行されたのです。

祭主は時の東照宮宮司、そして戊辰戦争における朝敵であった旧会津《あいづ》藩主松平容保《まつだいらかたもり》(図3)でした。容保畢生《ひっせい》の大役でした。群衆は、高崎《たかさき》府知事、榎本委員長とともに会場を巡回する徳川慶喜《よしのぶ》に対して、東京万歳、徳川万歳と歓呼したといいます。この時、天皇は金三〇〇〇円を下賜して、江戸の祝日の復活を市民とともに祝ったのです。

市中はすべて軒提灯《のきちょうちん》と国旗を掲げ、上野三橋《みはし》際《ぎわ》・万世《まんせい》橋・日本橋・京橋では大国旗が交叉され、不忍《しのばず》馬見場《ばけんじょう》にはアーチが設けられ、市中は祝賀ムードにあふれました。祝典には、第三皇子明宮嘉《はるのみやよし》仁《ひと》親王、皇族を代表する伏見宮貞愛《ふしみのみやさだなる》親王をはじめ、大蔵《おおくら》大臣松方正義《まつかたまさよし》・宮内大臣土方久元《ひじかたひさもと》・旧徳川一門のほか、アメリカ・イタリア・清《しん》などの各国公使らが出席しました。首相黒田清隆も出席しようとしたのですが、馬車が群衆の混雑に阻まれて、やむなく引き返したといわれています。

図3　晩年の松平容保

当日の『朝野《ちょうや》新聞』はこう記しています。

> 東京今日の繁盛あるも、其源は家康公開府の恩賜なれば、謝恩の意を表するも、東京市民の分としては不相当のことにあらざるべし

江戸の栄光を復活し、徳川の恩顧をたたえるこの祭りに、政府や皇室も祝意を表したことは、江戸と徳川家の復権であると同時に、江戸と天皇との歴史的和睦《わぼく》であり、新しい時代の到来を象徴するものであったといえるでしょう。

3　立太子式

そして第四の祝祭が、掉尾《とうび》をかざった立太子式でした。

十一月三日、天長節にあたるこの日、立太子式が行われ、憲法と皇室典範に則り、第三皇子明宮嘉仁親王が一一歳で皇太子に立てられました。政治的祝祭の最後をかざる盛儀であると同時に、あらたな律《りつ》令《りょう》の発布とともに立太子式が行われるという古代の儀礼を継承して、近代天皇制の確立をみごとに示

すものとなったのです。

二月の紀元節に憲法発布、十一月の天長節に立太子式を挙行するという儀式構成により、憲法発布に象徴される近代日本が、次の世代に引き継がれることが宣言されたのです。

しかし憲法第二条に明記され、皇室典範に規定された皇位継承の方式は、皇男子孫に限られ直系を優先するという、それまでとは大きく異なったものでした。

女帝《じょてい》を排した論理はいくつかあげられていますが、男系重視の考え方でいけば、女帝本人の血統に問題はなくとも、その皇子孫の血統は皇婿の血統に影響され、憲法第一条にいう万世一系《ばんせいいっけい》の保持が困難となる、という点がもっとも大きな問題であったようです。

また嫡出を優先しようとする志向は、一夫一婦制であるヨーロッパの王権《おうけん》と同等であるためにも、重要なポイントでした。

図4　大正天皇

しかしこの時点で、新方式に則って皇太子を立てようにも親王は第三皇子一人しかおらず、しかも嫡出ではありませんでした。立太子の前に、まず嫡出問題が解決されなければなりません。明治天皇も庶出でしたが、実子の形をとって継承したことにならい、柳原愛子《やなぎはらなるこ》を母とする嘉仁親王(図4)は、満八歳に達した一八八七(明治二十)年八月三十一日、儲君《もうけのきみ》すなわち美子《はるこ》皇后の実子と定められました。

天皇を君主とする明治憲法体制は、天皇家の存続が絶対条件でした。天皇の後継者が定められたことは、近代日本の姿が将来に引き継がれることを示す政治的効果を発揮したのです。

講義のまとめ

宮城への移徙に始まり立太子式に終る一連の政治的祝祭は、天皇を東京の主として改めて確認する東京市民の儀式でもありました。維新以後の政治対立によって生じた政治的分裂は、この一連の祝祭の儀式によって国民的修復がはかられたのです。

この祝祭によって、政治空間としての東京は、維新の対立の場から国民融合、国家統一の場へと大きく転回し、徳川のお膝元から日本の首都＝帝都へと変貌したといえるでしょう。ここに、日本の近代は確立したのです。

【史料・参考文献】
勝部真長・松本三之介・大口勇次郎編『勝海舟全集』一九（「海舟日記」２）、勁草書房、一九七三年
トク・ベルツ編（菅沼竜太郎訳）『ベルツの日記』上、岩波文庫、一九七九年
家永三郎『植木枝盛研究』岩波書店、一九六〇年
稲田正次『明治憲法成立史』下、有斐閣、一九六二年

清水伸『明治憲法制定史』上、原書房、一九七一年
小山文雄『陸羯南――「国民」の創出』みすず書房、一九九〇年
坂本一登『伊藤博文と明治国家』吉川弘文館、一九九一年
鳥海靖『動き出した近代日本』教育出版、二〇〇二年
滝井一博『文明史のなかの明治憲法』講談社、二〇〇三年
小風秀雅「錦絵『士族の商法』の含意について」『日本史の研究』一九一(『歴史と地理』五四〇)、二〇〇〇年
小風秀雅「条約改正と憲法発布」荒野泰典編『日本の対外関係7　近代化する日本』吉川弘文館、二〇一二年
小風秀雅「明治憲法の発布と政治空間の変容」同編著『グローバル化のなかの近代日本――基軸と展開』有志舎、二〇一五年
小風秀雅「錦絵『憲法発布上野賑』を読む――憲法発布のもうひとつの意味」『日本史の研究』二四八(『歴史と地理』六八二)、二〇一五年
小風秀雅「憲法発布と維新史の成立――ナショナル・ヒストリーの形成と二人の『朝敵』」『歴史学研究』九三八、二〇一五年

第16講

洋装する皇后——欧化と王権

講義のねらい

大久保利通《おおくぼとしみち》が始めた殖産興業《しょくさんこうぎょう》政策が本格化して一〇年後、日本は産業革命を迎えます。欧米とは数十年の差と考えていた経済において、日本は工業化の時代を迎えました。

同時に、数百年の差があると考えられていた政治においても、日本は、一八八九(明治二十二)年に大日本帝国憲法を発布し、翌九〇(同二十三)年には帝国議会を開いて立憲国家となり、欧米に追いついたのです。欧米諸国は、日本が文明国家であることを否定できなくなり、条約改正交渉も本格化します。まさに明治十年代は、大久保がいうように日本にとって「最も肝要なる時間」でした。

文明国というと、条約改正のために鹿鳴館《ろくめいかん》外交を進めた井上馨《いのうえかおる》の欧化政策が思い浮かびますが、伊《い》藤博文《とうひろぶみ》も憲法に限らず、欧化=近代化を積極的に推進したのです。

伊藤は、一八八四(明治十七)年三月から宮内卿《くないきょう》、八五(同十八)年十二月からは内閣制度の発足とともに設置された宮内大臣として宮中《きゅうちゅう》改革に取り組みました。この時期、鹿鳴館の舞踏会で着用されるなど、洋装はしだいに広がっていましたが、皇后が洋装することには、特別な意味があったのです。

本講では、皇后の洋装が示した皇室の社会的、文化的な転換について考えます。

1　皇后の洋装と儀礼

皇后の洋装と儀礼

明治新政府はその成立初頭から欧化政策をとり、その一環として洋服着用が推進され、一八七二(明治五)年の太政官布告《だじょうかんふこく》三三九号「大礼服《たいれいふく》及《および》通常礼服を定め衣冠《いかん》を祭服《さいふく》と為《な》す等の件」により、男性については、ヨーロッパの宮廷服にならった大礼服などが正式に定められました。天皇が一八七三(明治六)年から洋装に変わる一方、皇后が黛《まゆずみ》とお歯黒《はぐろ》をやめるなどの動きはありましたが、女性の洋装化は遅れ、洋装の天皇と和装の皇后、という取合せでした。

伊藤博文は、一八八三(明治十六)年三月にヨーロッパでの立憲制度調査から帰国したのち、立て続けに日本の政治制度の改革に着手しました。その一環として、宮内卿・宮内大臣(一八八四〜八七〈明治十七〜二十〉年)として宮中の欧化にも積極的に取り組みましたが、なかでも最大の改革は、皇后の洋装を定着することでした。皇室儀礼の欧化を進め、文明国であることを欧米に示すためでした。

一八八六(明治十九)年六月二十三日、婦人服制が定められ、天皇の黙認のもと婦人洋装化の端緒が開かれました。この日、宮内大臣伊藤博文は、

自今《じこん》は場合により　皇后宮に於《おい》ても西洋服装を御用可被遊に付き皇族大臣以下各夫人は朝儀《ちょうぎ》を初

め、礼式相当の西洋服装随意に相用ふべき(『官報』一八八六〈明治十九〉年六月二十九日)と通達しています。ここで重要なポイントは、朝儀をはじめとする儀礼において、出席する皇后や華族《かぞく》の女性たちも洋服を着用することが求められていることです。

美子《はるこ》皇后は、欧化政策の先頭に立つことを強く意識し、一八八六年以降は、寝間着を除き、着衣を洋服に切りかえました。それを機に、宮中女官《にょかん》がいっせいに洋服を着用するようになりました。

一八八六年七月三十日の華族女学校(現在の学習院《がくしゅういん》女子大学)卒業式の行啓において、皇后ははじめて洋装で儀式に登場したのです。ついで一八八七年一月の新年儀式に皇后は洋装の大礼服(マント・ド・クール)で登場しました。大礼服は、肩や腰から長い引き裾《すそ》がつけられ、袖なしか短い袖のドレスで、髪に駝鳥《だちょう》の羽根をつけていました。

この大礼服はベルリンに特注し、価格は一三万円(付属品を含む)で、鹿鳴館の総工費一八万円、首相の年俸が一万円と比べると、いかに皇后の洋装を重視したのかがわかるでしょう。そのためか、一八八七年一月十七日に公布された「女子洋装奨励の思召書《おぼしめししょ》」のなかで、皇后は、殖産興業の観点から、日本製の服地を使用するように、との方針を示しています。

当初、皇后や女官の洋服は、外国に発注するか、在日の外国人が縫製していました。皇后は、ヨーロッパの王室のほぼすべてを顧客としていたパリのデザイナー、シャルル・フレデリック・ウォルトに注文したこともありましたが、しだいに日本で縫製するようになっていきます。

ベルツと伊藤

なぜ、これほど急に洋装が進められたのでしょうか。

伊藤博文は、ベルツに洋装の徹底を相談した時、猛反対したベルツにこう語っています。

かつて伊藤侯《こう》が宮中で洋式の服装が採用になる旨、自分に告げた時、見合わせるよう切に勧めていった——何しろ洋服は、日本人の体格を考えて作られたものではないし、衛生上からも婦人には有害である、すなわちコルセットの問題があり、また文化的・美学的見地からは全くお話にならないと。伊藤侯は笑っていわく「ベルツさん、あんたは高等政治の要求するところを何もご存じないのだ。もちろんあんたのいったことは、すべて正しいかも知れない。だが、我《わ》が国の婦人連が日本服で姿を見せると人間扱いにはされないで、まるで玩具か飾り人形のようにみられるのでね」と。伊藤侯が自分の忠告ないしは願望を斥けたのは、これがたった一度きりだった。(『ベルツの日記』一九〇四年一月一日)

宮廷の欧化のため来日したオットマール・フォン・モールも、宮廷衣装には日本の民族衣装を使うべきだと主張しましたが、伊藤ははねつけています。

ペテルブルク、ブダペスト、それにルーマニアや他の宮廷では民族衣装が使用されているという論拠も、伊藤伯《はく》には何らの印象も与えなかった。……伊藤伯は、衣装問題は日本では政治問題であり、宮内省には決定的な見解を述べる権限はないと伝えてきた。そして彼はこの問題はすでに決定済みであり、既成事実について今更《いまさら》議論して大切な問題を空費すべきではないと言明した。(『ドイツ貴族の明治宮廷記』）

皇后の皇室儀礼

洋装がもっとも必要とされたのは、外交儀礼においてでした。

皇后が外交儀礼として、外国貴賓を謁見《えっけん》することを日本人としてはじめて経験したのは、岩倉使節団《いわくらしせつだん》でした。岩倉使節団は、ベルギーやドイツ、オーストリアで、皇帝と謁見したのちに皇后との謁見を許されています。一八七三年三月十一日、ベルリンでドイツ帝国皇后アウグスタに謁見した時のようすは、『米欧回覧実記《べいおうかいらんじっき》』に次のように記されています。

　后宮《こう》に至る、礼帝に於《おけ》るか如し、后亦《また》書記官と数語を接す（英仏両語皆通す）、帝と后と皆室の中央に直立倚坐《いざ》の設なし

この儀式は日本でも取り入れられ、皇后の謁見が公式の外交儀礼として位置づけられたのは一八八八（明治二十一）年のことでした。この年の五月八日、外賓の妻が皇后に謁見を許されました。同年十一月二十日には皇后謁見所として宮城に「桐の間」が設置され、「鳳凰の間」で天皇に謁見したのち、「桐の間」で皇后に謁見するというヨーロッパ流の謁見スタイルが定着したのです。

皇后の国家的役割は拡大し、日本赤十字の主宰をはじめ、慈善事業、展覧会、病院、学校への行啓など、幅広い公的活動を展開しました。こうして、洋装と和装の二重服制が男女ともに成立したのです。

皇后の公的活動について、オットマール・フォン・モールは、著書にこう記しています。

洋風に王侯の職務を果たすことを感受性の強いいまの皇后は熱心に望まれた。ドイツ帝国皇后兼プロイセン王国王妃アウグスタの実例が、日本の皇后にとって模範となった。国民教育制度への関与、病人の看護、日本赤十字会長の座につくこと、外交団ならびにしきりに東京の宮中を来訪するようになった外国の王侯たちの応接、それに時代の精神的なすべての動きに関心を寄せることなどが日常のご生活のなかで皇后がもっとも心にかけられたことがらであった。皇后がぜひ知りたいと願われたのはこうした王妃としてのお仕事であった。

2 一対の夫婦

憲法発布式

皇后の洋装は、外交儀礼だけではなく、国民に対しても大きな影響をあたえました。

一八八九(明治二十二)年二月十一日の憲法発布の式典において、皇后はフランス製のダイヤモンドの王冠をつけ、バラ色の中礼服《ちゅうれいふく》(ローブ・デコルテ)を着て、臨席しました。憲法発布の式典に参加した女性は、皇后はじめ、有栖川宮妃《ありすがわのみやひ》、北白川宮妃《きたしらかわのみやひ》などすべて洋装でした(図1)。

ローブ・デコルテは、一般のイブニングドレスに相当し、新年の宴会、内外の要人を招いての晩餐会、天長節《てんちょうせつ》(天皇誕生日)、地久節《ちきゅうせつ》(皇后誕生日)などでも、ローブ・デコルテに長い白手袋、ティアラ、勲章佩用《はいよう》、象牙《ぞうげ》の扇子《せんす》などの衣装で臨んでいました(図2)。

発布式に参列を許された女性はごくわずかでしたが、彼女たちの存在はこの式典にとって欠くことのできない、きわめて重要な役割を果たしていたのです。彼女たちの参列によって、憲法発布の式典は、君主《くんしゅ》・臣下《しんか》ともに夫妻で参加するヨーロッパ流の儀式となり、国際的な基準に照らして遜色のないものとなったのでした。

その後観兵式に向かう途上、洋装の皇后ははじめて天皇の馬車に同乗し、国民の前に一対の夫婦としての姿をあらわされました。華族女学校の英語教師のアリス・ベーコンは「妻の地位に対する西洋的な考え方を公式に採用したことになった」としていますが、当時の日本人にとっては、二つの意味でショッキングな出来事でした。

図1　和田英作画「憲法発布式」

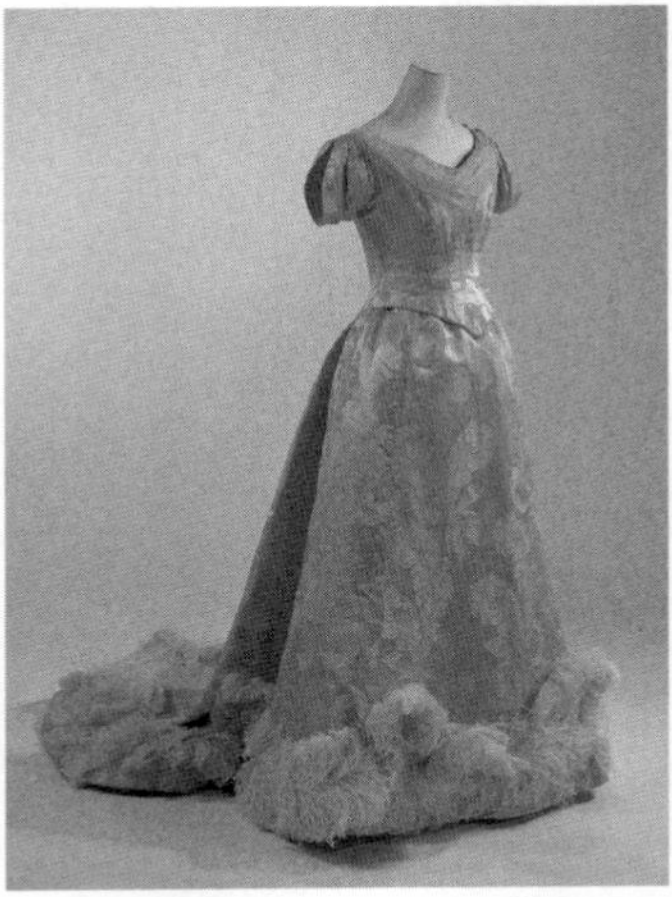

図2　憲法発布当時の中礼服(発布式で着用か)

症状から回復されたし、また東宮にも、家庭生活が良い影響を及ぼしたことは否定できない。（一九〇五年六月六日）

皇孫の誕生は、皇位継承に対する不安をぬぐい去っただけでなく、日常においても、ヨーロッパ流の新しい生活スタイルと、一夫《いっぷ》一婦《いっぷ》制に基づくあらたな家族像を国民に可視化してみせたのでした。

図5　1904年頃沼津御用邸で　右から，嘉仁皇太子(大正天皇)，迪宮裕仁親王(昭和天皇)，淳宮雍仁親王(秩父宮)，侍従。

講義のまとめ

皇后の洋装は、皇室の欧化を象徴するものでした。

一八八五(明治十八)年以降、伊藤博文によって進められた政治制度改革は、日本の近代化を欧米諸国にアピールするものでしたが、制度という外面だけを改革しても欧米の評価は変わりません。日本が内側から変化し文明化したことをアピールするには、皇室がヨーロッパの王室と同様の王権《おうけん》であることを示すことが必須でした。

改革を目に見える形で示したのが皇后の洋装であり、率《そっ》先垂範《せんすいはん》して推し進めたのが、美子皇后だったのです。皇后の洋装は、伊藤の宮中改革において、もっとも象徴的な出来事であったといえるでしょう。

皇室の欧化改革は、宮中で進められただけではありません。憲法発布の式典において、洋装の天皇夫妻が同じ馬車に同乗し、西洋式の一対の夫婦として民衆の前にあらわれたことにより、欧化は国民が等しく共有すべき課題として、広く認識されたのです。

日本の欧化は、その後も進められていきましたが、その幕を開けたのが、皇后の洋装だったのです。

【史料・参考文献】

トク・ベルツ編(菅沼竜太郎訳)『ベルツの日記』上、岩波文庫、一九五一年

久米邦武編『米欧回覧実記』五、岩波文庫、一九八二年

オットマール・フォン・モール(金森誠也訳)『ドイツ貴族の明治宮廷記』新人物往来社、一九八八年

アリス・ベーコン(矢口祐人他訳)『明治日本の女たち』みすず書房、二〇〇三年

明治神宮監修『昭憲皇太后実録』全三巻、吉川弘文館、二〇一四年

高木博志『近代天皇制の文化史的研究』校倉書房、一九九七年

若桑みどり『皇后の肖像——昭憲皇太后の表象と女性の国民化』筑摩書房、二〇〇一年

片野真佐子『皇后の近代』講談社選書メチエ、二〇〇三年

坂本一登『伊藤博文と明治国家形成』講談社学術文庫、二〇一二年

小風秀雅『アジアの帝国国家』(日本の時代史23)吉川弘文館、二〇〇四年

第5章　新たな世紀へ

アンリ・メイエ画
「中国：王と皇帝たちのケーキ」
(『ル・プチ・ジュルナル』1898 年)

遼東《りょうとう》半島が還付された1898年，列強は一斉に勢力拡大に走り出しました。この中国分割に，奥の清《しん》はお手上げです。ケーキの取り合いに参加したのは，左からイギリス(ヴィクトリア女王)，ドイツ(ヴィルヘルム二世)，ロシア(ニコライ二世)，フランス(描かれている女性マリアンヌはフランス共和国の象徴)，日本。

旅順《りょじゅん》(Port Arthur)を押えるロシアの肩には，フランスの手がおかれ，露仏同盟を暗示しています。イギリスとドイツは，膠州《こうしゅう》湾(Kiao Tcheou)をめぐってにらみ合いますが，ドイツのほうが強硬です。丁髷《ちょんまげ》の日本は考慮中です。この後，アメリカが「門戸開放・機会均等」を主張して割って来るのです。

第17講

条約改正の実現——辿り着いた「文明国」

講義のねらい

憲法発布は、条約改正の引き金になりました。井上馨《いのうえかおる》の条約改正交渉において、列国《れっこく》が外国判事の任用と西洋主義の法典整備のチェックにこだわり、無期延期に追い込んだ主たる理由は、日本の法典整備が遅れていることでした。それが、ヨーロッパの現状からみても十分に立憲的な憲法が制定され、諸法典も制定・施行された以上、条約改正に応じない理由は失われたのです。

そして、五年後には関税自主権を除く条約改正が実現し、日本は国際社会における対等な地位をほぼ獲得しました。

明治維新《めいじいしん》において掲げられた国是(国家目標)には、「公議輿論《こうぎよろん》」(五箇条の誓文《せいもん》)と「万国対峙《ばんこくたいじ》」(廃藩置県《はいはんちけん》)がありましたが、これらは、憲法制定と条約改正として実現したのです。二つの国是が実現したことは、近代国家への転換の努力が実を結んだという点で、近代国家の確立を意味していました。

本講では、井上馨の改正交渉以後、条約改正の実現にいたる日本の取組みと列強《れっきょう》の対応について考えます。

1 大隈交渉

大隈重信の改正交渉

一八八八(明治二十一)年二月一日、伊藤博文《いとうひろぶみ》首相の求めにより大隈重信《おおくましげのぶ》が外相に就任しました。七年前、憲法制定の主導権をめぐって対立し明治十四年の政変の当事者となった二人が、条約改正に取り組むことになったのです。

大隈の交渉案には、①内地開放、数年後の居留地・領事《りょうじ》裁判権の廃止、②外国人判事の任用は大審《だいしん》院《いん》の外国人被告裁判事件に限ること(一〇～一二年の新協定期限後に廃止)、③刑法・民法・商法・刑事訴訟法・民事訴訟法などの重要法典を改正編纂し、その英訳を一年半以内に公布すること、④関税率の引上げ、などが盛り込まれました。

しかし、改正の基本的な内容は、前任の井上馨と同じく法権・税権の一部回復でした。井上の改正交渉の内容より改善されたものの、まだ対等条約とは言いがたいものだったのです。

イギリス公使館書記官のガビンズは、「間もなく法典の完成を経て交渉が再開される場合は、現状維持を望む列国には脅威になるかもしれない。しかしそれは遠い将来のことだ」と分析し、日本の準備はまだ不十分で、二、三年は動きがないとの見方を示しています。

しかし、予想に反して、憲法をはじめ、重要法典の制定は進展しました。一八八八年十一月三十日の閣議に、年内に民法、商法、訴訟法、裁判所構成法の編纂が完了し、元老院《げんろういん》に付議するとの予定が報告されたのです。さらに一八八九(明治二十二)年二月に憲法が発布されました。大隈は横浜外国人商業会議所での祝賀会で、「国民の熱望がまだ一つかなえられないままである。それが即ち条約の改正である」と述べ、条約改正に積極的な姿勢を示しました。

加えて、個別交渉方式を採用したことが、交渉を進展させる効果を生みました。この方式は、岩倉使節団《いわくらしせつだん》でも問題になったように、最恵国待遇《さいけいこく》によって、未締結国にも無条件に改正内容が適用される恐れがありました。これを防ぐために、領事裁判権を撤廃しないかぎり内地開放は認めない、という条件を付したのです。

イギリスが固執していた「列国協調」もほぼ機能しなくなっていました。交渉相手は、ドイツ・アメリカ・イギリス・フランス・ロシア・イタリア・オーストリアの七カ国にしぼられ、その他の国々については、交渉成立の場合は異論を唱えないであろうとの見通しから七カ国との交渉終了後に見送られました。

交渉は、外務省と駐在公使の二つのルートで行われました。大隈は、最初の交渉相手にドイツを選び、一八八八年十一月二十六日、駐日ドイツ公使に条約改正案を提示するとともに、本国政府との協議のため西園寺公望《さいおんじきんもち》駐独公使に郵送しました。最初の交渉相手にドイツを選んだのは、井上の交渉の際に日本に好意的だったためでした。ついで十二月に他の六カ国の駐日公使に提示され、一八八九年一月七日、イギリス・フランス・オーストリア・ロシア・イタリアに駐在する公使に郵送されました。

条約の実施期日は憲法発布一周年にあたる一八九〇(明治二十三)年二月十一日が想定されていました。

改正条約の調印

交渉は秘密裡に進められました。列強は、おおむね好意的でした。

もっとも早く合意したのは、アメリカでした。アメリカ政府は上院の同意をえるため、議会の会期中に速やかに調印することを求め、ハッバート駐日公使に条約締結を委任し、改正条約の内容についてはほとんど交渉せずに、憲法発布のわずか九日後の二月二十日、東京において改正条約に調印したのです。この時日本は、年内に刑法、治罪法、民法、商法、刑事・民事訴訟法の編纂を完了することを約束しています。

ドイツもただちに交渉に入ることを承諾し、駐日公使ではなく本国政府が対応することとしたため、大隈は西園寺公使に全権を委任し、六月十一日、ベルリンにおいてビスマルクと新条約に調印したのです。さらに七月二十日にはフランスとのあいだで合意に達して仮交渉が結了し、八月八日には東京においてロシアとのあいだに改正条約が調印されました。

イタリアは、通商《つうしょう》に関して修正を提案しましたが、日本側は拒否しました。ベルツは次のように日記に記しています。

イタリア公使は、列強の結束が破れたのを見てとって、日本人が図に乗ってきたことを、ひどくこぼしていた。マルチノ公使の言葉を借りると――もはや問題は、西洋人が日本人を同権と認めるや否やにあるのではない。日本人は条約改正に当り、一切を獲得しようとしているが、そのくせ、何一つとして与えようとはしない。（七月二十四日）

イギリスは当初、単独交渉開始に同意せず、その後ドイツやロシアが新条約調印に踏み切るのをみて承諾したものの、交渉の開始は七月末にずれ込みました。なお、オーストリアは九月二十五日に本国で協議を開始した旨を、戸田氏共駐オーストリア公使に回答しています。

大隈案と違憲論

当初、大隈が条約励行により現行条約の不便さを外国人に知らしめて、条約改正の促進をはかろうとする強硬策をとったことから、大隈の交渉に対する世論の期待は高まっていました。

大隈は、法典編纂・条約改正に議会が関与することを回避しようとして、帝国議会の開会（一八九〇年十一月二十九日、憲法施行と同時、**図1**）以前に新条約を実施する予定でいましたが、一八八九年四月十九日の『タイムス』に日米新条約案の大綱が紹介され、これを陸羯南《くがかつなん》の新聞『日本』が五月三十一日から六月二日にかけて「条約改正に関するタイムス説」として連載したことから、対等条約の締結を期待していた世論は二分され、議論が沸騰しました。

大審院の外国人被告裁判事件における外国人判事の過半数任用、重要法典の編纂公布への保証などの条件が盛り込まれた条約案は対等とはいえず、対等条約の締結を期待していた国内の強い反発を受けた

図１　有山定次郎画「帝国議会開院式之図」(1890年，リトグラフ〈石版筆彩〉)

だけでなく、政府内部からも反対が出るにいたったのです。

最大の論点は、憲法に照らして領事裁判権は違憲となるという点でした。内閣法律顧問のロエスレルは、領事裁判権は、憲法第四条の「天皇は国の元首にして統治権を総攬《そうらん》し、此《こ》の憲法の条規《じょうき》に依《よ》り之《これ》を行ふ」に反しており、領事裁判権を含む条約は憲法違反であり無効である、と明言しています。場合によれば、条約の廃止もありえました。国際法では正当性があり実例もありました。

アメリカ・ドイツ・ロシアは調印した条約の批准を見合わせました。この事態に、金子堅太郎《かねこけんたろう》は「一度《ひとた》び決了すれば後日如何《いかん》とも為《な》すこと能《あた》は」ず、と交渉の中止を、枢密院《すうみついん》議長の伊藤博文に進言しています。

十月十五日の御前《ごぜん》会議においても賛否が対立して結論が出ずに終ると、十八日には大隈がテロに遭遇して負傷し、黒田清隆《くろだきよたか》内閣は大隈外相を除いて二十四日に辞職しました。

黒田のあとは、内大臣《ない》の三条実美《さんじょうさねとみ》が首相を兼任しましたが、この内閣は歴代内閣には含まれない、臨時的なものでした。伊藤は一八八九年十一月、外国判事の任用は憲法に違反するだけでなく、将来立法権を束縛する危険がある、などとして延期を求める意見書を三条に提出しました。これを受けて三条内閣は十二月十日、「欠点の条約を締結せず……将来に我《わ》が目的を達すべきの機会を待つべし」として条約交渉の中止を決定しました。その結果、大隈は辞任したのです。

2 青木交渉

対等条約の要求と青木周蔵による交渉

大隈の交渉が延期されたことは、完全対等条約への志向を強めさせることとなりました。この問題が議会において最大の論点となることは明らかであり、議会の協賛をえられる内容でなければ、条約締結は不可能となったのです。憲法・議会を所有した段階において、日本の主張は漸進的な改正から、完全対等へと大きく変化したのでした。

ついで成立した第一次山県有朋《やまがたありとも》内閣では、外交官出身の青木周蔵《あおきしゅうぞう》が外相に就任しました(図2)。青木は、対等が必須として、対等合意をめざす「青木覚書《おぼえがき》」を作成しました。

覚書には、外国人判事の大審院任用の中止、法典編纂に関する約束の取消し、在日外国人の法律遵守、などがあげられ、大隈案で批判された条項を削除し、対等であることが必須の条件である、と記されました。覚書は、一八九〇(明治二十三)年二月十二日の閣議で決定されました。

青木は、駐日イギリス公使フレイザーと交渉を進めました。

青木は次のように主張しています。

我が帝国もまた立憲制度を設けたる今日となりては、間接にも議会の協賛を得難《えがた》き約案を提出するは、到底《とうてい》人我を欺罔《ぎもう》するの譏《そしり》を免れざる旨(『青木周蔵自伝』)

青木は二月二十八日に、「立憲制度と治外法権《ちがいほうけん》とは互に相牴牾《ていご》して、到底両立し得べきものに非らず」と記した覚書を送付し、つづいて各国公使に提示したほか、ヨーロッパの新聞に掲載しました。これを受けて、『タイムス』は四月十二日に以下の記事を掲載しています。

彼らは、法を侵害しようとするいかなる試みにも正当に怒りを覚えている。……彼らとうまくやっていきたいと思う国は、彼らの最近の国民的抱負に活動の余地を与えるほうが賢明だろう。

図2　青木周蔵と娘ハナ

イギリスとの交渉の進展

憲法に続いて、諸法典も続々と公布・施行されました(表1)。この段階において、イギリスの対日姿勢も著しく変化し、ソールズベリ首相兼外相は、外国人裁判官の任用要求を放棄することをはじめ、できるだけ日本の要求に応ずることとし、フレ

表1　法典の整備過程

法律名	公布日	施行日	備考
改正刑法	1880/7/17	1882/1/1	
治罪法	1880/7/17	1882/1/1	1890/11/1廃止
裁判所構成法	1890/2/10	1890/11/1	
刑事訴訟法	1890/10/7	1893/11/1	治罪法を改正
民法(1)	1890/4/21	1893/1/1	財産，財産取得，債権担保，証拠篇
民法(2)	1890/10/7		財産取得篇の残部，人事篇92年施行延期，98年廃止
商法	1890/4/26	1891/1/1	
民事訴訟法	1890/4/21	1891/1/1	

イザー駐日公使に次のように指示したのです。

日本政府が今回の提議を採用するを正当と認めたる所の理由の確実なる事に関しては、英国政府は更に疑《うたがい》を容るる事を欲せざるなり(『日本外交文書』第二三巻、六月五日)

これを受けて、七月十五日フレイザー公使は、「此上にも際限なき譲与を要求し……新意見を提出する希望なきこと」を日本側に要望して、イギリス政府起草の条約案および議定書《ぎていしょ》を提出しました。

イギリスの方針転換について、外国人顧問のデニソンは、五年後のシベリア鉄道の開通が世界の情勢に大変化をおよぼすことを危惧したため、井上・大隈外交で示されたロシアの対日宥和政策に対抗する意図があった、と推測していますが、ソールズベリの指示からは、イギリスが原則論からみて、日本案に反対する根拠がなくなったこと、日本の議会開会が間近に迫り政府が世論に引きずられる危険、などを認めたことがうかがえます。イギリスの方針転換により、条約改正への道は大きく開かれるにいたったのです。

しかし意外にも、閣議では異論が噴出しました。青木はこれを「隴《ろう》を得て蜀《しょく》を望む」類の過大な要求としていますが、可能なかぎり完全な条約の締結をめざして、イギリスが不同意をあたえないかぎりであらたな要求を加えることとしました。条約批准交換後ただちに関税を賦課し、一八九七(明治三十)年に関税自主権を完全に回復するかわりに、領事裁判権の撤廃を一年延長して六年後とする、と変更することで承諾を取りつけたのです。

しかしこの交渉によって、条約の調印は遅れることとなり、一八九一(明治二十四)年四月の大津《おおつ》事件の勃発により、第一次松方正義《まつかたまさよし》内閣の成立直後の五月二十九日、青木周蔵は辞任に追い込まれ、実現直前であった条約改正は大きく後退せざるをえない状況となったのです。

後任の外相榎本武揚《えのもとたけあき》は、一八九一年十月に記した「条約改正に関する断案」において、青木について、高く評価しています。

(歴代外相の条約改正交渉のうち青木外相にいたって)遂《つい》に能《よ》く、殆《ほと》んど対等条約に近き立案を提出し、而《しこう》して英政府をして一二条項を除く外《ほか》はその重要の部分を承諾せしむるに至りたるは、殆《ほと》んど意想外の結果と謂《い》はざる可《べか》らず

そして、青木の交渉が井上・大隈と違う点は「立憲政体の下では治外法権が存在することは許されない」ところにあるとして、青木の交渉の根拠に憲法発布があったことを指摘しているのです。

3　陸奥・青木交渉

「純然たる互相均一の対等条約」をめざして

図3　陸奥宗光(中央)・妻亮子・長男広吉

ついで条約改正を担当したのは、第二次伊藤博文内閣の外相陸奥宗光《むつむねみつ》でした(図3)。

陸奥は、「朝野《ちょうや》の期待」に応えなければならないとして、これまでの交渉が、国内の反対で挫折してきたことへの反省から、「純然たる互相均一の基礎を以《もっ》て成りたる対等条約」案を提出しました。交渉がたとえ失敗に終っても「国民の対外思想を喚起し、従来政府に向けられた鋭鋒を海外に転向せしめることができる利」がある、と主張したのです。

交渉案には、内地開放、領事裁判権の撤廃のほか、あらたに法権の一斉施行(領事裁判権の即時廃止)、外国人の土地所有の全面禁止、沿岸貿易の不許可、などが規定されましたが、青木案との大きな違いは、法典整備の進展の違いから、青木案で規定されていた条約実施後五年間の領事裁判権の継続が、陸奥案では削除されたことでしょう。その他、関税自主権は盛り込まれませんでしたが、税目と税率の変更が盛り込まれました。

陸奥は本国政府との直接交渉方式をとり、最初にイギリスとの交渉を開始しました。一八九二年に駐独全権公使に赴任していた青木に駐英公使を兼任させ、九四(明治二十七)年には駐英公使に移して、交渉を進めたのです。交渉の連続性に期待したためと思われます。

青木の外相時の交渉は東京で行われたのに対して、駐英公使時の交渉はロンドンで行われました。陸奥は、イギリス、ドイツ、アメリカと同時交渉を進めることでイギリスに優位に立つことを考えていましたが、青木は、イギリスが「改正を決行せらるる方が将来の利益」として改正に応じれば、他の列国も同意するとの見通しを有していたため、イギリスとの交渉を優先しました。青木は一八九三（明治二十六）年十二月に全権委任状を受け、ロンドンに滞在していた駐日公使フレイザーと交渉に入りました。

日英通商航海条約の締結

イギリスは、民法の未整備、条約改正案のたびたびの変更などを問題視しましたが、もっとも重視したのは、日本が法典実施の保証をあたえなかったことでした。陸奥は議会に対してもこのような約束はできないとしましたが、青木は保証なしには交渉成立の可能性がないと主張し、陸奥は秘密文書で保証するとしたものの、イギリス側がそれでは国民を納得させられないと主張したため、結局は外交文書で保証することとなりました。

その後も、対英交渉が停滞するなか、条約の廃棄を匂わすような発言も飛びだすなど、交渉はたびたび紛糾しました。その過程で日本は、調印後実施の五年間延期、イギリスの沿海貿易権の拡大、協定関税の見直し、新条約の存続期限、などで譲歩を余儀なくされたものの、最終的に、一八九四年七月十六日、日英通商航海条約は調印にこぎつけ、八月二十四日、条約は批准されました。伊藤、陸奥、青木の連携が効果を発揮したのです。

日英新条約の締結は大成功でした。条約改正が実現したのです。ベルツは、八月二十七日の日記にこう記しています。

信じられないほど一方的に、日本にとって有利である。日本は一か月後、ただちにその関税を引上げることができ、また、その希望する時期に初めて、本条約の効力を発生させればよいのである。他の強国も、すぐあとに続くだろう。

続いて陸奥の任期中に、アメリカ、イタリア、ロシア、ドイツと改正条約を結び、フランス、オーストリアは少し遅れて、陸奥の辞任後に締結しました。

以降、翌一八九五(明治二十八)年にかけて一四カ国とも調印し、不平等条約を結んでいた一五カ国すべてと条約改正(領事裁判権の撤廃)がなしとげられたのです。条約は一八九九(明治三十二)年から実施され、日本は内地開放(内地雑居)に踏み切りました。

残る関税自主権の回復については、日英通商航海条約が期限を迎えた一九一一(明治四十四)年に、第二次桂《かつら》太郎《たろう》内閣の外務大臣小村寿太郎《こむらじゅたろう》が、日米通商航海条約の改正時に関税自主権の完全回復を盛り込み、条約改正は完全に達成されました。

講義のまとめ

条約改正を機に、文明国たるためには、日本の歴史や文化をふまえ、日本人としての自覚のもとに国際社会のなかで自立しなければならないという意識が生み出されました。

当時の優れた日本人による英語で書かれた日本論である内村鑑三《うちむらかんぞう》の『代表的日本人』(一八九四〈明治二十七〉年)、新渡戸稲造《にとべいなぞう》の『武士道《ぶしどう》』(一八九九〈同三十二〉年)、岡倉天心《おかくらてんしん》の『東洋の理想』(一九〇三〈同三十六〉年)や『茶の本』(一九〇六〈同三十九〉年)などに、日本という意識が強くあらわれているのも、世界の文明社会のなかで日本が政治的・文化的に自立し、欧米に対して対等な国家として対等な理解を求める、という対外的な自立意識、ナショナル・アイデンティティの表れだったといえるでしょう。

条約改正は、「万国対峙」という維新政府の国是が実現したというだけでなく、国際社会における日本の対等化の実現により、日本人の国際意識も変化していったのです。

【史料・参考文献】

日本学術振興会編『条約改正関係日本外交文書』第三巻、日本出版配給統制会社、一九四五年
榎本武揚「条約改正ニ関スル断案」外務省編『日本外交文書』第二四巻、日本国際連合協会、一九五二年
坂根義久校注『青木周蔵自伝』平凡社東洋文庫、一九七〇年

大山梓・稲生典太郎編『条約改正調書集成』上、原書房、一九九一年
山本茂『条約改正史』高山書院、一九四三年
川島信太郎著、外務省監修『条約改正経過概要』日本国際連合協会、一九五〇年
中村菊男『近代日本の法的形成——条約改正と法典編纂』有信堂、一九五六年
稲生典太郎『条約改正論の歴史的展開』小峯書店、一九七六年
坂根義久『明治外交と青木周蔵』刀水書房、一九八五年
萩原延壽『陸奥宗光』朝日新聞社(二分冊)、一九九七年
ドナルド・キーン(角地幸男訳)『明治天皇』全二冊、新潮社、二〇〇一年
藤原明久『日本条約改正史の研究』雄松堂出版、二〇〇四年
大石一男『条約改正交渉史』思文閣出版、二〇〇八年
五百旗頭薫『条約改正史』有斐閣、二〇一〇年
小風秀雅「条約改正と憲法発布」荒野泰典編『日本の対外関係7　近代化する日本』吉川弘文館、二〇一二年
小風秀雅・大石一男「条約改正交渉をめぐる国際関係」森田朋子・小風秀雅編『明治維新史講座6　明治維新と外交』有志舎、二〇一六年

第18講

日清戦争と三国干渉――連動する欧亜

講義のねらい

本講では、三国干渉《さんごくかんしょう》をテーマに、日清《にっしん》戦争が世界にどのような影響をおよぼしたのか、について考えたいと思います。

三国干渉について、ジャーナリストの徳富蘇峰《とくとみそほう》はこういっています。

戦争によりて巨人となりし国民は、平和談判のために一夜に侏儒《しゅじゅ》となれり(『蘇峰文選』)

しかし三国干渉によって、列強《れっきょう》の東アジア政策にズレが生じて「列国割拠」の状態となり、「ヨーロッパの協調」が破れたことは、欧米にとっても大事件でした。

日清戦争は、近代における初の本格的な対外戦争ですが、日本史の文脈では、国家の存亡をかけた日《にち》露《ろ》戦争のほうが重要と考えられています。しかしアジア史の文脈では、アジアにおける冊封《さくほう》体制と国際法体制という二つの国際原理の対立に決着がついた、という点では、中国が敗北したことのほうが、より重要だったでしょう。新しいアジアの模索が始まります。

一方、欧米の侵略に対抗してきたアジアの華夷秩序《かいちつじょ》の崩壊、ということを西洋史的視点からみれば、欧米列強の利害対立と「中国分割」と呼ばれる利権獲得競争が公然化するきっかけでした。協調の十九世紀から、対立の二十世紀へと転換したのです。その変化を明確化させたのが、三国干渉だったのです。

これはコインの裏表の関係にあるのですが、アジア史と世界史という異なる視点からは、日清戦争には二つの面が重なってみえるのです。

1　アジア史のなかの日清戦争

日清戦争以前

まず、アジア史における意味について考えてみましょう。

朝鮮をめぐる日本と清の対立については、第11講、第12講で説明したように、伝統的な華夷秩序と、近代国際法的秩序の外交原理の対立がありました。

清は周辺のアジア諸国に対しては伝統的な華夷秩序の有効性を主張していました。列強のアジア進出で、周辺地域の植民地化《しょくみんちか》が進行し、清が華夷秩序を主張しうる地域はしだいに限定されていきましたが、朝鮮に対する清の宗主権《そうしゅ》は、日本との対立の過程のなかでしだいに強化されていったのです。

これに対して当時の日本は、清との関係を、西洋文明（新文明）―東洋文明（旧文明）という対立としてとらえていました。文明化した日本は、西洋世界にさきんじてアジアを文明化する責務をおうことになります。朝鮮の独立はその象徴でした。

しかし実際には、中国の主導性を打破することは困難で、文明の名のもとに行った朝鮮改革も、壬午《じんご》事変《じへん》・甲申政変《こうしんせいへん》によって中国の前に挫折しました。第12講でふれた福沢諭吉《ふくざわゆきち》の「脱亜論《だつあろん》」(『時事新報』一八八五〈明治十八〉年三月十六日)は、一八八四(同十七)年に朝鮮で起こした甲申政変が失敗し、日本による朝鮮の「文明化」が失敗したことを逆説的な形で表現した言説です。

日清戦争開戦時に福沢諭吉は「日清戦争は文野の戦争」と表現し、陸羯南《くがかつなん》は戦争の目的を「(東洋の)野蛮を化して文明となす」と評しました。

こうした視点からみると、日清戦争による日本の勝利は、とりもなおさず「文明」の勝利でした。日露戦争では反戦や非戦が唱えられましたが、日清戦争では、そうした動きがなかったことからも、うかがえます。

華夷秩序の消滅

日清戦争後に起きた変化の第一は、華夷秩序の崩壊です。

日清戦争によって、清国は朝鮮に対する宗主権を放棄し、朝鮮をめぐる日清の対立に終止符が打たれました。日本は、日清戦争の大義名分として、一八九四(明治二十七)年八月一日に出された開戦の詔勅《しょうちょく》で、「朝鮮は帝国か其《そ》の始《はじめ》に啓誘《けいゆう》して列国《れっこく》の伍伴《ごはん》に就かしめたる独立の一国たり」と宣言しました。陸奥宗光《むつむねみつ》外相も「元来日本国の宣言するところにては、今回の戦争はその意全く朝鮮をして独立国たらしめんにあり」(『蹇蹇録』)と記しています。

一八九七(明治三十)年、華夷秩序から脱した朝鮮は、国号を大韓帝国《だいかんていこく》に改めました。また、琉球処分《りゅうきゅうしょぶん》以来、続いていた琉球の帰属問題の対立も自然消滅して、最終的に決着しました。

華夷秩序の崩壊は、東アジアにおける清の盟主としての地位の喪失であり、同時に「中国分割」の始まりでもありました。

革命運動の台頭

変化の第二は、東アジアに近代化への動きが強まっていったことです。

清では、光緒帝《こうしょてい》による戊戌変法《ぼじゅつへんぽう》に代表される改革運動や、孫文《そんぶん》などの革命運動が動きだしました。近代化のモデルを求めて来日する留学生が増加し、孫文は革命運動の根拠地を日本におきました。そして、日清戦争から一六年後には、大帝国の清が崩壊するのです。朝鮮においても近代化をめざす改革に拍車がかかりました。

日本のアジア認識にも変化が生まれ、福沢諭吉の『脱亜論』にみられる文明―非文明(野蛮)とは異なる、西洋―東洋という対立軸に基づくアジア論が広がっていきました。欧米を西洋として一つの世界とみるのと同様、日本、中国、朝鮮などを一つの世界として東洋ないしはアジアとして意識したのです。岡倉天心《おかくらてんしん》は『東洋の理想』という英文の著作の冒頭で、「Asia is one」と記し、日本は「全アジアの意識を映し出す鏡」と書いています。

また、アジアの自立を主張するアジア盟主論や日清提携論、興亜論《こうあろん》が展開され、アジアの近代化をリードしようとする動きもみられました。

現実の日本が列強としての地歩を固めはじめるなか、日本のアジア認識も、優越・連帯・蔑視などの視線が複雑に絡み合い、多様化しはじめたのです。

2 欧米にとっての日清戦争

日本の勝利への恐れ

日清戦争は、朝鮮をめぐる日本と清との主導権争いに端を発した戦争でしたが、不平等条約体制を一挙に動揺させました。

日清開戦の時、ロシア・イギリスは日清間の紛争の調停を申し入れてきました。とくにイギリスは中国寄りの姿勢を示して、日本の譲歩を引きだそうとしましたが、これも東アジアで最大の権益を有していたイギリスが、その保全のため「東洋の平和を擾乱《じょうらん》せざること」を望んだためでした。また、駐清ドイツ公使ブラントは、「東アジアの商人と工場主が本国政府に求めているのは、とどのつまり『同様の利害への共同擁護』という文に要約し得る」といっています。開戦当時、列強の関心は、条約体制の維持と権益の確保にありました。

清が講和を模索しはじめたのは、一八九四(明治二十七)年十二月でした。日清講和交渉は、九五(同二十八)年二月一日に、広島で日清全権の第一回会議が開かれましたが、全権委任状の不備を理由に日

図1　李鴻章

本は交渉を拒絶しました。翌二日には威海衛《いかいえい》の陸岸《りくがん》を占領して同港を封鎖し、十二日には北洋艦隊司令官丁如昌《ていじょしょう》を降伏に追い込みました。

三国干渉

日本側が圧勝に終る情勢になると、列強は、日本の発言力が増して自分たちの権益がおびやかされることを恐れるようになりました。講和交渉を進めるなか、日本はロシア、ドイツに干渉の動きがあることを察知していました。清国政府も「欧州四強国の干渉」を求める姿勢を示し、列強の干渉はしだいに現実性をおびてきたのです。

二月一日、ロシアは英仏と連合して日本の中国進出に干渉することを決定しました。二月九日のロシアの新聞『ノーヴォエ・ヴレーミヤ』はこう報じています。

> 中国の未来は日本の手中にあるわけではない。中華帝国はヨーロッパの三強国と直接領土を接する隣国である。……これまでの歴史的経緯からこの三国は自分の当然の権利に誰も干渉しないよう配慮すべき立場に立っている

二月十九日に清は、李鴻章《りこうしょう》(**図1**)を講和全権に任命したことを通告し、講和交渉に応じる姿勢をみせると、三月八日にドイツ公使は日本政府に対して、領土割譲は列強の干渉を惹起させる恐れがあると

勧告し、三月二十日に下関《しものせき》会談が開始されると、ロシアに介入への共同歩調を提案しました。この間、清は駐在公使を通じてロシア、ドイツ、イギリス、フランスに、領土保全の調停を働きかけています。ロシアも四月八日に列強に共同干渉を提議し、ドイツは同意しましたが、イギリスは通商特権をめぐる意見の相違から参加を拒否しました。ロシアは残る三国での干渉を決定し、十七日に、フランス、ドイツに正式に干渉を提議しています。

四月十七日に日清講和条約(下関条約)が調印され、遼東《りょうとう》半島、台湾・澎湖《ほうこ》諸島が割譲されると規定されました(二七六ページ**図1**参照)。その六日後の四月二十三日に、三国の駐日公使が外務省を訪れて遼東半島の放棄を申し入れ、干渉に踏み切ったのです。つまり、三国干渉は、講和条約交渉が行われる以前から計画され、予告されていたのです。

干渉の直前の四月二十一日、『ノーヴォエ・ヴレーミヤ』は、

もしも旅順《りょじゅん》の要塞がほんのひとつでも日本の手中に残ることになれば、太平洋沿岸におけるわが国の体に長い毒針が刺さっていることになり、われわれはその毒針をすぐにも厄介事《やっかいごと》と出費との多大な増加のうちに感じることになろう。なぜなら、一方ではその地域のわが国の領土が無防備だからであり、他方ではわが国の大国としての威信《いしん》と沽券《こけん》とにかかわるからだ。

われわれの国益がかかったこのゲームにおいて、われわれは断固としてこれらの利害を指摘し、彼らに一歩たりとも譲らずに、われわれの諸権利を守り通さなければならない。朝鮮に文明を導入しようなどという日本の野心はお笑い草でありナンセンスだ。われわれは声を大にして朝鮮保護統

治に対する自分の権利を主張しなければならない。
とロシアの本音を代弁しています。

ドイツの立場

ドイツが干渉に参加したことは、日本にとって大きな衝撃でした。伊藤博文《いとうひろぶみ》がこう述べたとベルツは論文に記しています。

東アジアにおける我々《われわれ》の先天的敵手たるロシアが抗議を提出したのは、われわれにも合点の行くことでしたし、フランスがその同盟国たるロシアに荷担したのも同様です。けれども、われわれの態度になんの罪科もないドイツのこの敵対行為は、われわれにとって実にひどい、全く挑戦的な侮辱であり、われわれ独自の事件への不当極まる干渉であるとしか見えなかったのです。

ドイツが干渉を主導した要因は、ヨーロッパの国際情勢にありました。ロシアとフランスという大国に挟まれたドイツは、地理的に不利な状況におかれていました。ロシアやフランスとの衝突を避けるため、ロシアの関心を極東に向けさせる必要があったのです。

そのためドイツは、わざわざ加藤高明《かとうたかあき》駐英公使に、「欧州の外交政治は仲々込み入りたるものなり」「何んぞ知らん数年の後には今日の三国同盟も其《そ》の跡を絶ち、形勢の一変することあらざるを」と伝えてきました。三国の協調が一時的なものであることを示唆していたのです。

ドイツ、ロシア、フランスの組合せは、当時のヨーロッパにおける国際関係を強く反映したものでした。ヨーロッパの情勢が直接アジアに反映するようになり、その逆に、アジアでの変化がヨーロッパに影響をあたえるようになっていくのです。

終戦直後、上海《シャンハイ》の英字紙『ノースチャイナヘラルド』は、こう報じています。

今までは西洋圏外の案件とはすなわち植民地問題で、したがって二義的な重要性しかなく、暇なときにのんびり話し合えばそれで済んだ。ところがここへ来て新しい舞台と新しい役者が次々と登場し、世間は一つの観測に慣れたと思うまもなく、全く別の側面をいやおうなく見せられる。（一八九五年五月三日）

アジアの問題は、ヨーロッパ情勢と無関係に考えていればよい時代は終った、といっています。「新しい役者」である戦勝国の日本や「門戸開放」を掲げるアメリカを無視したアジア政策はできなくなったのです。その意味で日清戦争は、欧米と東アジアを直結させ、局部的バランスの変化が世界に波及するという意味で世界を一体化させた、ということができるでしょう。

3　イギリスの苦悩

「ヨーロッパの協調」の瓦解

イギリスの世論は、三国干渉に批判的でした。四月二十三日の『タイムス』は、こう報じています。

ヨーロッパ列強は、いやどこの国であれ、戦争終結後に介入し両国に講和条約を指示する権利を持っていると考えるのはあまりにも安易な態度だ。ヨーロッパの外交史はこの主張を支持していない。

日中間の講和条約問題を解決するために「ヨーロッパの協調」による行動を求めるドイツ、ロシア、フランス各紙の訴えは、合意の基盤がすでに承認されている以上、まず一見したところ、先例をもってしても、政策をもってしても、正当化されるものではない。

ロシアが日本の遼東半島占領をねたみ、フランスが台湾割譲を快く思っていないことは理解できる。しかしこれらは個別的な利害であり全列強にかかわる問題ではない。……極東には新しい世界が誕生したのだ。われわれはそれと共存し、最大限に利用しなければならない。

しかし、イギリスの外交は異なる動きを示しました。日本は三国干渉に対してイギリス、アメリカ、イタリアに後援を要請しましたが、イギリスは、三国との友好関係も重要であり「独り東洋における利害のみを見ること能わず」として、日本に協力することは「抑々《そもそも》亦一の干渉に外ならず」として、「一切干渉を為さざる」ことを加藤高明駐英公使に伝え、「遼東半島の占有は貴国の為《た》め寧《むし》ろ害あるも著しき利益あらざるもの」と、助言してきたのです(図2)。

なぜ、イギリスはこうした態度をとったのでしょうか。加藤駐英公使は、

英国政府は、この度は余程《よほど》考へたるものと相見え、仲々利口《りこう》なる働きを致し候
純粋の中立を守り我《われ》に反対せざると同時に一向我が味方をも為《な》さず、全く高見の見物を致し居り……甚だ頼み甲斐《がい》なき事なれども、彼《か》の地に立ちて之《これ》を考ふれば、三国の向ふに立つて我を助く

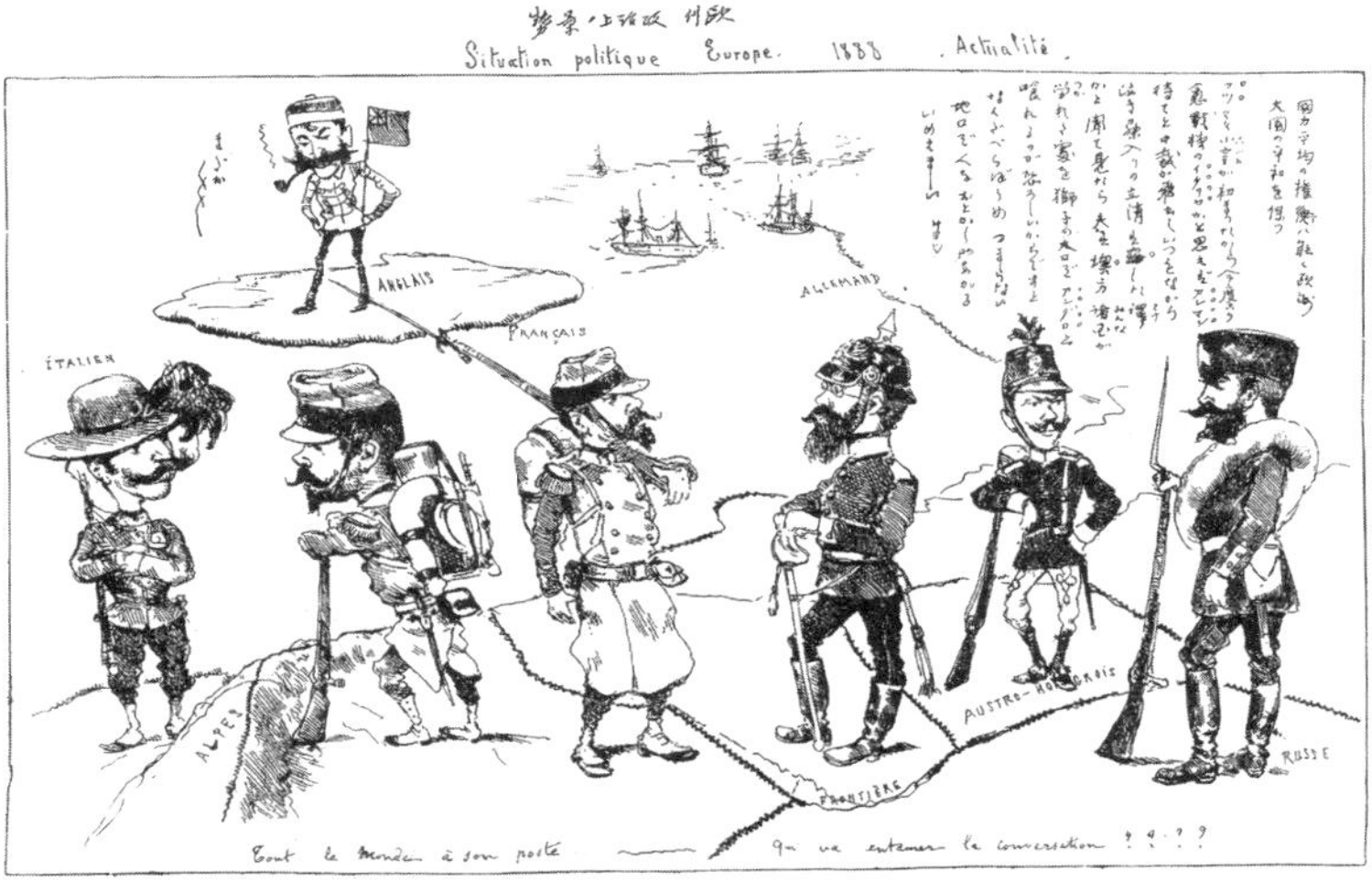

図2　ジョルジュ・ビゴー画「欧州 政治上の条勢」(『トバエ』27号，1888年)　左から，イタリア，フランス２人，ドイツ，オーストリア，ロシア，上に孤立のイギリス。イギリスの「光栄ある孤立」が，ヨーロッパ大陸への不干渉政策であることを示している。

　ると云はば、仲々彼に取り大事なるのみならず、其の助力を受くる報酬として、彼を動かすに足るものを我より差し出す様《さま》も之《こ》れなきに付き、彼が我に助力を与へざるも、また至極尤《もっと》もの事と云《い》はざるべからず(『機密日清戦争』)

と分析しています。ヨーロッパ大陸の三強国が連合して日本に干渉している時に、イギリスが反対することは、ヨーロッパにおける対立を深める危険性があり、伝統的な「光栄ある孤立」政策を動揺させる恐れがある、というのです。

　イギリスは、三国干渉によって、極東での主導権がおびやかされることよりも、ヨーロッパでの勢力バランスを壊したくなかったのです。三国干渉に参加しなかったものの、日本を擁護する理由はさらになかったといえるでしょう。

　外務大臣であった陸奥宗光が執筆した『蹇蹇《けんけん》

録《ろく》』には、こう書かれています。

英国すでに局外中立の範囲外に奮起して、我に援助を与うる能《あた》わずという以上は、伊国、米国が何ほど我に対する好意を表するも、危機一発(ママ)の際、我が背後の強援として倚頼《いらい》すべからざるや、明白なり

イギリスは非干渉政策の名のもとに、三国干渉に同調はしませんでしたが、干渉を受け入れるよう助言したことは、十分に干渉的でした。『蹇蹇録』はイギリス批判の書として読むこともできるのです。

陸奥の戦略

陸奥外相は三国干渉の前、「一歩も譲らざるの決心を示すの外他《ほか》策なかるべし」としていましたが、二十四日の御前《ごぜん》会議に「一応之を拒絶し」真意を調査したうえで策を講ずると提案しました。しかし伊藤総理は「頗る無謀」と反対したため、陸奥は列強との議論が長引くと条約破談の恐れがあるとして、「三国に対しては遂に全然譲歩せざるを得ざるに至るも深刻に対しては一歩も譲らざるべし」との方向で一直線に進むことが必要、としたのです。

その後イギリスの態度が局外中立であることが確認されると、結局日本は、四月三十日、下関条約批准後に追加条約により金州庁《きんしゅうちょう》を除く遼東半島返還を決定しました。しかしロシアは、旅順所有に不満を表明したため、日本は五月四日、遼東半島の全面放棄を決定し、三国干渉を受け入れたのです。

一方、清は三国干渉による条約内容が変更されたことを理由に批准交換の延期を決定しましたが、五

月八日にロシア・ドイツが期日内の交換を要求したため、決定を取りさげました。日本も、干渉とは無関係であるとして、講和条約の内容を変更する意思はありませんでした。

こうして、陸奥によれば「日本国の名誉と威厳とを全ふ」した日清講和条約は五月八日に批准書が交換されて発効しました。そのうえで、十日に遼東半島返還の詔書《しょうしょ》が出され、十一月に遼東半島還付条約が結ばれて、還付の代償として三〇〇〇万両《テール》(四六六五万円)が支払われることが決まりました。

講義のまとめ

イギリスが、ヨーロッパの情勢を優先して、三国干渉に傍観者を決め込んだことは、意に反して東アジアにおける主導権を低下させました。欧米列強の中国における利権獲得競争が激化したのです。十九世紀が協調のなかの対立の時期であったとすれば、二十世紀は、列強の角逐《かくちく》のなかで利害のバランスを求めるという、対立のなかの協調の時代へと変化したのでした。

そのきっかけとなった日清戦争は、東アジア史、さらには欧米列強を含む世界史全体からみるならば、十九世紀と二十世紀を分かつきわめて重要な画期となったのです。

こうした国際関係は、十九世紀における不平等条約体制のような列強の協調によって国際システムが維持されていた段階と比較すると、不安定要因が多く、国際情勢は流動化しました。

日本の対アジア政策も大きく変化していきました。そして、列強のパワーバランスが大きく変化するなか、数年後には、イギリスの「光栄ある孤立」も、放棄されることになるのです。

【史料・参考文献】

草野茂松・並木仙太郎編『蘇峰文選』民友社、一九一五年
ベルツ「日本における反独感情とその誘因」トク・ベルツ編(菅沼竜太郎訳)『ベルツの日記』上、岩波文庫、一九五一年
伊藤博文編『機密日清戦争』原書房、一九六七年
福沢諭吉「日清戦争は文野の戦争なり」『福沢諭吉全集』第一四巻、岩波書店、一九七〇年
陸羯南「東洋の新局面」『陸羯南全集』第四巻、みすず書房、一九七〇年
陸奥宗光(中塚明校注)『蹇蹇録』岩波文庫、一九八三年
田保橋潔『日清戦役外交史の研究』刀江書院、一九五一年
藤村道生『日清戦争』岩波新書、一九七三年
中塚明『『蹇蹇録』の世界』みすず書房、一九九二年
藤村道生『日清戦争前後のアジア政策』岩波書店、一九九五年
東アジア近代史学会編『日清戦争と東アジア世界の変容』上・下、ゆまに書房、一九九七年
古結諒子『日清戦争における日本外交』名古屋大学出版会、二〇一六年
小風秀雅『アジアの帝国国家』(日本の時代史23)吉川弘文館、二〇〇四年
小風秀雅「日清戦争と二〇世紀の世界秩序」『近代日本と国際社会』放送大学教育振興会、二〇〇四年

第19講

中国分割から日英同盟へ——「光栄ある孤立」の終焉

講義のねらい

本講では、日清《にっしん》戦後の中国をめぐる国際関係について、みていきます。日清戦争後、欧米の主たる関心が、貿易から投資に転換すると、東アジアにおける欧米列強《れっきょう》の協調は、対立と競争に取ってかわられました。列強は、争って投資先の獲得に乗りだし、勢力圏を設定して、他国の侵入を排除する動きに出たのです。ここに、十九世紀的な列強の協調は完全に破られました(二四三ページ図参照)。

第3講で説明した不平等条約システムの特徴について、思いだしてください。日清戦争以前の、欧米とアジアの国際体制であった不平等条約システムは、通商《つうしょう》利益を最大限に引きだすためのものでした。欧米列強は、領事《りょうじ》裁判権によって異文化どうしの衝突によるリスクを避け、東アジアと円滑な関係を維持して、貿易の利益を最大化しようとしていました。また、列強は片務《へんむ》的最恵国《さいけいこく》条項による協調システムで共存をはかっていました。不平等条約体制の維持は、列強の共通利害だったのです。

しかし日清戦争の講和条約(下関条約《しものせき》)により、列強の中国市場への投資が実現すると、そうした協調体制はまたたくまに崩壊していったのです。その時代の扉を開いたのは日清講和条約でした。

もう一点確認しておきたいのが、日英同盟《にちえいどうめい》です。対立が激化するなかで、連携を模索する動きも活発になりました。日本やイギリスも、協商の相手国としてロシアやドイツと交渉を行いましたが、最終的にはおたがいを選びました。月とスッポンの条約といわれ、日本側に厳しい内容といわれていますが、実はイギリスのほうが積極的だったのです。

東アジアにおけるあらたな国際関係のなかで、日本はどのような行動をとったのでしょうか。

1　中国分割の激化

投資の解禁

日清講和条約の第六条では、「日本国臣民《しんみん》の商業居住工業及《および》製造業のために」、あらたに湖北省《こほく》沙《さ》市《し》・四川省《しせん》重慶《じゅうけい》・江蘇省《こうそ》蘇州《そしゅう》・浙江省《せっこう》杭州《こうしゅう》を開港する、と規定されていました。これまで商業に限られていた活動が製造業にも広げられたのです。

この条項は、直接に日本に経済的利益をもたらすものではないのですが、列強にはきわめて重要な意味を有していました。それまで中国は、外国人は条約によって中国に工場を設ける権利がないと主張していたのですが、この条項が不平等条約の最恵国条項によって列強に適用されることによって、欧米列強は中国への投資(資本輸出)を本格化させることが可能となったのです。

欧米の経済的利益の主たる源泉は、通商・貿易から投資へと大きく変化しました。投資は、貿易に比べると、利益の獲得にとても有利でした。

貿易取引からえられる利益は売買時の一回かぎりですが、投資の場合は、①資金を貸しつけてえられる利子収入(これは長期間続く)、②貸しつけた資金で中国が工場や鉄道建設・鉱山開発に必要な機械や設備を購入する際の利益、③完成した諸事業を経営してえられる収入、など、何度も利益をあげることが可能でした。貿易より効率的で安定した利益を、長期間にわたって獲得できるのです。

しかしそのためには、投資利権を独占する必要があります。鉄道敷設・鉱山開発・工場の建設などを中心に、投資による利権を安定的に確保する必要から、列強は排他的な勢力圏を設定しようとしました。投資利権をめぐる列強間の対立は激化し、「中国分割」が開始されたのです。

利権獲得競争

列強の利権獲得競争は、三国干渉《さんごくかんしょう》によって結ばれた遼東《りょうとう》半島還付条約で決められた外交的処置が完了した一八九八(明治三十一)年から激化しました(**図1**)。

三国干渉において中国領土の保全を主張したにもかかわらず、列強は根拠地の獲得に奔走しました。中国東北部では、ロシアが東清《とうしん》鉄道支線(のちの満鉄《まんてつ》の路線)の敷設権をえて遼東半島に勢力を扶植し、大連《だいれん》・旅順《りょじゅん》を租借《そしゃく》しました。その対岸の山東《さんとう》半島では、ドイツが膠州《こうしゅう》湾を占領して勢力圏としました。

イギリスは日本が占領していた威海衛《いかいえい》を租借して黄海《こうかい》の基地を獲得し、旅順、膠州湾に対抗しました。華中《かちゅう》地域では長江《ちょうこう》流域を押さえたイギリスが勢力圏を形成し、華南《かなん》でもイギリスは、九竜《きゅうりゅう》半島を租借して東アジア経営の最大の拠点である香港《ホンコン》を強化しました。またフランスは領土化したインドシナを拠点に広州《こうしゅう》湾を租借し、華南への進出を強化しました(**図2**)。

一方アメリカは、米西《べいせい》戦争で一八九八年にスペインからフィリピンを獲得すると、門戸開放・機会均等を唱えて、中国の利権獲得競争に参加してきたのです。

こうして、列強が通商利益を求めて協調してアジアに迫った十九世紀の不平等条約体制は崩壊し、二

図1　列強による中国進出

図2　謝纘泰作「時局図」(1900年頃)　動物は欧米各国，旭日は日本の象徴。

十世紀の投資利権を争う列強間の利権争奪競争が開始され、対立と競争の時代に突入したのです。

鉄道と銀行による征服

投資利権のおもな対象は鉄道建設と外国債の引受けでした。これは「鉄道と銀行による征服」といわれました。中国の外債負担問題は、その後第二次世界大戦まで続きますが、日清戦後に端を発していたのです。

列強側の要求によって募集された典型が、鉄道借款《しゃっかん》です。ベルギー・イギリス・ドイツ・ロシア・イタリア・フランスが単独または共同で巨額の鉄道借款を引き受け、ドイツ・ロシア・フランスは、中国領内に自国の鉄道を敷設する権利をえるにいたりました。

その結果、中国の鉄道営業距離は、一八九四年から一九〇二年の八年間で七・五倍に延長されましたが、その過半が外国経営の鉄道でした。一九〇二年から一〇年の八年間では、さらに二・五倍に拡大しています。

加えて、戦費の補塡や賠償金の支払いのために、中国政府が発行した外債の引受けも大きな利権でした。日清戦後、中国は日清戦争賠償金二億両《テール》(約三億一〇〇〇万円)、遼東半島返還代償金三〇〇〇万両(四六六五万円)、義和団《ぎわだん》賠償金四億五〇〇〇万両(利子を含めて九億八〇〇〇万両余、その後減額)などの巨額の賠償金を課せられ、外債に依存せざるをえず、イギリス・ドイツのほかロシア・フランスの銀行団が積極的に応じたのです。清の国家歳入が一億両に満たない状況で、いかに加重な負担だったか想像を絶します。

それまでも中国が経済的理由から外債を募集したことはありましたが、日清戦後の外債は、中国への投資というにとどまらず、政治性、外交性を強くおびるようになったのです。

経済利害が貿易から投資へと変化し、列強の勢力範囲拡張競争が熾烈になるなか、不平等条約体制の維持による列強の協調という十九世紀的な「現状維持」政策は、もはや現実性を失ったのでした。

2 日英同盟の締結

義和団戦争と極東の憲兵

列強の進出に対して、中国の国民は強く反発するようになりました。その表れが一八九九年に始まる義和団の蜂起です。この時には、清国政府も列強に宣戦布告し、義和団が北京《ペキン》にまで達して列強外交団が危険になりました。

当初、日本は義和団戦争に積極的な姿勢を示しませんでした。ベルツは、日記にこう記しています。ドイツは、北京駐在公使の殺害で、極度に興奮している。……日本は驚くほど平静に身を持している。一軍団を北京に派遣しても、至極当然の話と思われるほどなのに。だがヨーロッパ諸国は、自国の公使を見殺しにする方が、その救出を日本に依頼するよりはましだとでも思っているようだ。情けない嫉妬心！

今までのところ、日本軍は清国で断然頭角をあらわしている。おそらく東京のドイツ大使館でも結局、「日本をばかにしない」方が利口《りこう》であることを悟るようになるか、あるいは少なくともそうなる希望があるようだ。（七月六日）

しかし、大部隊を中国に素早く派遣できる国は、日本しかありません。七月五日、ソールズベリ首相は「北清《ほくしん》の事態重大にして今日日本を措《お》きて他に天津《テンシン》に援兵を送り得る邦国無く日本の増兵は各国の要求」との電報を駐日公使に送るとともに、駐英日本公使を通じても「日本国が大軍を派遣することを歓迎す」と申し入れたのです。

ベルツは、こう記しています。

昨日の枢密院《すうみついん》会議で、「列強の要請に従って」――列国もとうとう背に腹はかえられなかったらしい――大部隊を清国に派遣する決定をみた由《よし》(七月八日)

日本は列強が派兵を求めてくるのを待っていました。列強は、日本の軍事力を認めざるをえなくなったのです。結局、日本・イギリス・ロシア・フランス・ドイツ・オーストリア・イタリア・アメリカ、の八カ国が軍隊を派遣して鎮圧に踏みきりましたが(図3)、最大の派兵国は日本で、「極東の憲兵」といわれました。この事実は、

図3　八カ国連合　右端が日本。

日本の軍事的力量を列強が認めたことにほかなりません。

また皮肉にもこの時の連合軍が、最後の列強の協調行動となり、ロシアがその後も満洲《まんしゅう》に駐兵を続けたことにより、列強の協調は完全に崩壊したのです。

イギリスの方針転換

イギリスは、東アジアにおいて、ドイツ・フランス・ロシアの三国に対抗する外交が重要になってきました。

イギリスとの同盟は、一八九六(明治二十九)年に陸奥宗光《むつむねみつ》が「英国人は人の憂《うれい》を憂いて之《これ》を助けんとするドンキホーテにはあらず」と、日本の国力は同盟に値せず「画餅」と論じたように、実現性に乏しいと考えられていました。

しかし一八九八(明治三十一)年、ロシアが旅順・大連を租借してこの地域に軍事的優位を占め、海軍力においてもロシア・フランスの連合が質量ともに勝るにいたると、イギリスは日本との同盟を考慮するようになりました。早くも一八九八年三月、植民地《しょくみんち》相チェンバレンは加藤高明《かとうたかあき》駐英公使に、ロシアの南下によって生じる極東の危機、中国の保全を目的とした同盟が可能であることを示唆しています。加藤公使は日英同盟に積極的で、進める必要性とその成立が可能であるとの意見書を提出しています。

しかし、この段階では、日本の選択肢としては、朝鮮に権益をもたないイギリスよりロシアに日本の権益を認めさせようとする方向もありえました。実際、その線にそって、一八九六(明治二十九)年に山《やま》県《がた》・ロバノフ協定、九八年にはロシアの提議により西・ローゼン協定などが結ばれています。しかし、日本がロシアとの協商の根拠とした満韓《まんかん》交換論(日本の韓国での影響力を認めるかわりに、ロシアの満洲での優越を認める)は、ロシアの南進によって空文化する危険性があったのです。

イギリスも日本だけに目を向けていたわけではありません。ロシアの南下の脅威が現実化するなか、一九〇〇年十一月、イギリスはドイツとのあいだで、門戸開放・領土保全、義和団戦争を利用した領土上の利益獲得への対抗措置の協議、などを定めた協定(いわゆる揚子江《ようすこう》協定)を締結し、ロシアを牽制しました。しかし実効性に欠けたため、義和団戦争でその軍事力をアピールした日本をロシア抑止力として見直すようになったのです。

日英同盟の交渉

こうしてイギリスは、日本との同盟に取り組みます。

一九〇一(明治三十四)年四月、駐英公使の林董《はやしただす》は、加藤高明外相から日英同盟についてイギリスの意向を探る許可をえると、四月十七日、私見と断わってランズダウン外相にこう申し入れました。

北清事変の処置も結了して諸外国が其《その》軍隊の大部分を引揚げることになると、露国《ろこく》が又々爪牙《そうが》を現わして来るは必定《ひつじょう》である。……極東の前途は、御同様憂慮に堪えない次第であるが、この際拙者の愚見を以てすれば、これまで日英両国が協同して行動してきたのに引き続いて、両国の間にある恒久的の取極めをすることが、極東の平和維持の為めに、極めて緊要であろうと思う。(『林董回顧録』)

イギリスはこの時、ドイツを含む三国協商《きょうしょう》も視野に入れていたので、あいまいな態度でしたが、七月に入って事態は急展開しました。

帰国中のマクドナルド駐日公使は七月十六日、「一時的の協約は以て将来極東に起りうべき事件に応ずるに足らず……一種の同盟を組織せざるべからず」として、それまでの姿勢を一転させて、日英同盟の結成を提案し、一国間同士の戦争時には局外中立、二国以上の場合は共同参戦、という同盟の原型となる提案をしてきたのです。ただ、

英国政府は実際日本と同盟することを希望しては居るが、併《しか》し是は英国従来の主義と背馳することに為《な》るから、いよいよ実行するまでには、相当の熟慮を要す。……かく時日を費す間に、日本が露国と協商する様《よう》なことはなかろうか。(同右)

と、「英国従来の主義」すなわちイギリスの「光栄ある孤立」政策の変更につながることに躊躇《ちゅうちょ》する一方、日本がロシアと結ぶことを恐れていることを、伝えてきました。

これに対して林は、日本の世論は英国に同情的だが、ロシアが譲歩により融和の姿勢を示せば、「日本の同情は必ずしも露国に傾かずとは云ひ難し」と牽制的な回答をしましたが、これは林が、イギリス側が「衷心より同盟を希望」していることを見抜いて、日露協商の可能性の「素振りを見せれば、同盟の成立を促進させるには好都合であろう」と考えた、と自伝に記しています。

ついで七月三十一日の林・ランズダウン会談でこのようなやり取りがなされました。

ランズダウン　日英間に恒久的協商を結ぶことに就て、十分なる研究を遂ぐべき時機も最早到来した……伺いたいのは、日本が真実満州に対する利益関係を認めて居るのであるか、且《か》つ此《この》協商に就《つい》て日本は如何《いか》なることを望んで居るのであるかの二点である。

林　此際《このさい》、日本の為《た》めに必要とする所は、第一成《な》るべく露国の満州に入るを防ぎ、第二露国と開戦の止むなきに及んだ場合には、第三国が露国を助けるを防ぐに在る。

ランズダウン　英国は朝鮮に利益を持っては居ないが、併し同国が露国の手に入ることを欲しないのである。又支那《しな》における英国の政略は、門戸開放と領土保全の二点に存するのである。即ち日英の目的は、是等《これら》の点において全然相一致するのであるから、今や相互防衛の為めに策を講ずるの時期であると信ずる。(同右)

と同盟に踏み切る意向を示したのです。この変化について、伊藤博文《いとうひろぶみ》は「英国、阿非利加《アフリカ》の戦争に関し、極東に迄其《そ》の勢力を伸長するの余地なき」ためであろう、と観察しています。

八月四日、桂太郎《かつらたろう》首相は伊藤と会談して、日本は「充分の請求」を行い、応ずれば協商を進め、容れなければもともとで「我《わ》れに於《お》いて不利あることなし」との方向で合意し、八日に林に対して、イギリスの提議に「主義に於て」賛同する、との訓電を贈ったのです。

十月八日、前月外相に就任した小村寿太郎《こむらじゅたろう》より林に電訓で日英交渉の全権が付与され、同十六日より交渉が本格化しました。林は同盟の内容についてイギリスと同一意見であることを言明し、イギリスは当面ドイツの参加は求めないことを回答しました。

こうして半年の協議の結果、一九〇二(明治三十五)年一月三十日、日英同盟が調印されました(図4)。協議中、伊藤博文がロシアを訪問しており、日露協商の締結を試みたとされることがありますが、日英同盟の交渉と並行して進められたわけではありません。

図4　日英同盟成立記念絵葉書

「光栄ある孤立」の放棄

日英同盟は、イギリスが「光栄ある孤立」(Splendid Isolation)を放棄した同盟として説明されますが、世界外交のなかではともかく、東アジアにおいては、イギリスは欧米列強の盟主として不平等条約体制を維持する役割を担ってきていました。孤立の対象は、ヨーロッパ大陸の国際関係についてであり、アジアにおいてはその意味では、孤立などしていなかったのです。

東アジア戦略においてイギリスの孤立化が始まったのは、三国干渉以後の中国分割の激化からです。アジアでの主導権を維持することは困難になりました。義和団戦争で日本の軍事力を評価したイギリスはロシア抑止力としての日本に着目し、「月とスッポンとの同盟」と皮肉られた日英同盟に調印したのです。列強の角逐《かくちく》が激しくなるなか、アジアでの孤立を回避する外交戦略だった、といえるでしょう。

交渉の経過をみると、同盟に積極的だったのは、イギリス側でした。とくに七月以降はその傾向が強まります。ただし、イギリスは交渉中に「優勢なる海軍力を持続せざるを得ず」とか、「協約に依《よ》って利する所は日本に厚くして英国に薄かるべきは止むを得ざるところ……両国の均衡を得むとせば適用範囲を他方面印度《インド》国境等に拡張するを至当とす」と本音をもらすなど、日本に有利な内容である、と考えていたようです。当然ですが、日英同盟は、イギリスの世界戦略の一環だったのです。

ちなみに、対象地域の拡大は、一九〇五(明治三十八)年八月の改定により、朝鮮における日本の優越権の承認とともに実現しています。日露戦争の結果、イギリスは日本の極東における優越権を認めるかわりに、アジア全域におけるパートナーとして日本を選んだ、ともいえるでしょう。

講義のまとめ

イギリスが同盟を結んだこと、しかもその相手が日本だったことは、世界の注目をあびました。この同盟は、日本が列強と同様の利害をアジアに有する帝国国家として承認されたという意味でも、重要な外交成果でした。

いみじくもフランスの『ル・タン』紙は報じています。

ある意味では国際的な新時代の出発点をなすものだ。

こうして、世界政治の舞台へ、いよいよ日本の登場だ。それは、ロシアに対抗し、ロシアが朝鮮、満州、モンゴルに対して持つ野心に立ち向かうという形でなされる。今や外交は二つの新しい要素を考慮に入れねばならなくなった。一つは、ついに闘技場に降り立った合衆国であり、もう一つは、イギリスが手をつないで大国のクラブに入会させた日本だ。均衡の秤《はかり》におもりがさらに一つ投げ込まれたことを、この条約は荘重に世界に告げているのだ。(一九〇二年二月十四日)

極東における勢力バランスを維持するために、イギリスは、三国干渉の時の日本牽制の方針をすてて日本をパートナーに選びました。一方日本は、ロシアとの戦争への道を否応なく選択したのです。

【史料・参考文献】

C・F・リーマー(東亜経済調査局訳)『列国の対支投資』慶応書房、一九三四年
田村幸策『支那外債史論』外交時報社、一九三五年
外務省調査部編『日英外交史』上、一九三七年、(復刻版)クレス出版、一九九二年
トク・ベルツ編(菅沼竜太郎訳)『ベルツの日記』上、岩波文庫、一九五一年
外務省『小村外交史』上、紅谷書店、一九五三年
林董(由井正臣校注)『後は昔の記他　林董回顧録』平凡社東洋文庫、一九七二年
中塚明『日清戦争の研究』青木書店、一九六八年
藤村道生『日清戦争前後のアジア政策』岩波書店、一九九五年
東アジア近代史学会編『日清戦争と東アジア世界の変容』上、ゆまに書房、一九九七年
千葉功『旧外交の形成　日本外交1900〜1919』勁草書房、二〇〇八年
小風秀雅「日清戦争と二〇世紀の世界秩序」『近代日本と国際社会』放送大学教育振興会、二〇〇四年
小風秀雅編『大学の日本史4　近代』山川出版社、二〇一六年

第20講 日露戦後の世界──列強への道

講義のねらい

そして日露《にちろ》戦争が勃発しました。

日露戦争は、日本史の視点からみれば、日本の存亡をかけた国民的大戦争であったといえるでしょう。作家の司馬遼太郎《しばりょうたろう》は、国民感情からすれば「祖国防衛戦争」であった、として、こう記しています。

日露戦争はロシアの側では弁解の余地もない侵略戦争であったが、日本の開戦前後の国民感情からすれば濃厚にあきらかに祖国防衛戦争であった。が、戦勝後、日本は当時の世界史的常態ともいうべき帝国主義の仲間に入り、日本はアジアの近隣の国々にとっておそるべき暴力装置になった。このため日露戦争の社会科学的評価はなおむずかしく、さらにひるがえっていえば歴史の価値観というのは一面むなしくもある。ただひとついえることは、もし日本が負けていれば、その後の歴史は単純な発展を遂げたかもしれないということである。……満州《まんしゅう》と朝鮮はロシアの直轄領になり、……日本本土はその属邦《ぞくほう》になってこんにちの体制でいえばたとえばポーランドやモンゴル共和国のような形態になっていたろうということは容易に推量できる。……そうなるまいとしてこの矮小な国が可憐なほどに緊張した時代が存在したことを、とくにその気分のなかに生きたひとびとを中心に書いてみた。この種の可憐さを近代史のなかで体験した民族はほとんど稀だったといえるのではなかろうか。（「『坂の上の雲』を書き終えて」）

同じように考えている人は、多いでしょう。戦争は日本の国力を超えた規模で行われました。開戦当初、日本の勝利を信じる列強《れっきょう》は皆無といってよい状況でしたし、終戦時には、軍事動員力は限界に達していました。

図1　「世界各国の戦争見物」（『日露戦争写真画報』第二巻，博文館，1904年より）　渦中に日露，左から墺，土（オスマン帝国〈トルコ〉），独，西（スペイン），伊，英，インド（英領），亜米利加，仏，支（清）。

しかし世界史的にみれば、争点は日本の独立や征服ではなく、朝鮮や中国東北部の優越権争いであり、開戦前に中国権益の共同防衛を決めた日英同盟《にちえいどうめい》が結ばれ、戦場は満洲という中国領、という点に着目すれば、祖国防衛といえるのかどうか。意識の問題と実態とは区別する必要があるでしょう。世界史の文脈からみれば、列強の一員となった日本が、イギリスと結んでロシアと戦った帝国主義国間の勢力争い、というほうが適切ではないでしょうか（**図1**）。

日本とロシアの後ろには、それぞれ多くの列強が存在し、注視していました。そして、日露戦争が終了した時、日本はアジアの帝国国家として、欧米列強とアジアの前にその姿をあらわしたのでした。

本講では、日露戦後の世界について、考えます。

1　日露戦後の国際情勢

ポーツマス条約

講和会議は、アメリカの斡旋により、アメリカ東海岸のノーフォーク海軍基地に近いポーツマスで開催されました。ノーフォークは、半世紀前の一八五二(嘉永《かえい》五)年にペリーが日本に向けて出港した軍港です。アメリカの日本寄りの姿勢がうかがわれる会場設定でした。

ロシア側全権は、対日和平を唱えて政権から遠ざけられていたセルゲイ・ウィッテ(もと蔵相)で、皇帝ニコライ二世から「一にぎりの土地も、一ルーブルの金も日本に与えてはいけない」と命じられていたといいます。

日本側全権は小村寿太郎《こむらじゅたろう》(外相)で、小村が全権に決まった時、伊藤博文《いとうひろぶみ》は「君の帰朝の時には、他人はどうあろうとも、吾輩だけは必ず出迎えにゆく」と語ったといわれます。それほど、交渉が難航することが予想されていたのです。

一九〇五(明治三十八)年八月十日、第一回講和会議が開かれました(**図2**)。八月二十八日、日本は賠償金、割地の要求を放棄しても講和を成立させる方針を御前《ごぜん》会議で決定し、九月五日、日露講和条約

図２　講和条約調印時のスケッチ

（ポーツマス条約）が調印されました。満州（中国東北部）の南部における租借《そしゃく》地と鉄道利権の譲渡を除くと、賠償金はなく、領土の割譲もわずか三〇年前にロシア領となった樺太《からふと》の南半分、経済的利権も沿海州の漁業権、という内容は、ロシアにとってはわずかな譲歩にすぎませんでした。ウィッテは、日本はすべての要求を放棄した、と叫んだといいます。

こうして日本は、列強の一員としての地位を認めさせました。ベルツは、一九〇五年八月二十九日の日記にこう記しています。

かくてまたもや世界歴史の一ページが……それも、現在ではほとんど見透しのつかない広大な影響を有する一ページが完結されたのである。今や日本は陸に、海に、一等国として認められた。……アジアは世界の舞台に登場した。……ヨーロッパだけの政策は、もはや存在しない。世界政策があるのみだ。

二十世紀はアジアという局部の変化が世界全体に影響する世紀であり、東アジアの問題はきわめて重要な世界史的関心事となったのです。

列強の協調と対立

日露戦争の結果、列強の利害関係は大きく変化しましたが、それは東アジアにとどまりませんでした。世界の関係が連動する、十九世紀的関係から二十世紀的関係へと大きく転換したのです。

列強の勢力配置の変化とともに、利権獲得競争が再開しました。

国際的地位を確立した日本は、一九〇七(明治四十)年七月、日露協約を締結して、たがいの満蒙《まんもう》権益を擁護する関係へと転じました。こうして満洲権益を対外的に確立することにつとめつつ、日露戦争の債務に苦しむ債務国でありながら、遅れをとっていた日本の資本輸出も本格化し、中国への進出を強めたのです。

ロシアは、東アジアで日本との協調に転じ、イギリスとも一九〇七年に英露協商を結んで、中央アジアでの対立(Great Game)を終らせ、矛先を東欧に向けるようになりました。

一方イギリスは、極東におけるロシアの南下政策を阻止したことで、十九世紀の東アジアにおける英露対立を終らせました。しかし、もはやイギリスの主導権が回復することはなかったのです。協調が必要になりました。一九〇四年に英仏協商、〇七年に英露協商を結んで、両国との関係を修復し、三国協商体制をつくりあげてドイツと対抗していきました。日本の中国進出が華中《かちゅう》地域におよんでくると、みずからの利権を不安定にするものとして、警戒するようになりましたが、日英同盟は、第二次(一九〇五年)、第三次(一九一一〈明治四十四年〉年)と継続されました。

また、日本を財政面から支援し、日露講和条約において積極的姿勢をみせたアメリカは、アジア進出の発言権を拡大強化していきました。利権獲得競争において出遅れた立場を回復するため、伝統の門戸開放・機会均等を唱えて、資本力を背景として投資拡大につとめた外交政策を展開したのです。

とくに流動化が進んだのは日米関係でした。アメリカは開国《かいこく》以来融和的な対日政策を展開し、親日的な外交姿勢を示すことによってヨーロッパ諸国を牽制してきました。しかし、日露戦後には、アメリカ国内において人種問題に絡んで台頭していた対日警戒論は対日脅威論へと変化したのです。

このように、東アジアでの列強の割拠状態は不安定要因が多く、列強間の関係は大きく変化し、アジアは協調の世紀から競争の世紀へと転換しはじめたのです。そして、この構図は第一次世界大戦につながっていくのです。

2　あらたな協調システム

競争のなかの協調

国際情勢は流動化し、列強の割拠状態は一層激化したため、利権の安定的維持がはかられるようになりました。とくに協調が必要だったのが、借款への応募でした。

列強の対中投資総額は、七億八七九〇万ドル(一九〇二年)から一六億一〇三〇万ドル(一九一四年)へと日露戦後に急増していましたが、そのうちの約半分が中国政府への借款であり、その額は、二億八四七〇万ドル(一九〇一年)から八億三五〇〇万ドル(一九一三年)へと跳ね上がっていました。列強は、この多額の外債の引受けを協調して行うことにしたのです。

俗にいえば、競争して利益を奪い合うのではなく、山分けしようとしたのです。

あらたな協調システム

あらたな協調システムとして生まれたのが、列強の銀行団が結成した借款団でした。一九〇九年六月、中国はイギリス・ドイツ・フランスの国際銀行団と湖広《ここう》鉄道借款契約に調印しましたが、アメリカが参加を要求し、一〇年五月に四国借款団が成立したのです。

これに対して日本とロシアは満洲における利権の維持のため、借款団への参加を見送っていましたが、辛亥革命《しんがいかくめい》後、日本とロシアは満洲における利権を留保しつつ、借款団への参加を申し入れました。この結果、一九一二年六月に六国銀行団による中国の外債の全部引受けに関する規約が締結されました。日本から参加したのは、国際金融機関の横浜正金《よこはましょうきん》銀行でした。ただしアメリカはウィルソン新大統領が対中政策を変更したため一九一三年に脱退します。

この借款団は、二つの面で重要でした。

第一は、投資における列強の利害調整機関が組織され、利権の独占を阻止する一方、投資のリスクを分散して列強間の利害を調整する国際システムが動き出したことです。いわゆる「機会均等」の原則です。

第二は、借款団結成の背景として、ナショナリズムの台頭や辛亥革命の勃発により中国の政治状況が流動化し、共同歩調をとる必要が生じてきたことです。ナショナリズムに対応し、中国分割を避ける

「領土保全」の原則です。

こうした多国間調整システムは、第一次世界大戦後、ヴェルサイユ体制やワシントン体制として実現していきますが、東アジアでは、日露戦後にそうしたシステムが限定的ながら構築され始めたのです。

3　帝国日本の成立

植民地の獲得

日清《にっしん》・日露の両戦争をへて、日本は、海外領土として、日清戦後には台湾・澎湖《ほうこ》諸島を、日露戦後には南樺太を加えました。一九一〇(明治四十三)年には韓国を併合し、さらに南満洲には鉄道を軸とした勢力圏を確保しました。

日露戦争の勝利ののち、帝国国家としての日本の姿が徐々に明確になっていきました。これらの地域は、市場や資源を求めた帝国主義的な膨張によって包摂したものではなかったので、日本の植民地経営は、台湾・朝鮮に設置された総督府《そうとくふ》や、半官半民の国策会社である満鉄《まんてつ》などの政府主導で進められ、インフラストラクチャーなどの基盤整備から開始されました。民間による植民地《しょくみんち》経営は、大正期に入って本格的に展開されるのです。

台湾経営

経済投資の効果が高かった台湾では、重点的に投資がなされました(図3)。台湾の資本形成の成長率(一八九六～一九一〇年)は、建設投資で年率二二・五%、設備投資で一七・三%を示しています。同時期の日本内地の成長率が三・四%と二・九%ですから、その増加ぶりは突出していたのです。

台湾経営の基本的方針は、対岸の中国経済からの分離、分断されていた島内経済の一体化、日本経済への包摂にありました。この課題は、日本との移出入額が輸出入額を凌駕する一九〇五年にひとまず達成されますが、内地との輸送ルートの拡充など、包摂の課題が完全に達成されたのは日露戦後でした。

この課題を運輸面から推進したのが、基隆《キールン》と高雄《たかお》において進められた近代的港湾の建設と、一九〇八年における基隆—高雄間の台湾縦貫鉄道の全面開通です。こうして、水運に依存していた台湾経済は一新されました。基隆、高雄の移出入貿易の比重が増大する一方、欧米資本が進出していた淡水《たんすい》、安平《アンピン》などの在来港が衰退しました。台湾経済は対岸依存からの脱却を果たす一方、上海《シャンハイ》や大連《だいれん》ともあらたな貿易流通網を開拓していったのです。

図3　旧台湾総督府(現，中華民国総統府)

朝鮮半島の経営

日露戦争を画期として、朝鮮半島は日本経済圏へ包摂されましたが、ここでも交通網の整備は重要な役割を担っていました。

日清戦争後に建設が進められた鉄道は、日露戦争後に買収が進み、一九〇六年に統監府《とうかんふ》鉄道局が開庁しました。当初の営業は京釜《けいふ》《キョンブ》線、京仁《けいじん》《キョンイン》線のみでしたが、一九〇八年より軍用線であった馬山《まさん》《マサン》線、京義《けいぎ》《キョンウィ》線も一般営業を開始し、同年四月には京釜線の釜山《ふざん》《プサン》延長により釜山―新義州《しんぎしゅう》《シニジュ》間の半島縦貫直通列車が開通しました。また枝線として湖南《こなん》《ホナム》線、京元《けいげん》《キョンウォン》線などが開通し、営業哩《マイル》数は一九〇九年から一四年のあいだに一・六倍に伸びました。こうして建設された鉄道網は、関釜《かんぷ》連絡船によって内地鉄道と、また鴨緑江《おうりょっこう》鉄橋によって満鉄と連絡したのです(図4)。

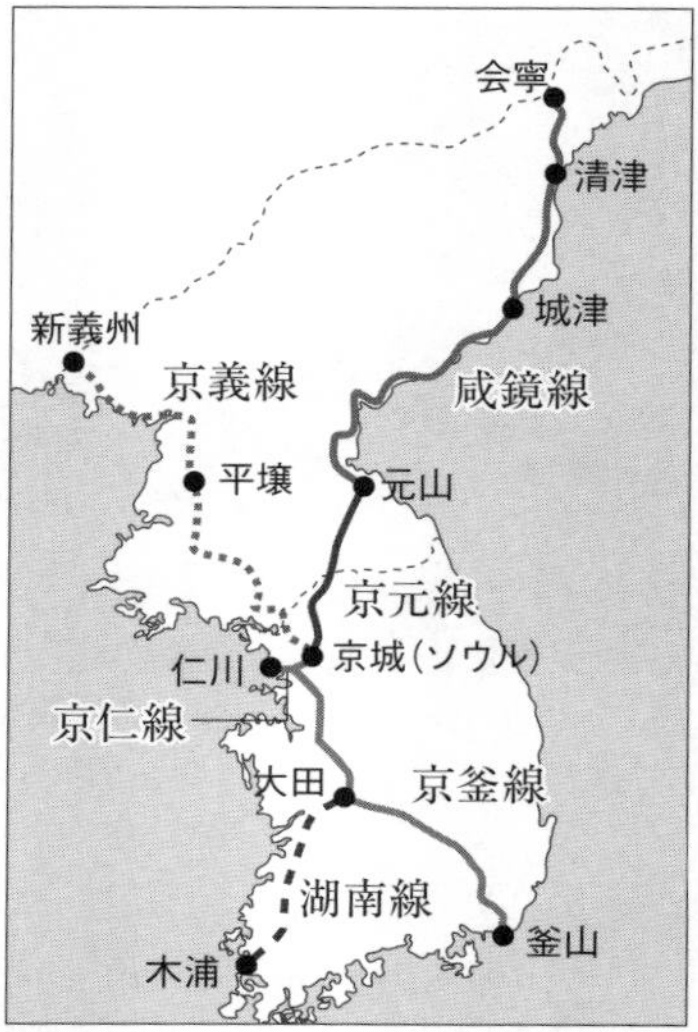

図4　朝鮮半島の幹線鉄道(1927年)

海運では、大阪商船会社などが日本内地との定期航路を拡充させる一方、沿岸航路網を一元的に経営する朝鮮郵船が一九一二年三月に設立され、輸送量は一挙に三倍に達しました。同時に、釜山、仁川《じんせん》《インチョン》、鎮南浦などの主要港では近代的築港工事が進められました。

これらの定期航路網は建設の進む鉄道網と結びついて、あらたな運輸網を形成したのです。朝鮮半島の交通網は、鉄道が内陸を中心に建設されたため、沿岸海運網が緊密な補完関係を形成した点が大きな特徴でした。

朝鮮半島の運輸網は、一元的な構造から多元的な構造へと転換し、日本はこうした運輸網を利用して、朝鮮経営を進めたのです。

4　大陸進出の二本の軸

大陸経済進出の主軸――満洲経営

中国への権益拡大も本格化しました。日本の大陸経済進出の方向には、主軸としての満洲と、副軸としての上海を核とする華中、の二つの軸が存在しました。

満洲経営は、日本の国策として進められました。日本は、ロシアから獲得した南満洲権益を基に、管理機関として一九〇六(明治三十九)年に設置された関東都督府《かんとうととくふ》が、満洲に駐留する日本軍(大部分は満鉄付属地の守備隊)、関東州の行政を統括し、満鉄の監督も行いました。やがて関東都督府は一九一九(大正八)年に行政を担当する関東庁と、軍事部門である関東軍とに分かれ、関東庁・関東軍・満鉄の三者が満洲経営の最高機関を形成しましたが、日本の満洲経営の中心となったのは南満洲鉄道株式会社、通称「満鉄」でした。

一九〇六年に設立された満鉄は、政府がその半額を出資し、総裁、副総裁は政府が任命するなど、政府主導の国策会社でした(図5)。鉄道経営のみならず、鉄道沿線の鉄道付属地において、石炭、鉄鉱な

図5　大連の旧南満洲鉄道本社(1941年)

どの鉱山開発や都市開発に力をそそぎ、さらに、製鉄所などの重工業、製粉、製油などの農産加工業、など幅広い事業を経営したのです。満鉄は大連港の整備とあいまって満洲経済の発展をリードしていったのです。

日本との関係では、大連の海運ルートを拡大するとともに、朝鮮鉄道との連絡も進め、一九一一(明治四十四)年に朝鮮鉄道を経由して内地鉄道との連絡が実現しました。この大連港を経由する海運ルートと、朝鮮鉄道を経由する朝鮮・満洲連絡ルートは、その主導権を争いつつも、日本経済との関係を強化する二本のパイプとして機能していったのです。

出遅れた日本――華中進出

これに対して、副軸である華中方面への進出は、上海および長江《ちょうこう》流域に対する貿易的利益の獲得を主目的としていました。しかし日本は、日清講和条約によって獲得した投資権益の確保という利権を実現するだけの経済的実力を、もっていませんでした。そのため、中国最大の経済圏である上海を核とする華中地域への進出は、国策会社である、横浜正金銀行、日清汽船などが中心であり、在華紡《ざいかぼう》をはじめとする民間資本による投資が本格化するのは第一次世界大戦後のことです。

また、イギリスをはじめとして列強が中国進出の根拠地としていた上海への進出には列強との協調が必要でした。政治的、軍事的色彩の濃い満洲に比べ、上海への進出は、経済的、協調的色彩が強かったのです。

この二本の軸は、日本の利害のうえでも、国際関係のうえでも対照的な性格を有していたということができるでしょう。

講義のまとめ

日本は、「遅れてきた帝国」といわれます。他の列強とは異なり、その経済力・工業力は帝国というには貧弱でした。

一八億円に上る日露戦争の戦費の半分にあたる八億円余りは英米などが引き受けた外債でまかなわれ、その返済は戦後の日本に重くのしかかっていました。また、戦後の帝国としての拡大を継続するために、戦時中に軍費の調達のために行われた増税は、戦後も廃止されなかったため、国民は重税にあえいだのです。日本の帝国経営は、そうした重圧のもとに進められたのでした。

その重しが取り払われたのが、第一次世界大戦の勃発でした。井上馨《いのうえかおる》はこれを「天祐《てんゆう》」と評しています。戦場とならなかった日本とアメリカは、参戦国への物資供給のほか、ヨーロッパに掌握されていた世界の市場に進出して、急速に経済を発展させていきました。いわゆる大戦景気です。急激な経済発展により、日本の産業分野で第一次産業を第二次産業が上回り、日本は工業国へと脱皮したのです。
そして、戦争が終結すると、ロシア、ドイツ、オーストリア、オスマン帝国の四大帝国は消滅し、イギリス・フランスは国力を疲弊させていました。ヨーロッパ諸国は等しく戦争の後遺症に苦しんでいました。そうした「ヨーロッパの没落」にかわって、アメリカと日本が台頭してきたのです。
ここに、列強が共存するアジアの十九世紀的国際秩序は完全に崩壊し、列強がしだいに淘汰されていく二十世紀が登場したのです。

【史料・参考文献】

C・F・リーマー(東亜経済調査局訳)『列国の対支投資』慶応書房、一九三四年
田村幸策『支那外債史論』外交時報社、一九三五年
財団法人 満鉄会編『南満洲鉄道株式会社十年史』原書房、一九七四年(一九一九年の復刊)
鶴見祐輔『後藤新平』全四巻、後藤新平伯伝記編纂会、一九三七〜三八年
田保橋潔『近代日鮮関係の研究』下、朝鮮総督府中枢院、一九四〇年
台湾総督府編『台湾統治概要』原書房、一九七三年(一九四五年の複製)
高村直助『日本資本主義史論』ミネルヴァ書房、一九八〇年

写真所蔵・提供者一覧(敬称略)

カバー表　個人蔵，PPS 通信社
　　　裏　横浜開港資料館
p. 3　ウィスコンシン大学図書館
p. 5　ユニフォトプレス
p. 9下　公益社団法人島根県観光連盟
p. 23　アメリカ議会図書館
p. 34　日本銀行貨幣博物館
p. 42　下関市立歴史博物館
p. 50　横浜開港資料館
p. 51上　神戸市立博物館所蔵，Photo: Kobe City Museum/DNPart-com
p. 51下　横浜市中央図書館
p. 55　神奈川県立歴史博物館
p. 57　横浜開港資料館
p. 63　個人蔵，PPS 通信社
p. 68　横浜開港資料館
p. 70　横浜開港資料館
p. 75右　ミズーリ植物園，Biodiversity Heritage Library(画像)
p. 75左　ニューヨーク公立図書館
p. 83　ユニフォトプレス
p. 84　ユニフォトプレス
p. 90　日本大学芸術学部
p. 97右　福井市立郷土歴史博物館
p. 97左　ニューヨーク公立図書館
p. 100　ウェルカム図書館
p. 104上　長崎大学附属図書館
p. 104下　長崎大学附属図書館
p. 105　小泉八雲記念館
p. 111　Roger-Viollet via AFP/時事通信フォト
p. 112　オルセー美術館，PPS 通信社
p. 114　1951 Purchase Fund 56.147 Photograph ©2021 Museum of Fine Arts, Boston. All rights reserved.c/o DNPartcom
p. 115右　国際日本文化研究センター
p. 115左　神奈川大学図書館
p. 117右　国立西洋美術館　松方コレクション/Photo: NMWA/DNPart-com
p. 117左　東京国立博物館/ColBase (https://colbase.nich.go.jp/)
p. 118　ナショナルギャラリー
p. 119上右　東京国立博物館/ColBase (https://colbase.nich.go.jp/)
p. 119上左　ファン・ゴッホ美術館，ユニフォトプレス
p. 119下右　東京国立博物館/ColBase (https://colbase.nich.go.jp/)
p. 119下左　アムステルダム国立美術館，ユニフォトプレス
p. 121　ファン・ゴッホ美術館，PPS 通信社
p. 122右　ジャパンアーカイブズ
p. 122左　バルセロナ・ピカソ美術館，©2022-Succession Pablo Picasso-BCF(JAPAN)/ユニフォトプレス
p. 125　衆議院憲政記念館
p. 127　山口県文書館
p. 135　横浜開港資料館
p. 147　国立国会図書館「近代日本人の肖像」(https://www.ndl.go.jp/portrait/)
p. 149　山形県立図書館
p. 153　東京工業大学博物館
p. 154　国立国会図書館ウェブサイト (https://www.ndl.go.jp/exposition/data/R/add_4.html)
p. 155　フィラデルフィア自由図書館
p. 157　国立国会図書館ウェブサイト https://www.ndl.go.jp/exposition/data/R/908r.html#EXHIBIT_1p. 162
p. 162　国営沖縄記念公園(首里城公園)
p. 163上　沖縄県公文書館
p. 163下　国立公文書館
p. 167　CPCphoto

小風　秀雅　こかぜ　ひでまさ
1951年生まれ
1979年，東京大学大学院人文科学研究科国史学専門課程博士課程中退
東京大学助手(文学部)，お茶の水女子大学文教育学部講師を経て，
2001年，お茶の水女子大学大学院人間文化研究科教授
2018年，立正大学文学部教授
現在，お茶の水女子大学名誉教授
〈主要著書〉
『帝国主義下の日本海運』(山川出版社，1995年)
『横浜英仏駐屯軍と外国人居留地』(共著，東京堂出版，1999年)
『「東アジア」の時代性』(共編著，渓水社，2005年)
『日本の対外関係7　近代化する日本』(共著，吉川弘文館，2012年)
『グローバル化のなかの近代日本－基軸と展開－』(共編著，有志舎，2015年)
『大学の日本史4　近代』(編著，山川出版社，2016年)
『講座 明治維新12　明治維新史研究の諸潮流』(共著，有志舎，2018年)
『明治維新とは何か？』(共著，東京堂出版，2018年)

世界史《せかいし》のなかの近代日本《きんだいにほん》

2023年1月20日　第1版第1刷印刷　　2023年1月30日　第1版第1刷発行

著　者　小風《こかぜ》　秀雅《ひでまさ》
発行者　野澤　武史
発行所　株式会社　山川出版社
〒101-0047　東京都千代田区内神田1-13-13
電話　03(3293)8131(営業)　03(3293)8135(編集)
https://www.yamakawa.co.jp/　　振替　00120-9-43993
印刷所　株式会社　太平印刷社
製本所　株式会社　ブロケード
装　幀　長田年伸

　ISBN978-4-634-59131-8